「一人前」でない者の人権

日本国憲法とマイノリティの哲学

小畑清剛●著

法律文化社

はしがき

なぜ、『「一人前」でない者の人権』という少し風変わりな書名をもつ拙著を刊行するのか、あらかじめ簡単に説明しておきたい。

明治以降、日本政府は、「アイヌ・モシリ（人間の静かな大地）」を内国植民化することに成功し、次いで朝鮮半島への侵略を開始して、韓国併合を実現させるに至った。その際、アイヌ民族や朝鮮人は「一人前」でない者と見なされ、「政治」権力による管理対象とされることになった。強制移住や強制連行が命じられた「一人前」でない者には、もちろん「人権」が保障されることなく、「土地」や「国籍」の管理政策を遂行するために発せられた「指令」に従うことを余儀なくされた彼（女）らの運命は、「政治」権力を行使する「管理する者」に一方的に掌握されていた。そして、「管理的指令」の典型である北海道旧土人保護法が最近まで廃止されなかった事実が雄弁に物語るように、この「管理的指令の支配」は、日本国憲法が制定された後も、継続したのである。しかし、「一人前」でないと見なされた人々が、「法の支配」ではなく「管理的指令の支配」に服さざるをえなかったことの意味は、これまで法哲学や憲法学によって全くと言ってよいほど研究されてこなかったのである。

さらに、戦後、医療水準の向上と環境汚染の悪化が逆接的に結合する状況下で、「愛国心」や「優生」や「環境」の管理という観点から、ハンセン病患者や先天性身体障害者などは「生まれて来てはいけない」存在＝「一人前」でない者と見なされるようになった。彼（女）らの運命もまた、「生―政治」権力を行使する「管理する者」が発する「指令」によって左右されることになる。もちろん、強制隔離や強制手術が施されるハンセン病患者や先天性身体障害者は、「生―政治」権力による管理対象にすぎない「一人前」でない者とされたから、「人権」の主体となることは当然できなかった。そして、この「愛国心」や「優生」や「環境」に関わる「管理的指令の支配」もまた、「人権」保障の観点から批判的に検討されることはなかったのである。だからこそ、「人権」保障を高らかに宣言したはずの日本国憲法の下で、らい予防法や優生保護法は堂々と生き延びてきたのである。

さらに、宗教的少数者に対する「管理的指令の支配」は、中曽根康弘・小泉純一郎両元首相などによる靖国神社公式参拝の敢行や国旗・国歌法の制定や教育基本法の改正（＝改悪）もあって、現在、従来よりむしろ強化されつつあると言うことができよう。

本書では、様々な「不利な立場の少数者」＝マイノリティに対する「管理的指令の支配」が、どのような人間疎外をもたらしてきたかを確認した上で、その「指令」が日本国憲法をめぐるコミュニケーションに「ズレ」や「ねじれ」という重大な「歪み」を生み出すことを指摘した。そして、その「ズレ」や「ねじれ」という「コミュニケーションのインテグリティ」を傷つける「歪み」のもつ意味を、日本国憲法の「人権」保障の内部に位置する人々＝「われわれ」とその外部に放逐された人々＝「かれら」を対比しつつ、法哲学および憲法学の観点から分析・解明することを試みた。さらに、その分析に立脚して、「一人前」でないという烙印を押され続けてきた「かれら」に、「人権」を保障することの重要性を明らかにすると同時に、「合意」と「共生」の相剋という観点から、「かれら」の誕生の際に与えられる「現実」への「管理的指令」による「書き込み」について哲学的考察を行なった。

以上の内容をもつ本書は、「一人前」でない者として「政治」権力および「生―政治」権力による管理対象とされてきた人々をめぐって、「かれら」を「われわれ」にすること、すなわち「かれら」に「人権」を保障することの必要性について、法哲学と憲法学が交錯する地平から、新たな光を投じることを目指している。読者の方々が、本書が投じる新たな光で、「一人前」でないと見なされてきたマイノリティの人々に関して、「政治」権力や「生―政治」権力が垂直的な人間関係において投射される「管理的指令の支配」ではなく、「われわれ」の「人権」が水平的な人間関係のあいだに保障される「法の支配」が実現することの意義を、改めて認識していただけるなら、これほど幸いなことはない。

その願いをこめて、本書を刊行する。

目次

第1章　「ねじれ」た日本国憲法？——大江健三郎・江藤淳・加藤典洋の憲法観

法と道徳の関係について語りたい。といっても、老人好みの説教臭い修身の話ではなく、子供の教育と関わる生臭い政治の話である。しかし、修身とまったく縁がないとも言いきれない。

西原博史の著書『学校が「愛国心」を教えるとき』は、その劈頭で、「一九九九年に国旗・国歌法が法案として国会にかかっていたとき、政府は繰り返し、この法律ができても子供に国旗・国歌が強制されることにはならないと説明した（六月一一日政府統一見解）。『日の丸・君が代』に対しては、さまざまな思いをもった人がいる。だから、『日の丸』を国旗、『君が代』を国歌と定めても、この旗をあがめる行為が強制されることはなく、国歌斉唱に参加するかどうかも個人が自分で判断できるものと認められた、はずだった。歌いたい人も、歌いたくない人も」と記している。(1)

ところが、野田正彰の著書『させられる教育』は、その「あとがき」で、次のように論じている。(2)「公立小・中・高等学校では、この十五年間、着々と日の丸・君が代の強制が進んできた。県により、市町村により、学校により差があるが、強制の方向は変わっていない。国旗は国家のシンボルであり、国旗に敬礼し国歌を斉唱することは、国家への感情的一体化を高める手段である。それが合意で行なわれるならまだしも、強制されるときは必ず、個人に対する国家の優位や民族の単一性が強弁される。……こうして沖縄の人々、同和地域の人々、在日韓国・朝鮮人が国家主義によって押し潰されている。同じく、アイヌの人々は単一民族の強弁に押し潰されているだろう」。

野田の注目する民族的少数者のみではない。『聖書』の神のみを信仰する敬虔なキリスト教徒も、かつて「日の丸の恥」と罵倒されたハンセン病回復者も、仮に「日の丸・君が代」が強制されたならば、深く心を傷つけられることになろう。だからこそ、「君が代を歌うかどうかは個人が自分で判断できるものと認められた、はずだった」のである。もし、例えば、どこかの県の教育委員会が卒業式で「日の丸・君が代」の掲揚や斉唱を教師や生徒に強制しようとしても、政府は「嫌がる人には、日の丸・君が代を強制してはなりません」と指導しなければならないはずである。政府が「嘘をついていない」のであれば。政府の「約束」が「偽り」のものでないのであれば。

「嘘をつかない（偽りの約束をしない）」ことは、I・カントの言う「他人に対する完全義務」であることからも明らかなように、道徳の核心である。したがって、「愛国心」を支える道徳の担い手は、嘘をつかない政治家や官僚たちであり、嘘をつかない市民や教員たちであり、嘘をつかない子供たちである。しかし、現実に「日の丸・君が代の強制が進んできた」。「進んできた」と言うより、政府が「進ませてきた」のである。かくして、日の丸・君が代を強制する政治家や官僚たちは「愛国心」を支える担い手として失格であることを自ら証明することになった。「嘘も方便」と嘯いて、ほくそ笑むことは許されない。なぜなら、政治家や官僚たちの嘘は、国旗・国歌法という「法」の「法という名に値する法であること」＝「リガリティ」を著しく毀損することになるのだから。

したがって、「嘘をつかない」という道徳に悖る政府により「日の丸・君が代」が強制されることは、国旗・国歌法という「法」が「法という名に値する法」であることに決定的なダメージを与えて、それを「法という名に値しない法」＝「管理的指令」へ変質させるだけではなく、その「管理的指令の支配」を受ける「国」を「国という名に値しない国」へと堕落させて、人々の「国を愛する気持ち」を萎えさせることになる。

「法」には「ルールは実行不可能なことを命じてはならない」というような純粋に「法」に内在する道徳が存在する。L・L・フラーは、それを「法内在道徳」と呼ぶ。[3] たしかに、国旗・国歌法と政治家の「嘘をつかない」という道徳との関係は「内在」とまでは言えないだろう。しかし、「ルールが制定された時に、その制定されたルールについて一定の意図や考えがあることが政治家によって宣言された場合、その宣言した人物は、実際にその意図や考えを持ち、その後も引き続き、その宣言に従って行動しなければならない」という道徳は、制定された「法」と密接に随伴している。ここでは、それを「法随伴道徳」と呼ぶことにしよう。「法随伴道徳」は、法に内在しているとまでは言えないが、「法内在道徳」とともに「法」が「法という名に値する法」であることを確実に保障し、かつ、その「法」によって支配される「国」が「国という名に値する国」であることをシッカリと支えるのである。もちろん、「国という名に値する国」についてのみ、「愛国心」を語ることが意味をもつのだ。

野田が示唆していたように、「法という名に値しない法」＝「管理的指令」によって最も心が傷つけられるのは様々な「不利な立場の少数者」、すなわちマイノリティと呼ばれる人々である。それゆえ、以下では、「法」が「法という名に値する法」であることを保障する道徳とマイノリティの関係に照準を合わせて議論を進めていくことにしたい。国旗・国歌法に関わる法随伴道徳の違反は、Th・アドルノの言う「同一化する暴力」を行使することを意味し、「思想および良心の自由は、これを侵してはならない」と規定する日本国憲法第一九条との緊張関係をもたらす。すなわち、「法という名に値しない法」の多くは、一般的に言って、「不利な立場の少数者」＝

マイノリティの人権保障に関して憲法違反である可能性が強い。それゆえ、ある「法」が「法という名に値する法」であるか否かの判断基準の一つは、日本国憲法との整合性ということになる。しかし、やっかいなことに、その基準であるべき日本国憲法自体が「法という名に値しない法」なのではないか、と示唆する議論が登場した。加藤典洋の『敗戦後論』である。(4)

もちろん、日本国民自身が主体的に改正し直さなければ「われわれの憲法」とならないという改憲論は、これまでも声高く唱えられてきた。しかし、素朴な改憲論者の主張と異なり、加藤のよりソフィストケイトされた議論は、多くの知識人を含む国民各層に大きな影響を与えたのである。奥平康弘・間宮陽介・高橋哲哉などが厳しい加藤批判を展開したのも、(5)『敗戦後論』の与えた衝撃の大きさを傍証するものである。加藤自身は現在、『敗戦後論』で示した立場を撤回しているが、それが与えた知的インパクトの大きさに鑑み、以下では『敗戦後論』を検討対象とすることにしたい。『敗戦後論』は、マイノリティについての「法」が「法という名に値する法」であることに関しても貴重な示唆を与えてくれるのである。加藤がその議論の出発点とするのは、日本国憲法について「改憲の主張」を展開する江藤淳と「護憲の主張」を展開する大江健三郎の「相似性」である。江藤は、《昭和五十五年》に刊行された、『一九四六年――その拘束』において、次のように記している。(6)

〔CCD（日本占領中の米軍民間検閲支隊）の示した全部で三十項目から成っているこの検閲指針の中で〕特に深い衝撃を受けたのは、……その〔「SCAP（連合国軍最高司令官または連合国軍総司令部）が憲法を起草したことに対する批判」＝「日本の新憲法起草に当ってSCAPが果した役割についての一切の言及、あるいは憲法起草に当ってSCAPが果した役割に対する一切の批判」に関する〕第三項と〔「検閲制度への言及」＝「出版、映画、新聞、雑誌の検閲が行なわれていることに関する直接間接の言及」に関する〕第四項についてであった。その理由はいうまでもない。ここにこそ現行憲法、特にその第九条が「一切の批判」を拒絶する〝タブー〟として規定され、今日にいたるまで一種不可侵の〝タブー〟として取扱われつづけている国民心理的操作の原点があることを、前記二項目は余りにも明白に示していたからである。……〔ホイットニーが、もし日本政府が天皇の地位や〝戦争放棄条項〟を含む総司令部起草案の基本原則を受諾しない場合には、総司令部は「天皇の御身柄」を保証しかねる等と明言したという歴史的事実を確認した上で、私がここで提起しようとしている問題は〕日本が憲法第九条二項の規定している「交戦権」を放棄したままで、果して平和を維持できるか、という問題にすぎない。……「交戦権」の回復は、もとより戦争への道を歩むことを意味せず、実は核武装すら意味しない。それは主権の回復のみを意味し、日本が強制された憲法上の拘束によってではなく、自らの意思によって選択した基本的政策として、平和維持のあらゆる努力を継続することを意味するにすぎない。つまり、それは日本が通常の自由な主権国家となり、ふたたび自己の運命の主人公になるということを象徴する行為にすぎない。

江藤の著作が刊行された翌年の《一九八一年》に出版された『青年へ——同時代論集10』において、大江は次のように述べている(7)。

幼・少年期の僕は、いま敗戦したばかりの日本という国を、民衆の意思の働きによって、その望む方向につくり変えてゆくことのできる国、それも現にそのような方向づけの働きのなかにある国、と感じとっていたのだ。それは旧憲法から新憲法へという根本的な変革をつうじて、幼・少年期の僕に開かれた、社会の想像力が生きている感じ方なのであった。……これまですでに僕は、新憲法的な国家観への否定の希求に立つ者らの、押っかぶせてくるような懐疑の声にさらされてきたものだ。その経験にきたえられて、それも自分の文学の仕事に根ざす想像力論をつうじて、僕はその批判に反論することができる。……〔基本的イメージをつくり変える能力としての想像力について〕考える時、まず根柢にくるのが、僕にとっては戦時の軍国主義教育において、大日本帝国憲法（旧憲法）の原理のもとにあった幼・少年が、敗戦による変革の時代潮流のなかで、教科書に解説されるまま熱心に習った日本国憲法（新憲法）への、大きい想像力の運動である。……その過程において、どのように僕が、戦時に叩きこまれた天皇や国家についての基本的イメージから解放されていったか。……〔「天皇主権」を明記する旧憲法第一条や「天皇の統帥権」を規定する同第二条と「国民主権」を謳う新憲法第一条と「戦争の放棄・交戦権の否定」を宣言する同第九条を対比して〕僕はこのふたつの憲法の間の、天皇と国家のイメージのつくり変えを経験することによって、同時代の社会に対する、想像力的にそれを把握する姿勢をきたえられたと思う。そして天皇についても国家についても、それは変るもの、変りうるもの、むしろ変革されてゆくあり様こそが自然なイメージであり、そのダイナミックな変革の動きに自分もまた参加しながら生きているのだと感じた。

江藤と大江の議論は、日本国憲法という「法」に関する言説である。「法」に関する言説について考える場合、それがTh・フィーヴェクの言う教義学レベルの言説であるか、それとも探究学レベルの言説であるかを確認しておく必要がある。民法学や刑法学を典型とする教義学とは、《既存の法の効力・妥当を前提に「あるべき法解釈」を見出そうとする》＝《「固定化された意見」である「教義（ドグマ）」を堅持し、一方でそれを疑問の圏外に置きつつ、他方でそれを多面的なやり方で考え抜いていく》ものであり、法哲学や法社会学に代表される探究学とは、《既存の法の効力・妥当をカッコに入れて「あるべき法」を探究する》＝《予め定められた意見や規範を「教義（ドグマ）」として固定化し疑問の圏外に置き続けることを認めず、むしろそれらをどこまでも疑問視し、批判に付していくことを要請する》ものである。教義への思考の拘束を求める教義学的思考は、第一に《意見形成を通じて行為や決定を方向づけ、かなり大規模な集団内部で、できるだけ障碍のない円滑な相互行為の遂行を可能にする》という社会的機能を有しており、教養からの思考の解放を促す探究学的思考は、第一に《「正義・真理とは何か」を無条件的かつ根本的に問うことを求める》という認識的機能をもつ。教養への思考の拘束が探究学的思考のもつ認識的機能の意義を全く認めない程度に至れば、堅持されるべきドグマはタブーへと変化し、教養学的思考は思想の自由により保障されるべき探究学レベルの法の言説に対する権力的抑圧を正当化するドグマティズムに陥る。他方、教養からの思考の解放が教養学的思考の有する社会的機能の役割を完全に拒絶するものとなれば、ドグマは教養学レベルの法の言説が闘わされるべき法廷という場においても、もはや堅持されるべきドグマとは認められず、探究学的思考は社会的混乱を惹起させる倫理的アナーキーへの途を拓くものとなる。大日本帝国憲法（旧憲法）の中核的な諸価値の明確な否定の上に成立した日本国憲法（新憲法）は、その支持者（護憲派）と批判者（改憲派）を問わず、「快い」或いは「不快な」拘束感（逆に言えば、旧憲法からの解放感）を各人の魂に強烈に刻印づけることになる(8)。

江藤淳が、旧憲法からの他律的な解放の上に成立した新憲法への強制的な拘束に「憤激する」知識人の典型であるのに対し、大江健三郎は、旧憲法への権力的な拘束を否定した新憲法への自律的な拘束を「喝采する」立場を明確に表明している。江藤は、旧憲法の諸条項が天皇制ファシズムによってタブー化されていた事実には言及せず、SCAPやCCDの権力が日本国憲法の諸条項をドグマではなくタブーとしたことを指摘し、その内容を踰越して「あるべき日本の国家秩序」の追求に関わる探究学レベルの法の言説を生み出す想像力が厳しく且つ隠微に抑圧されてきたことを強調する。大江は逆に、旧憲法の諸条項が絶対天皇制とファッショ化した軍部によりドグマからタブーへと変質させられていた事実に注意を促し、そのタブーを打ち破った日本国憲法の諸条項が、

「あるべき日本の国家秩序」の追求に関わる探究学レベルの法の言説を生み出す想像力の運動を初めて保障したことを力説する。江藤の議論に見出されるのは、戦争放棄条項を「（探究学的思考を禁圧する）タブーの所産」と見ようとする覚悟であり、大江の議論から確認されるのは、当該条項を「（探究学的思考が実現した）タブーからの解放の所産」と捉えようとする決意である。その覚悟や決意が「今後の日本の進むべき道」と固く結びついていることは、江藤が「日本が自己の運命の主人公となることの大切さ」を語り、大江が「日本が望ましいアイデンティティを獲得することの大切さ」を論じている事実からも明らかである。

加藤典洋は、日本国憲法への拘束について真正面から対立する価値判断を下す江藤と大江について、両者は「ねじれ感覚」の欠如という「精神の双生児を思わせる、潔白な信念への信従」という点において本質的に共通していると言う。つまり、「一九四六年憲法」の拘束を脱して「改憲」により交戦権を回復することを説く江藤淳の主張（自主憲法制定論）と、戦後民主主義を信奉し、あくまで新憲法の理念を日本に根づかせようとする「護憲」論者である大江健三郎の主張（平和原則維持論）は、「われら人民（We the people）」が政治的意思決定プロセスに参加することにより、「ともに、彼らのめざす理想が、そのまま実現しうるとみなしている点」で「相似」である。[9] この加藤の主張からは、江藤と大江の議論は、新・旧憲法という基軸について正確に「対称」であるという帰結が導出されるが、その批判的検討に先立って、ここでは、もう少し加藤の見解を引用しておきたい。つまり、加藤は、江藤と大江の議論にともに欠如する「敗戦者の自覚」＝「ねじれ感覚」を、D・マッカーサーが指示した憲法改正案について美濃部達吉が述べた反対論の中に見出すのである。引用しよう。[10]

〔美濃部の改正論反対の骨子は、①「憲法改正を定めた帝国憲法の第七三条は、日本政府がポツダム宣言を受け入れた時点で無効である」こと、②「憲法改正案でその存在が不適当であるとして廃止をめざされている枢密院が、その改正案を審理するというのは、不可解である」こと、③「前文に『日本国民が制定する』旨明言されている改正案が、勅令により、政府の起草、議会の協賛、天皇の裁可で公布されるのは、『虚偽の声明』である」ことの三点であるが〕興味深いのは、美濃部の主張が、すべて事態のあべこべ、「さかさま」をただす形の言説となっていることで、いってみれば、誰一人ほんとうのことをいわない中で、この老学者は一人、新憲法を前に、「王様は裸だ」、というのである。……戦争に負けるということは、いわば自分にとっての「善」の所与が、奪われるということ、どのような願いもほんとうの形では果されず、ねじれた形でしか世界が自分にやってこないということだが、その自覚がつまりは、〔新憲法案を枢密院の審査委員会と本会議で唯一人反対した〕美濃部の出発点となっている。……〔しかし〕このいかがわしい〔と大江と異なり美濃部が考えた〕憲法は、その制定過程で少なくとも一度、正当な反対意見（つまり美濃部の反対）にあっている。その限りで、それはかろうじて「正当の手続きに依り有効に決定せられ」たといえるものになっている。……〔ゆえに美濃部は江藤と異なり〕この憲法を「不当」であるという立場には踏み出なかった。

かくして、加藤は、江藤と大江が共に欠如し、美濃部が有するのは、「不如意があれば不如意が、ねじれがあればねじれがそのまま映る歪みのない鏡で、憲法はあらねばならない」という感覚、であることを確認する。(11)ここで、加藤の指摘する法の言説についての「ねじれ」を、「ねじれ判決」と名づけられた興味深い判決が下された（現代型）憲法訴訟における「ねじれ」と比較しておくことにしたい。前者は日本国憲法を制定する際に立法レベルで生じたとされる「ねじれ」であり、後者はその日本国憲法を解釈・適用する際に司法レベルで生じたとされる「ねじれ」であるが、両者は「ナマミの身体のねじれ」ではなく、「観念のねじれ」である点で共通しているのである。

岩手靖国違憲訴訟――岩手県内に在住する市民が原告となり、岩手県議会が、内閣総理大臣等の靖国神社公式参拝を要望する趣旨の議決案を可決し、その議決事項を内容とする意見書を印刷し、内閣総理大臣等に提出したことは違憲無効であり、その執行に費用を支出すれば違法な支出になるとして、県議会議長および議決に賛成した県議会議員を被告として、損害賠償等を請求した訴訟――で、仙台高裁の糟谷忠男裁判長は、一九九一年一月一〇日、原告らの訴えを斥ける判決を下したが、その際、次のような判決要旨を示した。

天皇や内閣総理大臣等の靖国神社公式参拝は、その目的が宗教的意義をもち、その行為の態様から見て国又はその機関として特定の宗教団体への関心を呼び起こす行為であり、(直接的・顕在的影響および将来予想される間接的・潜在的動向を考慮すれば)公式参拝における国と靖国神社との宗教上のかかわり合いは、相当とされる限度を超える。したがって、公式参拝は憲法二〇条三項が禁止する宗教的活動に該当する違憲な行為である。本件議決の内容が違憲と判断された公式参拝を要望するものである以上、本件議決は違法である。……しかし、民主政治において地方議会議員の果たす役割の重要性にかんがみると、議員の発言又は表決が直ちに違法とはならず、議決当時の諸事情を考慮すると、議員らの賛成表決は、当時においては、未だ議員としての見識に反し、相当の根拠と合理性を欠いたものとは認められないから、本件議決が違法であることをもって議員らの表決が直ちに違法であるとはいえず、また議長の責任を問うこともできない。

原告側弁護士の澤藤統一郎によれば、法廷では、原告敗訴を告げる判決主文に重苦しい雰囲気を漂わせていた原告側は、その判決要旨を聞き笑いを噛み殺し、被告勝訴を告げる判決主文に肩を聳やかせていた被告側は、その判決要旨を知り苦虫を噛み潰すという「逆転劇」が演じられたのである。〝敗訴〟したはずの原告側は、「岩手靖国違憲訴訟仙台高裁判決は正しい憲法判断に基づく当然の判決」であり、「政教分離原則がなしくずし的に失われつつあり、司法への信頼もゆらいでいる中」で、「（勇気のある）歴史に残る判決である」と高く評価したが、とくに澤藤は率直に、「提訴の真の動機と目的が金銭の支払いを求めることにあろうはずはなく、政教分離原則の確認と実現、具体的には靖国神社公式参拝と公費玉串料支出の違憲宣言の獲得にあったことは当然」であり、「私たちは形式的には敗訴したが、実質的には欲したものを充分に手に入れて提訴の目的をとげた」と宣言したのである。[12] その逆に、〝勝訴〟したはずの被告側は、「（仙台高裁判決は）靖国神社問題の本質および経緯を全く無視し、政教分離をめぐる最高裁の判例からも著しく逸脱した極めて一方的な判決であり、到底容認することは出来ない」が、「（本）判決は、損害賠償にかかわる原告側の控訴は全面的に棄却し、形式的には被告側の勝訴とし、その判決理由においては逆転見解を示すということに奇怪な前後矛盾する内容」の「ねじれ判決」と呼ぶべきものである、と厳しく批判する。判決に批判的な憲法学者の百地章も、「被告勝訴の『主文』が『傍論』がなくとも簡単に導き出せる……（本判決は）糟谷裁判長による独断にみちた政治的信念の表白」であり、この「ねじれ判決」は、「被告側の『上告封じ』をはかり、最高裁による判断の機会を奪った上で、傍論のもつ違憲論の政治的効果を最大限に利用したのではないか、と疑われる」と述べ、「（裁判長の）意図の不純さ・卑劣さを指弾しなければならない」と非難する被告側の立場に共感している。[13]

ところで、加藤典洋は、米国の民主党と共和党あるいは英国の保守党と労働党の対立が「二つの異なる人格間」の対立であるのに対して、日本における「江藤＝改憲派＝保守派」と「大江＝護憲派＝革新派」の対立は「一つの人格の分裂」に起因すると考える。つまり、加藤は、「ジキル氏＝外向きの半身の自己」と「ハイド氏＝内向きの半身の自己」との分裂が「ねじれを意識下に押し込め不可視化」するという「深い自己欺瞞」に関わっていると指摘する。[14]同様に、仙台高裁の「ねじれ判決」を批判する百地も、主文に表われる「(政教分離限定解釈派＝)保守派」と判決理由に表われる「(政教分離厳格解釈派＝)革新派」の矛盾は、糟谷裁判長という「一つの人格の(意図的分裂の)卑劣さ」に起因することを示唆している。たしかに、加藤が、美濃部の「ねじれがあればねじれがそのまま映る歪みのない鏡で、憲法はあらねばならない」という感覚を肯定したのに対し、百地は、糟谷の「(日本国憲法第八九条と当時の政教分離に関する思想傾向を考え合わせると)ねじれが宗教的少数者の人権保障のために必要であれば、ねじれをそのまま反映した言説で、憲法解釈はあらねばならない」という感覚を否定する。両者の各々の「ねじれ」に関する評価は明確に相違しているが、しかし加藤が岸田秀の「唯幻論」からヒントを得て立論している事実からも窺えるように、両者は「死者との関係」に関わる「観念レベルの(上半身における)ねじれ」のみを問題にしている点で完全に一致している。加藤は言う。「護憲派は、原爆の死者を『清い』ものとし、同じく改憲派は兵士として死んだ自国の死者を『英霊』とし、『清く』する。……ともに『清い』、無垢な存在として祀ろうとしている点、平和記念公園と靖国神社は相似なのである」。[15]この「相似」はもちろん、江藤と大江が「双生児」と呼ばれる事実と対応している。ここで、加藤が、「広島の平和公園は韓国・朝鮮人の碑は受け入れていないが」とさりげなく記している事実を記憶しておこう。この事実は、「(上半身における)ねじれ」ではなく、「(上半身と下半身の)ズレ」の問題へと展開可能なものなのであるが、加藤は「ズレ」には全く関心を示すことはない。大江は、日本国憲法の制定に際して「われら人民」の想像力が発動されたと考えたが、江藤は逆に、日本国憲法を改正(＝改悪)するために「われら人民」の意思が発動されるべきであると主張した。そして、加藤は、「ねじれ」た日本国憲法を選び直すために「われら人民」が国民投票プロセスに参加することの必要性を力説するのだ。

ここでは、立法レベルのねじれた法の言説を正すのが加藤の着目する日本国憲法を国民投票的手段で「選び直す」ことであるなら、司法レベルのねじれた法の言説を正すことが最高裁が下すであろう判決に期待されても当然である以上、「分裂した人格が、自分でその分裂を克服する」こと、つまり「謝罪主体の構築」[16]＝「新しい『われわれ』の立ち上げ」の意義を強調し、それが「従来のナショナルな共同体の解体」の前提となるという加藤の主張が、容易に、「（仙台高裁判決により）分裂させられた人格が、（最高裁判決により）司法自身でその分裂を克服する」ことを封じ、つまり「（英霊を祀る）主体の構築」＝「日本民族としての『われわれ』の立ち上げ」の可能性を奪い、「従来のナショナルな共同体の解体」を促した糟谷の「人格の卑劣さ」を非難する靖国肯定派の言説にスライドしてしまう危険性を孕んでいることを確認しておきたい。「身体のズレ」ではなく「観念のねじれ」を問題とする場合、加藤→江藤というスライドは簡単に起こるが、加藤→大江というスライドが決して起こらないという事実は、江藤と大江が厳密には「双生児」でないことを意味している。

重大な問題は、加藤の言う「ねじれ」が存在するのであれば、日本国憲法が「法内在道徳」ないし「法随伴道徳」の観点から見て「法という名に値しない法」となるのか、ということである。ある「法」が「法という名に値する法」であるか否かの判断基準の一つは日本国憲法との整合性であったが、その日本国憲法自体に、法内在道徳ないし法随伴道徳に違反することは「法という名に値しない法」という刻印を押しつけるのであろうか。[17]「ねじれ」た日本国憲法を国民投票的手段で「選び直す」ことを主張する加藤は、そのように考えていると言えよう。

（1）　西原博史『学校が「愛国心」を教えるとき』（日本評論社、二〇〇三年）二頁以下。

（2）野田正彰『させられる教育』（岩波書店、二〇〇二年）二〇五頁以下。
（3）L. L. Fuller, *The Morality of Law*, Revised. ed., Yale Univ. Press, 1969.
（4）加藤典洋『敗戦後論』（講談社、一九九七年）。
（5）奥平康弘『憲法の想像力』（日本評論社、二〇〇三年）、間宮陽介『同時代論』（岩波書店、一九九九年）、高橋哲哉『戦後責任論』（講談社、一九九九年）参照。
（6）江藤淳『一九四六年憲法――その拘束』（文藝春秋、一九八〇年）一二頁以下。
（7）大江健三郎『青年へ――同時代論集10』（岩波書店、一九八一年）一〇三頁以下。
（8）教義学と探究学の関係については、Th・フィーヴェクの言うようにそれらの相互移行を重視すべきでなく、それらの性格の相違が強調されるべきである。小畑清剛『魂のゆくえ』（ナカニシヤ出版、一九九七年）、同『近代日本とマイノリティの〈生―政治学〉』（ナカニシヤ出版、二〇〇七年）参照。
（9）加藤・注（4）五〇頁。
（10）同右書・二六頁以下。
（11）同右書・三〇頁。
（12）澤藤統一郎『岩手靖国違憲訴訟』（新日本出版社、一九九二年）三七頁。
（13）百地章『政教分離とは何か』（成文堂、一九九七年）一二六頁。
（14）加藤・注（4）四七頁。
（15）同右書・五七頁。
（16）同右書・一〇二頁。
（17）国民投票に関する様々な見解については、今井一『「憲法九条」国民投票』（集英社、二〇〇三年）。

第2章　日本国憲法をめぐる「われわれ」と「かれら」

江藤淳と大江健三郎は、大日本帝国憲法から日本国憲法への移行を、その眼で目撃した。しかし、一九四八年に生まれた戦後世代の加藤典洋にとって、江藤と大江および日本国憲法を誕生させた起草者はすべて過去世代に属する人間＝「かれら」である。また、とくに江藤と加藤にとって、日本国憲法の起草者はＳＣＡＰという外国人＝「かれら」である。二重の意味において「かれら」である起草書が誕生させた日本国憲法は日本人であり且つ現在世代に属する人間である「われわれ＝われら」が選び直さなければならない。その「われわれ＝われら」による選び直しによって、日本国憲法に纏りつく「ねじれ」という法内在道徳ないし法随伴道徳の違反は治癒される――加藤はそのように考える。

しかし、その日本国憲法では、憲法を起草した主体はもちろん、「かれら」ではなく、「われわれ＝われら」と名乗っている。すなわち、日本国憲法「前文」にいわく、

日本国民は、正当に選挙された国会における代表者を通じて行動し、われらとわれらの子孫のために、諸国民との協

和による成果と、わが国全土にわたつて自由のもたらす恵沢を確保し、政府の行為によつて再び戦争の惨禍が起ることのないやうにすることを決意し、ここに主権が国民に存することを宣言し、この憲法を確定する。そもそも国政は、国民の厳粛な信託によるものであつて、その権威は国民に由来し、その権力は国民の代表者がこれを行使し、その福利は国民がこれを享受する。これは人類普遍の原理であり、この憲法は、かかる原理に基くものである。われらは、これに反する一切の憲法、法令及び詔勅を排除する。

この「前文」で、語り手＝書き手が「われら」と名乗っていることに注目する仲正昌樹は、次のように指摘している。(1)

「われら」と言うからには、複数であると考えられる。そしてこの「われら」は、自らを「日本国民」という集合体と等置している。「前文」の段階では、「日本国民」というのがどれだけの外延（広がり）を持つ集合体であるのか概念的に定義されていないが、一定の「国土」を持ち、血の繋った「子孫」へと継承されていく「共同体」であることは分かる。少なくとも、一ヶ所に集まって、お互いにコミュニケーションを取りながら、一つの「文書」を起草できるだけの少人数ではなかろうと推測できる。具体的に文章を起草している「われら」と、「われら」が想定している「日本国民」は、物理的に同一であるとは考えにくい。

そして、仲正は、「前文」に言う「われら」が何故「日本国民」を「代表」しているのか、という根本的な疑問を提示するのである。(2)

もし、〝既に〟「代表者たち＝国会」が選出されていて、更にその中の「代表」たちが、「われら＝日本国民」を名乗っているのであれば、この原初における「代表」システムに正当性が与えられるかもしれない。しかし、そのように考えた場合、今度は、「国会」という機関が「日本国民」を「代表」するという「規定」は、どこに由来するのかという疑問が出てくる。「日本国民」自身が規定した、というのが模範解答であるが、そうすると、「では、一ヶ所に集まるとは到底考えられない〝日本国民〟がどのようにして、そうした規定を行なうものとしての〝自己〟を規定し得たのか？」という疑問が出てきて、結局、「われらとは誰か？」という最初の疑問に戻ってしまう。つまり、「われら＝日本国民」という「語り手」の存在は、自己言及的な論理構造を形成しており、しかもそのことを自らの言語行為によって暗示しているのである。

この「われら＝日本国民」は、仲正によれば、単に自己の「存在」を自己言及的に根拠づけるにとどまらない。(3)

「われら」は、「ここに主権が国民に存することを宣言」するというフレーズをもって、自らが、自らの語っている「憲法＝国家体制（constitution）」の下で、自らが「国家」を統治するうえでの最高の権威を有することを規定している。いかなる権威をもって、「われら」は、「われら＝国民」（自身）にそのような権威を付与したのであろうか。これに対する模範回答も、「主権者である〝国民〟の名において」ということになるだろうが、そうすると、先程と同様に、では「誰がその〝国民〟を主権者にしたのか？」という疑問が自己言及的に出てくる。

E・J・シェイエス流の「憲法制定権力＝構成的権力」と「憲法によって構成される権力」という単純な二分法でもって、その疑問に答えることはできない。(4) かくして、仲正は、日本国憲法「前文」において、左記のよう

に多段階で循環する自己言及構造（ループ）が成立していることを確認する。[5] すなわち、

①本当のところは誰なのか分からない「われら」なるものが、どこに由来するか分からない権威によって自己を「日本国民」の代表と見做し、②そのようにして規定された「日本国民」の権威によって「国会」が「国民」の代表機関として規定され、③そのようにして権威を得た「国会」での審議を通して「憲法」が制定され、④その憲法によって「国民」が「主権者」として規定され、⑤そのようにして、「主権者」と規定された「国民」の代表者から成る「国会」によって、「われら」が「われら日本国民の憲法」を起草したことが承認される――という自己言及構造（ループ）である。

「われら」―日本国民―国会―憲法―日本国民＝主権者―憲法―国会―日本国民―「われら」というループは、ループの「内部」と「外部」を二次元平面上において分割する。[6]

しかも、「われら＝日本国民」は、〝自己〟が形成しているループ以外の「権威」「権力」の源泉が存在する可能性を一切認めていないわけではない。「われら」は、「これに反する一切の憲法、法令及び詔勅を排除する」という宣言を通して、他の源泉、あるいは「外部」――この場合、具体的には「帝国憲法」を中心とする法体系――が存在する可能性を認めたうえで、「自己」を主体的に選択している。この外部排除「宣言」をもって、「われら」を「語り手」かつ「主語＝主体（＝臣民）subject」として展開する「権威」「権力」の自己言及構造が一応〝完結〟し、「われら日本国民」にとっての――「法」によって保護される――「内部」が立ち現われてくることになる。「日本国民」を名乗る――実は正体不明の――「われら」は、この「宣言」をもって、この構造に暴力的に効力を与えているのである。

仲正の言う正体不明の「われわれ＝われら[7]」は、様々な「かれら」に取り囲まれている。見逃してならないのは、その「われわれ＝われら」―「かれら」関係が次のような二つの異なる系列において存在するということである。

Ⅰ「かれらⅠⓐ」＝ＳＣＡＰのような外国人⇕「われわれ＝われらⅠ」＝日本人⇕「かれらⅠⓑ」＝在日韓国・朝鮮人のような外国人

Ⅱ「かれらⅡⓐ」＝過去世代に属する人間⇕「われわれ＝われらⅡ」＝現在世代に属する人間⇕「かれら＝Ⅱ

「われわれ＝われら」―「かれら」関係の2系列

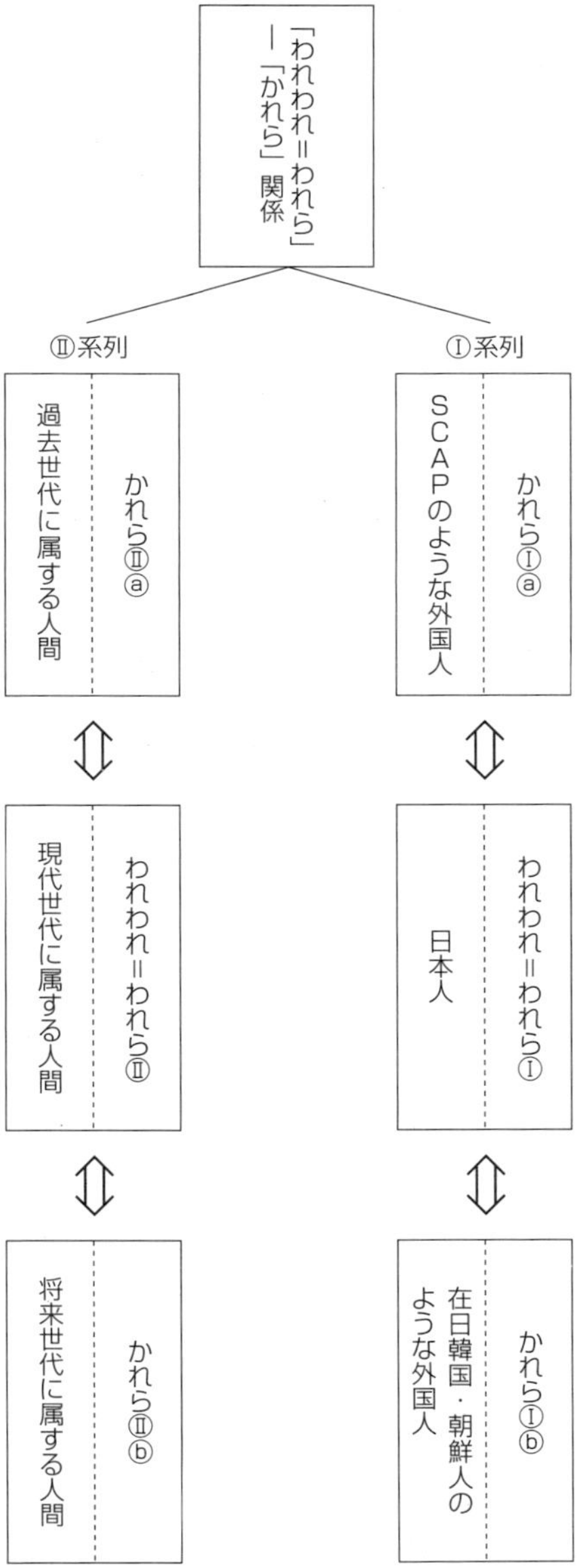

ⓑ」＝将来世代に属する人間

日本国憲法の改正（＝改悪）問題は、このⅠ系列（民族・人種・国籍系列＝空間系列）とⅡ系列（世代系列＝時間系列）にそれぞれ関わる言説が複雑に絡まり合っているのである。例えば、改憲論者の江藤淳が、いわゆる「マッカーサー憲法」に拘束されることを「不快だ」と感じるのも、江藤が、日本国憲法を改草したのは「われわれ＝われらⅠ」＝日本人ではなく、Ⅰ系列の「かれらⅠⓐ」＝ＳＣＡＰのような外国人である、と考えているからにほかならない。他方、自民党の「新憲法草案」を好意的に評価する若き法制史学者の瀧井一博は、その理由を、憲法第九六条の改正条項の厳格さゆえに戦後半世紀以上も全く改正されずにきた日本国憲法がいわゆる「不磨の大典」から脱する第一歩となる、ことを挙げている。(8) 瀧井が、「不磨の大典」に拘束されることを「不快だ」と感じるのは、日本国憲法を誕生させたのは「われわれ＝われらⅡ」＝現在世代の人間ではなく、Ⅱ系列の「かれらⅡⓐ」＝過去世代に属する人間である、と考えているからであろう。あえて議論を単純に図式化すれば、江藤の探究学的思考は日本国憲法における「外国人による支配」の問題に向けられ、瀧井の探究学的思考は日本国憲法における「死者による支配」の問題を提起している。加藤典洋は、『敗戦後論』で、Ⅰ系列の「かれらⅠⓐ」とⅡ系列の「かれらⅡⓐ」を峻別することなく、日本国憲法の「ねじれ」を剔出したと言えよう。もちろん、日本国憲法に拘束されることを「快い」と感じる大江健三郎にとって、その〈新〉憲法には、仲正の指摘した「正体不明」の存在など登場することはなく、また「われわれ＝われら」と緊張関係にある（Ⅰ系列またはⅡ系列の）「かれら」など存在しないのである。江藤の著書『一九四六年憲法――その拘束』の題名からは、彼が、「われわれ＝われらⅠ」が「かれらⅠⓐ」に無理矢理「拘束」されてしまっていることを強調しようとしていることが窺われるが、大江の著書『青年へ――同時代論集10』という題名からは、彼が、「われわれ＝われらⅡ」が青年という「かれらⅡⓑ」＝将来世代に属する人間を「拘束」してしまうということへの問題関心は全く見られない。大江にとって、青年という「かれらⅡⓑ」も、日本国憲法を生きる「われわれ＝われらⅡ」であることに何ら変わりはないのである。大江は、その著作で、「天皇についても国家についても、それは変るもの、変りうるもの、むしろ変革されてゆくあり様こそが自然なイメージであり、そのダイナミックな変革の動きに自分もまた参加しながら生きているのだと感じた」と語っていた。しかし、自民党の「新憲法草案」を支持する瀧井も、「ダイナミックな変革の動きに自分もまた参加しながら生きていきたい」と考えているのである。その意味で、護憲論者大江の言説は、逆説的であるが、護憲の観点から見て大変に危険なものなのである。なぜなら、瀧井にとって、その「参加」を妨げているのが、「不磨の大典」と化してしまった日本国憲法なのだから。この問題は、護憲論者の研究会「憲法再生フォーラム」に参加している政治学者の杉田敦も共有している。杉田は言う。[9]「政治実践を行なうについて憲法を遵守せよという限りでは、立憲主義は成り立ちうる。しかし、立憲主義がどうして、憲法そのものの改定の是非や頻度まで制約することになるのかは、私には理解できない」。

民主主義は、政治的決定プロセスに「参加」する「われわれ」の意思が反映されることを政治権力の正当化根拠とするものである。[10]立憲主義は、「われわれ」の意思が反映された政治権力であっても、「かれら」が制定した(?)憲法によって制度的に制限されるべきものがある、と主張するものである。その「制度的に制限されるべきもの」の一つが、日本国憲法第九六条の改正条項なのである。このような立憲主義と民主主義との緊張関係は、日本国憲法のみでなく、Ⅰ系列の「われわれ＝われら」―「かれら」関係を欠くアメリカ憲法においても見出される。すなわち、「外国人による支配」が問題とならないアメリカ憲法でも、「死者による支配」は重要な論点として浮かび上がってくるのである。このことは後に、原意主義やプリコミットメント論に即して言及したいと思う。

ここでは、Ⓘ系列に関して、残された重要な論点に注目したいと思う。江藤淳は、Ⓘ系列の「かれらⒾⓐ」――「われわれ＝われらⒾ」関係について、日本国憲法が「法という名に値しない法」であることを指摘した。ところが、Ⓘ系列の「われわれ＝われらⒾ」――「かれらⒾⓑ」関係についても、尹健次は、日本国憲法が「法という名に値しない法」であることを示唆しているのである。[11] すなわち、尹は、一九九〇年に刊行した『孤絶の歴史意識』において既に、ともに第二次世界大戦の敗戦国である独日両国で制定された（旧）ドイツ基本法第一条と日本国憲法第一条を比較し、前者が「人間の尊厳は不可侵である。これを尊重し、かつ保護することはすべての国家権力の義務である」と規定し、普遍主義の立場に与することをハッキリと宣言しているのに対し、後者は「天皇は、日本国の象徴であり日本国民統合の象徴」であると規定し、特殊主義の立場をとることを当然のごとく明言している事実に注目していた。そして、一九九七年に著した『日本国民論』において、「日本政府が被占領下における憲法制定過程において旧植民地出身者を人権保障の対象から巧妙に排除する手立てをとったこと」を指摘し、「日本国憲法は世界につうじる『平和憲法』の名に値しない」という判断を下すのである。[12] 尹が、日本国憲法は「法という名に値しない法」であるという判断を下す根拠となったのは、「総司令部案（マッカーサー草案外務省訳）」「憲法改正草案要綱」「憲法改正草案」そして現行「日本国憲法」のそれぞれ対応する条文の比較検討という作業である。すなわち、

〇総司令部案（マッカーサー草案外務省訳）

第九条　日本国ノ人民ハ何等ノ干渉ヲ受クルコト無クシテ一切ノ基本的人権ヲ享有スル権利ヲ有ス

第一三条　一切ノ自然人ハ法律上平等ナリ政治的、経済的又ハ社会的関係ニ於テ人種、信条、性別、社会的身分、階級又ハ国籍起源ノ如何ニ依リ如何ナル差別的待遇モ許容又ハ黙認セラルルコト無カルヘシ

第一六条　外国人ハ平等ニ法律ノ保護ヲ受クル権利ヲ有ス

○憲法改正草案要綱（三月六日要綱）

第一〇条　国民ハ凡テノ基本的人権ノ享有ヲ妨ゲラルルコトナキモノトシ……

第一三条　凡ソ人ハ法ノ下ニ平等ニシテ人種、信条、性別、社会的地位又ハ門地ニ依リ政治的、経済的又ハ社会的関係ニ於テ差別ヲ受クルコトナキコト

○憲法改正草案（四月一七日草案）

第一〇条　国民は、すべての基本的人権の享有を妨げられない。

第一三条　すべて国民は、法の下に平等であって、人種、信条、性別、社会的身分又は門地により、政治的、経済的又は社会的関係において、差別を受けない。

○日本国憲法（現行憲法）

第一〇条　日本国民たる要件は、法律でこれを定める。

第一一条　国民は、すべての基本的人権の享有を妨げられない。

第一四条　すべて国民は、法の下に平等であつて、人種、信条、性別、社会的身分又は門地により、政治的、経済的又は社会的関係において、差別されない。

ここで「総司令部案」にある「人民」とか「自然人」という言葉は、もともと《people》または《persons》という言

葉の翻訳語であり、日本に在住するすべての人の基本的人権を保障する意味合いで使われている。また「階級」も「カースト」の翻訳語であり、それは「社会的身分」という言葉と相まって、部落差別の禁止などを意味していたと解される。しかし憲法制定の過程において、この「人民」とか「自然人」は狭隘な国家概念に直結する「国民」という言葉に置き換えられ、また差別禁止条項にあった「階級」や「国籍起源」(national origin) という言葉も「門地」(family origin) にすり替えられ、結局、基本的人権の保障は「日本国民」にのみ限定されてしまった。[13]

仲正昌樹が示唆するように、日本国憲法をめぐる多段階で循環する自己言及構造（ループ）によって、現行憲法によって保護されるループの「内部」と、保護されないループの「外部」が二次元平面上において分割される。「総司令部案」第一六条には内外人平等原則が規定されていたが、法政局第一部長（当時）であった佐藤達夫は、SCAPとの折衝・交渉の過程で同第一三条の「国籍起源」の文言のみならず、第一六条の外国人の権利条項そのものを削除したことを認めている。佐藤は、旧植民地出身者を日本国憲法によって保護されないループの「外部」へと放逐したのである。尹によれば、「天皇」とそれを支える「国民」のみを規定する日本国憲法は、外国人を明文規定のない「非国民」とし、旧植民地出身者を含むループの「外部」＝「外国人」は、出入国管理法制の枠組の中の単なる管理対象とされていくことになる。それゆえ、尹は、Ⓘ系列の「かれらⒾⓐ」―「われわれ＝われらⒾ」関係から日本国憲法を批判する江藤とは逆に、Ⓘ系列の「われわれ＝われらⒾ」―「かれらⒾⓑ」関係から日本国憲法の限界を指摘するのである。しかし、ここで必要とされるのは、Ⓘ系列のすべてを視野に収めることができる複眼的思考なのである。

佐藤達夫の役割に着目する尹の議論は、皮肉なことに、江藤の主張に重大な落とし穴が存在していることを示している。もちろん、「総司令部案」の作成にあたり、鈴木安蔵らの憲法研究会が起草した「憲法草案要綱」がＧＨＱに大きな影響を与えたことは周知の事実である。また、日本国憲法第九条二項の「前項の目的を達するため」という文言の挿入に関する芦田均の修正提案の意味についても研究が続けられている。しかし、佐藤達夫は、日本国憲法をめぐる自己言及構造（ループ）の「外部」を、仲正の言う「帝国憲法」を中心とする法体系のみでなく、旧植民地出身者の処遇に関わる法体系（出入国管理法制など）とすることに成功したのである。このことは、江藤がⅠ系列における純粋な「かれらⅠⓐ」＝ＳＣＡＰのような外国人と考えた存在に、実は「われわれ＝われらⅠ」の一員である佐藤達夫（や芦田均）が含まれていたことを意味する。すなわち、「かれらⅠⓐ」と「われわれ＝われらⅠ」は重なり合う部分をもっており、日本国憲法の諸条項は江藤の言うようなタブーではなかったのである。憲法第九条は「教義（ドグマ）」であったが、「『一切の批判』を拒絶する〝タブー〟」では決してなかった[14]。

また、「われわれ＝われらⅠ」―「かれらⅠⓑ」関係から日本国憲法の限界を主張する尹の見解については、日本国憲法第一〇条に関する大沼保昭の学説に即して後に論じるように、旧植民地出身者である在日韓国・朝鮮人は韓国国籍ないし北朝鮮国籍はもちろん持っているが、それと並んで、日本国籍も依然として（少なくとも潜在的には）保有していると考えられる[15]。大沼が強調するように、在日韓国・朝鮮人も、日本国憲法をめぐる自己言及構造（ループ）の「内部」の存在である以上、彼（女）らが提起した日本国籍確認訴訟については、（諸外国にも多数の例がある二重国籍を有している）彼（女）らの日本国籍を確認することができる、と考えるべきであろう。

もちろん、大沼学説は圧倒的な少数説であり、尹を含めて多数説は佐藤達夫による旧植民地出身者をループの「外部」に放逐する作戦は成功したと判断するが、憲法第一〇条と「サンフランシスコ講和条約の朝鮮独立承認・台湾放棄条項を根拠とする民事局長通達」の関係について素直に考えると、在日韓国・朝鮮人は（潜在的には）日本国籍を有していると言えるのである。「われわれ＝われら①ⓐ」と「かれら①ⓑ」も実は重なり合う部分をもっているのである。

したがって、「かれら①ⓐ」―「われわれ＝われら①」関係から日本国憲法を「法という名に値しない法」であると断定する江藤の言説も、「われわれ＝われら①」―「かれら①ⓑ」関係から日本国憲法を「法という名に値しない法」であると判断する尹の言説も、説得力をもたないのである。

次いで、②系列の問題について論じることにしたい。杉田敦の見解を紹介した際に言及したように、それは「立憲主義が民主主義との関係でその正当性を根底から問い直されている」という実態との関連で、「かれら②ⓐ」＝過去世代に属する人間と「われわれ＝われら②」＝現在世代に属する人間との緊張・対立という形で現象することになる。②系列の「われわれ②」は何故「かれら②ⓐ」が制定した憲法に貞節を示さなければならないかという問題は、①系列の問題が存在しないアメリカ憲法についても活発に議論されている。例えば、M・クラーマンは、「(修正一四条が付加されるまでは奴隷制すら保障していたと考えざるをえない) 憲法典はそもそも『われわれ』の忠誠に値するのか」と問いかけ、「忠誠に値しない」と答えている。すなわち、彼は、「『われわれ』は、賛否両論がある政策の問題を、ずっと昔に死亡している制憲者（＝『かれら』）を通じてではなく、『われわれ』自身が民主的な政治的意思決定プロセスに『参加』することを通じて解決することができる」と考えるのである。(16)

しかし、②系列の「かれら②ⓐ」の意思に拘束されることを「不快に」感じるクラーマンと対照的に、アメリカ憲法学において、「死者による支配」の意義を強調する見解は根強い。その代表は、憲法のテクストをどのように解釈すべきかに関する原意主義の考え方である。それは、「われわれ＝われらⅡ」＝現在世代に属する人間の一員である裁判官に対して、「成文憲法の規定を、それを憲法制定者（＝『かれらⅡⓐ』＝過去世代に属する人間）によって理解された意味において適用するよう求める」ものである。

原意主義を根拠づけようとする様々な試みが行なわれている一方で、それには、①黒人差別の根拠となった「分離すれども平等」法理を違憲としたブラウン判決を正当化できないという政治的困難さを有すること、②そもそも「原意」を明確なかたちで確定できないという論理的困難さを免れえないこと、等々の批判が投じられてきた。しかし、これらの批判を仮に克服しえたとしても、原意主義は「死者による支配」を招くことになるという致命的な難問と直面することになる。阪口正二郎は次のように言う[(17)]。

原義主義は、選挙によって選ばれるわけではない裁判官が、選挙によって選ばれた立法府の判断を自らの判断によって差し替えることは民主主義に反すると主張する。だがそれなら、原意主義によって、現在の多数者が百年もしくは二百年も前の「原意」によって支配されることもまた民主主義に反する点では同じではないかと問いかけることができるはずである。なぜなら、民主主義とは何よりも現在の多数者の意思の尊重を意味するはずであり、現在の多数者による支配が不可能になるという点に関しては、原意主義が批判する「司法権による統治」も、原意主義の帰結である「死者による支配」も同じだからである。

かくして、「アメリカ憲法の解釈＝原意主義」論が、Ⅱ系列の「かれらⅡⓐ」と「われわれ＝われらⅡ」の対立を解消できないことを前提に、阪口は、B・アッカーマンの二元的民主政理論の再構成を試みる。同様に、「日本国憲法＝不磨の大典」論が、Ⅱ系列の「かれらⅡⓐ」と「われわれ＝われらⅡ」の対立を招来することを確認したうえで、愛敬浩二は、S・ホームズの積極的立憲主義理論の再構成を試みる。ここで注目されるのは、阪口と愛敬のそれぞれの再構成の試みがともにプリコミットメント論の観点からなされていることである。「プリコミットメントとは何か?」という問いは、しばしばギリシア神話のオデュッセウス（ユリシーズ）の物語によって説明される。(18)

オデュッセウスはトロイでの闘いからの帰途、ある信託を受ける。その途中で魔女セイレンの島の近くを通ることになるが、信託によれば、セイレンは誰もが抗し難い魅惑的な歌声で誘惑し、船員たちを遭難死させるという。自分自身がセイレンの歌声に抵抗できないことを知るオデュッセウスは、部下に命令してその身体を船のマストに縛りつけさせた。そして、島を通り過ぎるまでは、彼が「縄を解け」と言った場合は更に強く締め上げるように命じたのである。

この「自己拘束」というオデュッセウスの行為は、「意思の弱さ」のために特定の状況下で合理的に行動できないことを知っている主体が、彼自身の自律性を損なうことなく長期的な利益を獲得しようとするものである。このような「自己拘束」は、日常生活においても起こるものである。例えば、翌朝、どうしても合格したい大学の入学試験が行なわれる場合を考えてみる。受験生である彼（女）は、目覚まし時計を朝五時にセットしなければならないとしよう。試験当日、アラームによって眠りから覚めた時、彼（女）は一瞬、「もう少し眠り続けたい。目覚まし時計なんかつぶれてしまえ」と思うかもしれない。しかし、冷静になって考えると、「朝寝坊の私が試験に遅刻しないですんだのは、目覚し時計のアラームが朝五時にキッチリと鳴るようにセットしておいたおかげだ」ということが分かるだろう。彼（女）は決して「自己拘束」を後悔することはない。

阪口や愛敬は、このプリコミットメント論がアメリカ憲法における立憲主義の正当化の試みとして利用できることを示唆している。しかし、異なる世代に属する人間間に拡張されたプリコミットメント論は、日本国憲法についても、皮肉なことに江藤の著作の『一九四六年憲法――その拘束』という題名も暗示しているように、「戦争の放棄」を規定した憲法第九条、「信教の自由・政教分離」を規定した憲法第二〇条、「表現の自由」を保障した憲法第二一条、「憲法改正の手続」を規定した憲法第九六条など多くの条文に関して適用可能である。

愛敬は、表現の自由との関連で、「憲法を単に自己統治に対する制約としてではなく、より持続的で討議的な自己統治を可能にする手段・制度として描出する」ことを提案している。すなわち、Ⅱ系列の「かれらⅡⓐ」＝過去世代に属する人間が設定した憲法によって「われわれ＝われらⅡ」＝現在世代に属する人間の「より善い自己統治」が可能になると説明できれば、少なくとも「われわれ＝われらⅡ」が自己統治（＝民主主義）の価値を根拠にして、憲法を「死者による支配」として攻撃することはできなくなるのである。愛敬は言う。[19]

改憲論議が高まる現在の日本は同時に、イラク派兵に反対するビラを自衛官官舎に配っただけで逮捕され、有罪とされる社会であり……、卒業式で「日の丸・君が代」の強制を批判する記事を配ったら、「威力業務妨害罪」で起訴されかねない社会である。……このような社会が、異端者の排除による、国民レベルの「集団偏向」という問題についてセンシティヴになるのは合理的である。よって、「愛国心」やそれに類する言葉を書き込むために行なう憲法改正は、「持続的で討議的な自己統治」を困難にする不合理な「悪い憲法改正」といえるだろう。

日本国憲法第九条を、プリコミットメント論の観点から正当化するのは長谷部恭男である。オデュッセウスの

「自己拘束」について言及した後、長谷部は、国際連合が無力化し、中央集権的な権威が存在しない国際社会において、軍縮がすべての国家の利益に適うにもかかわらず、各国は短期的な利益を求めて軍拡競争に走るという問題に対処するために、「各国は、憲法によりそのときどきの政治的多数派によっては容易に動かしえない政策決定の枠を設定し、そのことを対外的にも表明することが、合理的な対処の方法といえる。憲法第九条による軍備の制限も、このような合理的な自己拘束の一種と見ることが可能である」と論じている(20)。

民主主義国家にとって憲法が持つ合理的自己拘束としての意味は、このオデュッセウスの寓話にわかりやすく示されている。日本国憲法第九条も、こうした意味を持つと考えることができる。「国際社会への協力」や「自国の領土の保持」などという美しい歌声に惑わされることなく、日本の国民が将来に向けて、安全な航海をつづけていくことができるか否かが、そこにかかっている。……第二次世界大戦前において、民主的政治過程が軍部を充分にコントロールすることができず、民主政治の前提となる理性的な議論の場を確保しえなかった日本の歴史にかんがみれば、「軍備」といえる存在の正統性をあらかじめ封じておくことの意義は大きい。

この長谷部の議論を評価する愛敬は、「九条改定の『欲望』がリアルだからこそ、憲法改正国民投票での勝利を計算しなければならない改憲派は、世論の動向を勘案しつつ、九条改定に煙幕を張ろうとする」と指摘する。例えば、環境権やプライバシーの権利などの新しい人権を明文で規定することを含めた憲法全体の再調整を「われわれ＝われら⑪」の政治的意思決定プロセスへの「参加」の観点から正当化しつつ、その一環として第九条にも手をつけるという議論の仕方である。もちろん、環境権やプライバシーの権利は日本国憲法の起草者＝「かれら⑪ⓐ」＝過去世代に属する人間が全く想定していなかった「新しい」人権である。改憲論者はまさに、「死者による支配」が貫徹している（?）日本国憲法が、「われわれ＝われら⑪」の「貞節に値しない」ことを、「かれら⑪ⓐ」の知らなかった「新しい」人権を煙幕として主張するのである。愛敬によれば、日本国憲法を「不磨の大典」と批判したり、「過去世代が現在世代を拘束するのは非民主的だ」云々と論ずる、最近の改憲派の議論の特徴は、この文脈で理解すべきものなのである。[21]

「われわれ」ではなく「かれら」が起草したとして日本国憲法を拒絶する江藤淳、「われわれ」の日本国憲法への強い支持を表明する大江健三郎、「ねじれ」た日本国憲法を「われわれ」のものとするために国民投票的手段で選び直すことを主張する加藤典洋――日本国憲法へのスタンスは各人各様であるが、彼らはすべて「われわれ」＝「われら人民」の「参加」を正当化根拠とする民主主義に与している。加藤によれば江藤と大江は「双生児」であるが、「われわれ」の意思決定プロセスへの「参加」を重視する点で、江藤と大江と加藤は「三つ児」なのである。そして、C・シュミットもアクラマチオによって異質な「かれら」を排除しつつ同質的な「われわれ」が政治に「参加」することを民主主義の核心に見出していたのではなかったか。[22] しかし、だからこそプリコミットメント論によって再構成された立憲主義の立場から日本国憲法を捉えるならば、大江の言説が大江自身の意図に反して危険なものであることが明らかとなる一方、他方、少なくとも江藤や加藤の日本国憲法は「法という名に値しない法」であるという言説も斥けることは容易となる。

⑪系列の「われわれ＝われら⑪」―「かれら⑪ⓑ」関係は、世代間の公平が問題となる環境倫理学および環境法学においても重視される。例えば、H・ヨナスは、「乳飲み子は、ただ息をしているだけで、周りの世界に対

して異論をはさめない仕方で、大人にその世話をするようにという当為をつきつけている」という責任原理から、世代間倫理としての環境倫理を基礎づけようとする。[23] もちろん、乳飲み子とその世話をする大人は、それぞれ将来世代に属する人間と現在世代に属する人間の比喩として理解すべきものである。また、K・S・シュレーダー＝フレチェットは、J・ロールズの言う「原初状態」でかけられる「無知のヴェール」を異なる世代に属する人間に適用できるように拡張し、世代間倫理としての環境倫理を基礎づけようとする。すなわち、拡張された「無知のヴェール」の背後で、過去・現在・将来のいずれの世代に属する人間も、公平に基づく倫理規約を同じように欲するはずだ、という視点から、環境倫理を基礎づけるのである。[24]

ヨナスやシュレーダー＝フレチェットの影響を受けた加藤尚武も、環境倫理学の主張を次の三点にまとめている。[25] ①自然の生存権の問題――人間だけでなく、生物の種、生態系、景観などにも生存の権利があるので、勝手にそれを否定してはならない。②世代間倫理の問題――現在世代は将来世代の生存可能性に対して責任がある。環境を破壊し、資源を枯渇させるという行為は、現在世代が加害者となって将来世代が被害者になるという構造をもっている。加害者と被害者は世代にまたがる時間差をもっている。③地球全体主義――地球の生態系は開いた宇宙ではなく閉じた世界である。この閉じた世界では、利用可能な物資とエネルギーの総量は有限であるから、生存可能性の保障に優先権がある。しかも、将来世代に選択の形だけを与えるのではなく、現実の選択可能性を保障しなくてはならない。ゆえに、将来世代の生存を保障するために現在世代に属する人間の自由を否定する可能性も生じうる。

同様に、森岡正博も、環境倫理の基本的な考え方として、次の三点を挙げている。[26] ①有限な地球環境のもとで人類が生きてゆくための、新しい倫理が必要である。②いま生きている人間のことだけではなく、将来世代の人々のことまで含めて、現在の私たちの行動を決めてゆこう。③人間だけでなく、動物や植物などの生きものをも私たちの一員として配慮して、私たちの行動を決めてゆこう。

このように、環境問題は、「われわれ＝われら⑪」＝現在世代に属する人間と「かれら⑪ⓑ」＝将来世代に属する人間の公平を重視している。既述のように、改憲論者の多くは憲法の条文に環境権についての明文規定が欠如していることを改憲を必要とする理由の一つとして挙げるが、それならば、日本国憲法は、「われわれ＝われら⑪」―「かれら⑪ⓑ」関係とは全く無縁の存在なのであろうか。

J・H・イリィのプロセス法学に与する松井茂記らの有力な反対説があるとはいえ[27]、憲法学の多数説は環境権を「幸福追求の権利」を保障した憲法第一三条および「生存権」を規定した憲法第二五条から根拠づけられると考えている[28]。また、憲法「前文」には「われらとわれらの子孫のために、……わが国全土にわたって自由のもたらす恵沢を確保し」云々という文言があり、同第一一条は「この憲法が保証する基本的人権は、侵すことのできない永久の権利として、現在及び将来の国民に与えられる」と記し、同第九七条は「〔環境権を根拠づけるとされる幸福追求の権利や生存権を含む基本的人権は〕現在及び将来の国民に対し、侵すことのできない永久の権利として信託されたものである」と述べていることも見逃してはならない。①系列の「われわれ＝われら①」―「かれら①ⓑ」関係から日本国憲法の限界を主張する尹健次は、「国民」の権利のみ保障するこれらの条文は「かれら①ⓑ」を憲法の自己言及構造（ループ）の「外部」に放逐していると批判するかもしれないが、ここで注目すべきは憲法が二重信託の考え方を基本とすることを明言している事実である。すなわち、「われらの子孫」および「将来の国民」という表現を用いることによって、日本国憲法は、「現在世代→現政府へ」という単純な公共信託ではなく、「将来世代→現在世代→現政府」および「将来生態系→現在世代→現政府」という二重信託の立場をとることを宣言しているのである。(29)「われわれ＝われら㊁」―「かれら㊁ⓑ」関係に定位する二重信託では、受託者である現在世代に属する人間や政府が、「かれら㊁ⓑ」＝将来世代に属する人間のために善良な管理者の注意義務をもって法益を管理する義務があることになる。もちろん、この「かれら㊁ⓑ」に先天性身体障害者や知的障害者などのマイノリティが含まれるか否かに関する重大な問題は残されているものの、二重信託を基本とする日本国憲法は㊁系列の「われわれ＝われら㊁」―「かれら㊁ⓑ」関係に定礎しているのである。受託者である「われわれ＝われら㊁」は、ヨナスの言う「乳飲み子」のような「かれら㊁ⓑ」が地球環境の悪化ないし自然資源の枯渇で苦しむことのないように、享楽的な消費生活を慎むよう「自己拘束」する義務を負っているのである。「かれら㊁ⓐ」―「われわれ＝われら㊁」関係に定位するプリコミットメント論の「自己拘束」とは異質な、「われわれ＝われら㊁」―「かれら㊁ⓑ」関係に定位する二重信託論の「自己拘束」を、日本国憲法は課しているのである。したがって、後者の「自己拘束」の観点から、環境権を明文で規定していない日本国憲法は「法という名に値しない法」であるから改正すべきものであるという議論を、斥けることができる。

しかし、ここに「かれら㊁ⓑ」をめぐる大きな落とし穴が存在している。㊁系列の「われわれ＝われら㊁」―「かれら㊁ⓑ」関係において、現在の時点における「かれら㊁ⓑ」は、或る将来の時点で「われわれ＝われら㊁ⓑ」となるが、その「われわれ＝われら㊁ⓑ」が形成するループから「外部」に排除される「かれら㊁ⓑⓑ」が存在するのだ。つまり、第7章で議論するように、「環境」という法益を管理する立場からすれば、「環境汚染のバロメーター」であるゆえに「生まれて来てはいけない存在」と見なされる先天性身体障害者や知的障害者が、その「かれら㊁ⓑⓑ」なのである。(30)

「法という名に値する法」であることが確認された日本国憲法は基本的人権を保障することを高らかに宣言している。しかし、その日本国憲法の下で、アイヌ民族・先天性身体障害者・ハンセン病患者にそれぞれ「人間失格」の烙印を押した北海道旧土人保護法・優生保護法・らい予防法という「法という名に値しない法」が最近まで効力を有していたことは驚くべき事実である。だが、この事実に関心を向ける法哲学の研究者は全くと言ってよいほど存在しなかった。このことは更に驚くべき事実である。しかし、法哲学の探究学的思考は、「正義・真理とは何か」という観点から、これらの「法という名に値しない法」の効力をどこまでも疑問視し、批判に付していくものであるはずである。それにもかかわらず法哲学の研究者たちが「不利な立場の少数者」が直面する不条理な現実を見ないできたことは、何か原因があるはずである。その原因が解明されなければならない。

（1）仲正昌樹『法の共同体』（御茶の水書房、二〇〇二年）四頁。
（2）同右書・四頁以下。
（3）同右書・五頁。
（4）芦部信喜『憲法制定権力』（東京大学出版会、一九八三年）、大隈義和『憲法制定権力の法理』（九州大学出版会、一九八八年）。
（5）・（6）仲正・注（1）六頁。
（7）厳密には、小田実『われ＝われの哲学』（岩波書店、一九八六年）が指摘するように、「われわれ」と「われら」は区別すべきであるが、ここでは一般の用法に従い、両者を同一視して、「われわれ＝われら」と表現することにする。
（8）朝日新聞二〇〇五年一〇月二九日（朝刊）。
（9）杉田敦「憲法と政治」『憲法問題』一五号所収参照。
（10）井上達夫ほか『共生への冒険』（毎日新聞社、一九九二年）参照。
（11）尹健次『孤絶の歴史意識』（岩波書店、一九九七年）。
（12）尹健次『日本国民論』（筑摩書房、一九九七年）。

(13) 同右書・一二〇頁以下。

(14) 古関彰一『新憲法の誕生』（中央公論社、一九八九年）、佐藤達夫『日本国憲法成立史』（有斐閣、一九九四年）参照。

(15) 大沼保昭『在日韓国・朝鮮人の国籍と人権』（東信堂、二〇〇四年）。

(16) 阪口正二郎『立憲主義と民主主義』（日本評論社、二〇〇一年）。

(17) 同右書・三四頁以下。原意主義については、野坂泰司「憲法解釈における原意主義（上）（下）」『ジュリスト』九二六号・九二七号所収、同「原意主義論争と司法審査制」『ジュリスト』一〇三七号所収を参照。

(18) 阪口・注（16）一一三頁。St. Holmes, *Passions and Constraint: On the Theory of Liberal Democracy*, Chicago Univ. Press, 1995. なお、愛敬浩二『改憲問題』（筑摩書房、二〇〇六年）一〇二頁も参照。

(19) 愛敬・注（18）一一〇－一一一頁。

(20) 長谷川恭男『憲法と平和を問いなおす』（筑摩書房、二〇〇四年）一五五頁以下。

(21) 愛敬・注（18）一一二頁以下。

(22) それゆえ、B・アッカーマンの「われら人民（We the People）」が通常政治と憲法政治を区別する二元的民主政理論を展開するにもかかわらず、C・シュミットの言う「アクラマチオ」に変質する危険性を孕むことは否定できない。B. Ackerman, *We the People, vol. 1,: Foundations*, Harvard Univ. Press, 1991. 樋口陽一『近代立憲主義と現代国家』（勁草書房、一九七三年）、同『憲法Ⅰ』（青林書院、一九九八年）三八三頁以下、阪口・注（16）一〇〇頁以下参照。

(23) H・ヨナス『責任という原理』加藤尚武ほか訳（東進堂、二〇〇〇年）。

(24) K・S・シュレーダー＝フレチェット「テクノロジー・環境・世代間の公平」京都生命倫理研究会訳『環境の論理・上』所収（晃洋書房、一九九三年）一一九頁以下。

(25) 加藤尚武『環境倫理学のすすめ』（丸善、一九九一年）。

(26) 森岡正博『生命観を問いなおす』（筑摩書房、一九九四年）。

(27) 松井茂記『日本国憲法』（有斐閣、一九九九年）。

(28) 例えば、浦部法穂『全訂・憲法学教室』（日本評論社、二〇〇〇年）等参照。

(29) 山村恒年『検証しながら学ぶ環境法入門（第三版）』（昭和堂、二〇〇六年）二七頁以下。

(30) 例えば、稲場紀久雄企画・編集『環境ホルモンと経済社会』（法律文化社、一九九九年）参照。

第3章　日本国憲法と人間存在の多様性

「『法（を自称するもの）』が『法という名に値する法』である」ための必要十分条件は何であろうか。この問いに答えることは、きわめて難しい。しかし、逆から考えて、「法という名に値しない法」に着目し、それらを類型化することにより法哲学的観点から理論的整序を試みることは可能であると思われる。そして、ユダヤ人やロマ（ジプシー）を抹殺し精神障害者や先天性身体障害者を安楽死させたナチスの法秩序を想起すれば直ちに明らかとなるように、「『法』が『法という名に値する法』でないこと」＝「『法』が『法という名に値しない法』であること」という問題地平に法哲学的に接近を試みる場合、とくに重要な意味をもつのは、当該法秩序における「不利な立場の少数者」＝マイノリティの存在である。しかし、この接近を法哲学的と形容することには、すべての少数者が特定の実在的法秩序における具体的存在者である以上、そこには経験的事実の認識を追求する法社会学的知見が不可避的に混入することを理由に、異議が申し立てられるかもしれない。しかし、自己が内属する法秩序の不条理な現実と直面し、「正義に適った在るべき法秩序」を構想し、それを法共同体の他の成員に向けて問いかけることが法哲学の第一の使命である以上、法哲学的地平と法社会学的地平が互いに交錯・融合することは何ら忌避すべきものではない。しかしながら、「不利な立場の少数者」がすべて経験的な存在者であるという自明の事実は、「様々な少数者に関して一般的な妥当性を有する理論体系を構築すべし」という法哲学的要請と「様々な少数者のそれぞれの現象形態の多様性をザッハリッヒに記述すべし」という法社会学的要請の間に、鋭い緊張関係を惹き起こす。ここでトルストイの『アンナ・カレーニナ』から、「幸福な家庭はどれも似ているが、不幸な家庭は、すべてそれぞれに不幸である」という有名な一節を引用することが許されよう。例えば、日本における宗教的少数者、オーストラリアにおける先住民族、イラクにおける民族的少数者、インドにおけるハンセン病患者、フランスにおける先天性身体障害者——等々のすべての種差を捨象して、「(不利な立場の) 少数者」という類概念を構成することが果して可能であろうか。仮にそれが理論的に可能だとしても、具体的存在者である個々の少数者がそれぞれに巻き込まれている「不利な立場」という経験的現実を何ら反映しない空虚な類概念を駆使して法哲学的接近を試みても、それは各々の少数者がそれぞれに置かれている「不利な立場」という多様な現象形態をザッハリッヒに記述することのみに専念する法社会学的作業が不毛であるのと同様に、有意義な学知的認識を得ることは期待できないのである。ここには、最終章で論じる、人間存在の「根源的受動性」＝「イノセンス」の共約(不)可能性に関わる困難が待ち受けている。

ここに「不利な立場の少数者」をめぐる法哲学的探究が、「法的思考の特質は何か?」あるいは「法規範の本質は何か?」等々という従来の法哲学的地平に回収しきれない理由を見出すことができよう。法的思考・法規範そして法秩序等々についての法哲学理論は、「だれもが似ている有利な立場の多数者」に専ら照準を合わせることにより、その理論体系の構築に際して研究者が直面すべき「不利な立場の少数者」をめぐる固有の困難な問題群を何ら自覚することなく、「体系」を志向する学的営為によって「心やすらかに」展開されることが可能であったと言えよう。つまり、特定の法秩序において「それぞれに不利な立場」に置かれている少数者の存在自体が、法哲学の（少数者の生きる経験的現実との接触により不可避的に付与される汚染から免疫化されているという意味で）純粋な学知的理論を机上で構築する上で、いわば「迷惑なお荷物」＝「厄介者」として意識的ないし無意識的に（自らも「有利な立場の多数者」に属するであろう多くの）研究者によって不可視化されてきたのである。

つまり、「不利な立場の少数者」を含む人間の「多様性」は、A・センの示唆するように、「（多様性隠蔽化の機能をもつ）人間の平等」という「崇高な」見地からではなく、例えば「体系」的な理論構築のための単純化の必要性という現実的で「低い」見地から無視されてきたと言うこともできるし[1]、また、様々な少数者が置かれた「不利な立場」の「多様性」は、いわゆる「正義感覚」に富む研究者が、J・N・シュクラーの言う「不正義感覚」にしばしば感受性を欠くことがあるという事実によって無視されてきたと考えることもできよう[2]。すなわち、北海道旧土人保護法により「旧土人」という蔑称を付与され続けたアイヌ民族や、らい予防法により強制隔離され続けたハンセン病患者の生きる現実を「不幸」や「不運」と見るのではなく、その「不利な立場」をもたらした諸法令を「不正義」と受けとめる「不正義感覚」が貧しい場合、「正義感覚」のみが豊かな研究者は、そのような「不利な立場」を自らが構築を目指す「正義」論と何ら重要な関連性を有さないものとして「捨象」ないし「後回し」にして、人間存在の「多様性」を不当に「同一性」に還元した上で少数者に関わる問題群を自らの「体系」的な学的地平の外部へと放擲することになろう。

具体的に言えば、「不利な立場」の「多様性」、別言すれば「焦点変数」の「複数性」に重大な関心を向けるA・センの「潜在能力アプローチ」からすれば、リバタリアン時代のR・ノジックが提示した「最小国家論」における権限理論はもちろん、J・ロールズの『正義論』における基本財理論も、そのような難点を免れていないことになる。[3]「〔障害者の問題は〕われわれの道徳的な識別能力を混乱させることにもなりうる」[4]と明言するロールズの『正義論』が障害者問題を「無視」しないまでも「後回し」にしていることをセンは鋭くついているが、[5]このような人間存在の「多様性」に関して弛緩したロールズの姿勢は、主としてコミュニタリアンのM・J・サンデルやプラグマティストのR・ローティーなどの批判[6]を受けて『政治的リベラリズム』における「重なり合う合意」を重視する立場へ「転向」した後のロールズ[7]に限定してではあるが、井上達夫がそれに「問題喪失」という哲学的死亡宣告を行なった事実[8]と無関係ではない。

「人間は多様であり、しかも様々な形で多様である」（A・セン）、あるいは「われわれは、人間であるという点ではすべて同一であるけれども、誰一人として、過去に生きた他者、現在を生きている他者、将来に生きるであろう他者と決して同一ではない」（H・アレント）という人間の「多様性」および「複数性」の現実は「人間の行為の条件[9]」でありながら、しばしば「体系」構築を目指す「学者の権威」によって押さえ込まれてしまう。弥永健一は、アイヌ肖像権裁判に言及しつつ、「これまで築き上げてきた学問の方が、その学問のよって立つ現実よりも大切になり、自分の理論の枠にはまらない現実は、学者としての権威によって切りすてようとする」態度を厳しく批判しているが、[10]そのような「権威」のもつ危険性は、弥永の専攻する数学の領域より、法哲学や倫理学のような当為と関わる学問領域においての方が、はるかに深刻なものとなり易い。そこに、法哲学の研究者たちが「不利な立場の少数者」が直面する不条理な現実に無関心でいられた原因を求めることができよう。

「不正義感覚」の貧しい研究者の有する「権威」が人間存在の多様性・複数性を理論「体系」における同一性へ無理矢理に還元してしまうことの危険性、および、独自の理論的問題関心の欠如した研究者の行なう人間存在の現象形態の多様性・複数性をザッハリッヒに記述してしまうことの「理論」的不毛性をそれぞれ確認した上で、認識されるべき経験的現実の（「体系」における同一性に還元されない）多様性・複数性の承認と、構築されるべき理論の（人間「存在」の多様性・複数性に開かれた）一般性の要求との緊張が、両立不能な相剋・相殺ではなく、稔り豊かな相乗・相生となるために、以下では考察対象を、市井三郎の言う「各人の責任を問われる必要のない」理由で日本という特定の実在する法秩序において「それぞれに不利な立場に置かれている少数者」に限定する。(11) アイヌ民族や在日韓国・朝鮮人そして先天性身体障害者やハンセン病患者がその典型であるが、特定の教義を信仰することを自らの意思で決定しうる宗教的少数者が考察対象に含まれるか否かは微妙である。ここでは、敬虔なクリスチャンである特定の個人が、例えばキリスト教徒が宗教的多数者であるドイツやフランスではなく、そうでない日本でたまたま誕生したという事実が「各人の責任を問われる必要のない」ものである点を重視し、宗教的少数者も以下での論及対象となると考えることにしたい。西原博史や野田正彰の議論に即して確認しておいたように、国旗・国歌法が法内在道徳ないし法随伴道徳に違反して強制されることによって心を傷つけられるのは、民族的少数者のみでなく、キリスト教徒のような宗教的少数者でもあるのである。

ところで、法秩序におけるマイノリティをめぐる諸問題を考察する場合、「人権論ないし権利論」または「平等論ないし差別論」の視座から接近するのが通例であろう。しかし、これらの接近は、既に憲法学や国際法学で精力的に試みられているのみならず、W・キムリッカの『多文化時代の市民権』のような法哲学における重要な著作も刊行され、各々の領域で貴重な学問的成果が着実に蓄積されつつある。ただし、キムリッカは、「（西洋民主主義国におけるマイノリティを専ら対象とする自らの理論は）当初意図されていた西洋の読者を超えて、何がしかの拡がりと有用性を日本の読者にも有しているのではないか」という楽観的な見方を示しているが、(12) その理論「体系」が例えば日本におけるハンセン病患者の問題には適用できないことが明らかである以上、彼の楽観には弛緩に通じる危険性が孕まれている。一方、日本の法哲学においては、「だれもが似ている有利な立場の多数者」すなわち共約可能な「根源的受動性」＝「イノセンス」をもつ者に専ら焦点を合わせて、法的コミュニケーションによる理性的合意の形成を追求する有力な試みが、田中成明らによって精力的になされている。[13] それゆえ、従来の法哲学によって完全に無視されてきた様々な「不利な立場の少数者」を、憲法学や国際法学における接近とは異質な、法的コミュニケーションの観点から論じることはとくに日本の学界の現状では有益であると思われるが、その場合、特定の法秩序における少数者の存在をめぐって多様な法的コミュニケーションの「歪み」が生じる事実を確認する作業がまず必要となる。日本国憲法の誕生にまつわる「ねじれ」の加藤典洋による確認や、靖国神社公式参拝に関する仙台高裁判決における「ねじれ」の百地章による確認は、彼らの評価に賛成するか否かは別にして、法哲学の研究者に注目すべき素材を提供するものである。しかし、そのような貴重な素材は、これまで慎重な検討の対象とされることはなかったのである。したがって、「ねじれ」のような法的コミュニケーションの歪みが「法」が「法という名に値しない法」であることとどのように関係するかが、法哲学的観点から理論的に探究されなければならないのである。以下では、日本における「不利な立場の少数者」をめぐる法的コミュニケーションの歪みとして、その「ねじれ」と「ズレ」に着目し、これらの歪みと「法」が「法という名に値しない法」であることとの関係について考察する。その考察に有益な概念装置を提供してくれるのが、L・L・フラーの「法内在道徳理論（とくにその『法定立失敗の理論』）」とJ・L・オースティンの「言語行為理論（とくにその『不適切性の理論』）」なのである。

L・L・フラーが『法の道徳性』で「法定立失敗」というネガティヴな視座から分析した法内在道徳理論において重視するインテグリティは、[14] R・ドゥオーキンが、「超人的な知的能力と忍耐力を兼ね備えた」ハーキュリーズ裁判官を想定して議論をすすめる『法の帝国』におけるポジティヴな中核概念としてヨリ精緻なものへと理論的に彫琢されたことは周知の通りである。[15] また、H・L・A・ハートの法実証主義を批判するフラーが、その『法の自己探究』において示した「法の内在的目的」を追求する姿勢は、[16] やはりハートの司法的裁量論の克服を企てる「権利尊重論」以降のドゥオーキンの思想とたしかに共鳴し合っている。[17] また、J・ハーバーマスは、野蛮を克服すると同時に野蛮へと頽落する啓蒙的理性を描くTh・アドルノとM・ホルクハイマーの『啓蒙の弁証法』[18]と、全体化・秩序化する限りでの理性を解体しようとするアドルノの『否定弁証法』[19]の両者を特徴づけるペシミズムを克服するために、オースティンの言語行為理論における「発語内行為」と「発語媒介行為」の区別というアイデアを利用して、大著『コミュニケーション的行為の理論』[20]におけるポジティヴな中核概念としてヨリ厳密に「コミュニケーション的合理性」の再構築を試みたのであった。

では、なぜ、インテグリティ・言語行為・コミュニケーションについて、ポジティヴな立場から壮大な理論「体系」の構築を目指すドゥオーキンとハーバーマスではなく、ネガティヴな視角から多様な現実の分析を試みるフラーとオースティンの考察が重視されなければならないのであろうか。その理由は、ドゥオーキンとハーバーマスの独自の法哲学ないし社会哲学の「体系」を構築しようとする強固な意思が、もともと実在する法秩序・社会秩序・言語秩序の多様性を分析するための道具であったインテグリティ理論や言語行為理論のもつ鋭利な切れ味を鈍化させてしまったことに求められる。A・ワールブルクの言うように「神は細部に宿り給う」[21]が、ロールズやドゥオーキンやハーバーマスの「体系」志向は、「細部」に存在する「不利な立場の少数者」の多様性・複数性をことごとく抹殺してしまうのである。たしかに、ドゥオーキンとハーバーマスの法哲学および社会哲学理論は、抽象度も高く学知的に洗練されていて、優雅でスマートであり、一貫した「体系」的構造を有している。それに対して、フラーとオースティンの法哲学および言語哲学理論は、あまり完成度は高くなく素朴で、荒削りでザラザラしており、時には矛盾した相貌すら見せるという意味で、整合的な「体系」的構造を有していると言うことはできない。しかし、ハサミが紙を切断するためには摩擦が必要とされるように、理論という「ハサミ」が複雑で錯綜した現実という「紙」を切開するためには、両者の間にザラザラした接点が存在することがどうしても必要なのである。[22]

その「ザラザラした違和感を与えるもの」こそが「不利な立場の少数者」なのである。Th・アドルノは、『否定弁証法』（ネガティヴ・ディアレクティク！）において、自己の哲学に向かう態度を、方法的な基本姿勢としての「反体系」という形で提起している。つまり、「統一原理と上位概念によってすべてを支配しようとする同一化思考の典型」こそが「体系」である以上、「異和感を与えるもの」や「異質的他者＝かれら」に固執しようとするアドルノは、「反体系」の姿勢をとり続けねばならないのである。もちろん、「非同一性の意識」に着目する点では、アドルノも、彼の主要な批判対象の一人であるG・W・H・ヘーゲルも変わりはない。しかし、ヘーゲルは、「否定の否定は肯定である」として「同一性と非同一性の同一性」という形で「非同一性」すらを「体系」の中に押し込めてしまうのである。アドルノは、そのようなヘーゲル弁証法における「肯定」を拒否し、「否定と非同一性の立場」に踏みとどまろうとするが、それは「限定的否定」としての「批判」の遂行を意味する。[23] そして、アドルノの言う「違和感を与えるもの」や「異質的他者＝かれら」等の「非同一的なもの」は、「同性愛者」や「先天性身体障害者」などの「不利な立場の少数者」として読み解かれる可能性に開かれている。[24] すなわち、「愛を異性愛と同一視する立場」や「身体を五体健全な身体と同一視する立場」によって身体感覚で嫌悪されることが多い「同性愛者」や「先天性身体障害者」は、「非同一的なもの」の典型であるゆえに、「愛という現象」および「身体という現象」に対して「同一化する暴力」を働かせたナチスの生―権力（および死―権力）によって、抹殺ないし安楽死させられたのである。したがって、アドルノの「同一性批判」は、ポジティヴな「体系」の構築を目指すロールズやドゥオーキンやハーバーマスには不可能な、「様々なマイノリティの位置におかれている人々の関係の中で読み直すことの可能性」へ開かれているのである。[25] それは、「非同一的なもの」としての「同性愛者」や「先天性身体障害者」や「ハンセン病患者」等々という「不利な立場の少数者」の多様性を、例えば道徳的な識別能力の混乱を口実に単純化した上で、正義やインテグリティやコミュニケーション的合理性をポジティヴに志向する各々の哲学「体系」に押し込めようとするロールズやドゥオーキンそしてハーバーマスが行使する「同一化する暴力」を、人間存在の多様性・複数性に関わる「不正義感覚」を研ぎ澄ますことによって断固として斥けなければならないことを意味している。

藤田省三は、「偶然が生きていない社会は不健康なのである」という遠山啓の名言を引用しながら、次のように語っている。[26]「なぜなら偶然の排除こそは、生活の中から未知なる事態との遭遇の機会を奪い、物事それぞれが私たちに与える個別的な抵抗の現われを一掃し、そうすることによって、物或は事態との相互的交渉である人間の『経験』を消滅させて了うからである」と。「不利な立場の少数者」として生まれる（生まれさせられる）ことは「根源的受動性」＝「イノセンス」であるという「アドルノ読み」の第一人者でもある藤田の言う「偶然」を、「同一化する暴力」に抗する「非同一的なもの」と読み換えることは十分に可能であろう。

李静和は、『つぶやきの政治思想』で、次のように「つぶやいている」[27]。

「慰安婦」ハルモニたちの語りを、完全に完結した物語として、証言として問題化するとき出てくる問題。網に引っ掛かってくるものと、網から抜け出していくリアリティ。網に引っ掛かってくるもの、つまり社会が要求する必要性に応じたもの。そこから抜け出していくもの、つまりリアリティ。抜け出していく、網からずるずるっと抜け出していくリアリティ、それは、言い換えれば、まだ語れない、語ることのできない、あるいは語ってしまった場合生きていくことができなくなってしまうもの。私はこうやって生きてきたのよ、私はこういうふうに生きているのよという自分のからだのなかでの正当性の根拠を失う可能性のある部分は、話せない、語れない。語ってしまった場合、生きていること自体がなくなってしまう、失われてしまう。これが網から抜けていく、リアリティの風景というか姿である。

正義やインテグリティやコミュニケーション的合理性をポジティヴに志向する哲学は、それぞれの「体系」から、「細部」に居てつぶやきかける「不利な立場の少数者」の「偶然」や「リアリティ」が「ずるずるっと抜け出していく」ことを妨げてはならないし、実際にそれを妨げることもできないのである。

(1) A・セン『不平等の再検討』(岩波書店、一九九九年) 参照。
(2) J. N. Shklar, *The Faces of Injustice*, Yale Univ. Press, 1990. なお、大川正彦『正義』(岩波書店、一九九九年) 四〇頁以下も参照。
(3) セン・注 (1) 一七頁以下。
(4) J. Rawls, "*A Kantian Conception of Equality*," Cambridge Review, (February 1975), p. 96f.
(5) A・セン『合理的な愚か者』大庭健ほか訳 (勁草書房、一九八九年) 二二五頁以下。
(6) M・J・サンデル『自由主義と正義の限界』菊池理夫訳 (三嶺書房、一九九二年)、R・ローティー『哲学の脱構築』室井尚ほか訳 (御茶の水書房、一九八五年)。なお、R・J・バーンスタイン『手すりなき思考』(産業図書、一九九七年) 三六一頁以下も参照。
(7) J. Rawls, *Political Liberalism*, Columbia Univ. Press, 1993.

(8)　井上達夫『他者への自由』(創文社、一九九八年)「まえがき」。
(9)　H・アレント『人間の条件』志水速雄訳(中央公論社、一九七三年)。ただし、アレントの言う「人間の条件」が、ギリシアのポリスをモデルにして立論されているため、例えばアフリカ原住民にその条件の欠如を見出す彼女の視線が帯びる差別性について、高橋哲哉『記憶のエチカ』(岩波書店、一九九五年)第二章が指摘することになる。アレントの政治観については、川崎修『アレント』(講談社、一九九八年)二七〇頁以下、斎藤純一『政治と複数性』(岩波書店、二〇〇八年)六七頁以下を参照。
(10)　弥永健一「理論と現実」現代企画室編集部編『アイヌ肖像権裁判・全記録』(現代企画室、一九八八年)所収三一九頁以下。
(11)　市井三郎『歴史の進歩とはなにか』(岩波書店、一九七一年)。
(12)　W・キムリッカ『多文化時代の市民権』角田猛之ほか訳(晃洋書房、一九九八年)の「日本語版への序文」参照。
(13)　田中成明『法的空間』(東京大学出版会、一九九三年)。
(14)　L. L. Fuller, *The Morality of Law*, Revised ed., Yale Univ. Press, 1969.
(15)　R・ドゥオーキン『法の帝国』小林公訳(未来社、一九九五年)。
(16)　L. L. Fuller, *The Law in Quest of Itself*, Foundation Press, 1940.
(17)　R・ドゥオーキン『権利論』木下毅ほか訳(木鐸社、一九八五年)。
(18)　M・ホルクハイマー＝Th・W・アドルノ『啓蒙の弁証法』徳永恂訳(岩波書店、一九九〇年)。
(19)　Th・W・アドルノ『否定弁証法』木田元ほか訳(作品社、一九九六年)。
(20)　J・ハーバーマス『コミュニケーション的行為の理論・中』藤沢賢一郎ほか訳(未来社、一九八六年)七頁以下。
(21)　林達夫＝久野収『思想のドラマトゥルギー』(平凡社、一九七四年)。
(22)　社会哲学における「摩擦」の必要性については、清水幾太郎『倫理学ノート』(岩波書店、一九七二年)。
(23)　アドルノ・注(19)第二部。以下のアドルノ理解は、徳永恂『現代批判の哲学』(東京大学出版会、一九七九年)、同『社会哲学の復権(文庫版)』(講談社、一九九六年)第一部に拠る。
(24)・(25)　細見和之『アドルノ』(講談社、一九九六年)一九二頁以下。
(26)　藤田省三『精神史的考察』(平凡社、一九八二年)二九〇頁。
(27)・(28)　李静和『つぶやきの政治思想』(青土社、一九九八年)参照。

第4章　日本国憲法に関わる法的コミュニケーションの「歪み」

――「ズレ」と「ねじれ」

L・L・フラーは、「法」を「人間の行動をルールの支配に従わせようとする企て」と捉え、ルールによる人間行動の支配を確立・維持していこうとする試みを「法秩序」と見なす。そのための努力の根底に、フラーは、政府と市民が「互いにルールの尊重・遵守を約束し合う」という「相互性の絆」を見出す[1]。そして、フラーは、「法」を「法という名に値する法」たらしめる道徳という意味での「法内在道徳」＝「リガリティ」の諸原則を、この「相互性の絆」から導出する。それらは、「(適用されるルールがそもそも存在しなければならないという) 一般性要件」、「(ルールがその適用を受ける個人に知らされていなければならないという) 公布要件」、「(ルールは原則としてその適用を受ける個人の行動の後で作られてはならないという) 不遡及要件」、「(ルールの意味が明らかでなければならないという) 明晰性要件」、「(ルールは同じ法体系に属する他のルールと矛盾してはならないという) 無矛盾性要件」、「(ルールは実行不可能なことを命じてはならないという) 服従可能性要件」、「(ルールは短期間に何度も改正されてはならないという) 恒常性要件」、「公権力と宣言されたルールの合致要件」の八要件である[2]。これらを法内在道徳要件と呼ぶことにしよう。フラーが指摘するように、これらの諸要件は、その充足に関して特定の実在的法秩序において互いに衝突する可能性があり、その場合は均衡のとれた解決が求められるのであるが、しかしその中のどれか一つを充足することに完全に失敗するならば、そもそもその名に値する法秩序を維持し続けることは不可能となる。つまり、法内在道徳要件の充足は、立法者や裁判官に対する目標提示であると同時に、法秩序存立のための必要条件（十分条件ではない）を示すものである。ゆえに、フラーの表現を借用して言えば、それらは「法の定立に失敗する八つの道」を示しているのだ。(3) このネガティヴな視座からすれば、立法者が法的ルールを「立法する」＝「制定する」場合あるいは裁判官が法的ルールを「適用する」＝「判決を下す」場合に、そのような失敗を犯すならば、それは「不適切」な法定立行為＝法的言語行為の遂行となる。

ところで、J・L・オースティンによれば、約束・命令・宣言等を示す文が果たす第一義的な機能は、ものごとの状態の「記述」や事実の「陳述」ではなく、ある種の「行為遂行」である。(4) この行為遂行は、異なる三相を有している。すなわち、例えば、文法に適って構成された文である「私は明日必ず学校に行きます」と言うことが発語行為であり、発語行為を遂行することにおいて同時にそれ自体において遂行される「（学校へ行くことを）約束する」という行為が発語内行為であり、発語行為を遂行することによってたかだか間接的にのみ関係して遂行される「（聞き手である教師を）喜ばせる」等々という行為が発語媒介行為である。そして、オースティンは、発語内行為の相において、行為遂行的発言が「うまくいかない」様々な事例に着目し、発言が「円滑かつ適切」に機能するための必要条件（十分条件でない）――仮に言語行為適切遂行条件と呼ぶことにする――を、「不適切」というネガティヴな視座から次のように整序する。つまり、それらは、「（慣習的＝コンベンショナルな効果をもつ、一般に受け入れられた慣習的＝コンベンショナルな手続が存在しなければならないという）手続存在条件」、「（発動された手続に関して、或る与えられた場合における人物および状況がその発動に対して適当なものでなくてはならないという）適当状況条件」、「（その手続は、すべての参与者によって正しく実行されなくてはならないという）正常実行条件」、「（その手続は、完全に実行されなくてはならないという）完全実行条件」、「（その手続が、或る一定の意図・考え・感情をもつ人物によって使用されているように構成されている場合、その手続を発動する人物は、実際にこれらの意図・考え・感情をもっていなければならないという）態度随伴条件」、「（この発動者は、その後も引き続き、そのように行動しなければならないという）履行条件」の六条件である。これらの条件の不充足は、「行為遂行的発言がうまくいかない六つのケース」を示している。(5)

フラーの示した要件群とオースティンの示した条件群は、共にそれらの充足が完全に失敗したならば、法秩序の維持に失敗したり、遂行される（法的）言語行為が不適切なものとなるという意味でネガティヴな性格をもつ点で形式的な共通性を有するが、内容的に見ても、例えば（確立された一般的なルール・手続が存在しない場合、アド・ホックな行為の遂行を不適切なものとして共に斥ける）「一般性要件」と「手続存在条件」、（一般的なルール・手続が存在する場合でも、行為遂行が適当でない状況が共にあることを示唆する）「恒常性要件」等と「適当状況条件」、（宣言された一般的なルール・手続を（法的）言語行為の遂行者である公権力等が誠実に遵守し続けなくてはならないことを共に示す）「公権力の行為と宣言されたルールの合致要件」と「態度随伴条件」および「履行条件」等の間にはそれぞれ強い関連性が存在すると言えよう。これらの法内在道徳要件群と言語行為適切遂行条件群の関連性は決して偶然的なものではないが、そのことを明らかにするために、フラーとその論敵H・L・A・ハートとの間で闘わされた「自然法論と法実証主義」をめぐる華々しい論争をごく簡単に紹介しておくことにしよう。(6) ちなみに、フラーのみならず、P・A・デブリンやR・ドゥオーキンに対して、法実証主義を擁護する力強い論陣を張ったハートは、ハートと共にオックスフォード日常言語学派の主要メンバーであったオースティンが言語行為論を構築する際に、重要な影響を与えた人物である。

フラーとハートが自然法論と法実証主義という主題をめぐって論争する一つの重要なキッカケを与えたのは、ドイツの法哲学者Ｇ・ラートブルフの「転向」問題である。ナチスが台頭する以前に既に新カント学派の方法二元論に基づく独自の価値相対主義法哲学を構築していたラートブルフは、「法律は法律だ」というナチスの用いた法実証主義のスローガンが、ドイツの法曹階層から「制定法の不法」すなわち「恣意的かつ犯罪的な内容をもった法律」に対する抵抗力を奪ってしまったことを反省し、一九四六年に公表した論文「制定法の不法と制定法を超える法」において自然法を否定していた従来の立場を変更して、「高次の法」＝「制定法を超える法」を擁護するに至った。(8) ドイツにおける「自然法ルネッサンス」と名づけられた一時期の思想動向および法実践を注意深く見つめながら、ハートは、論文「実証主義および法と道徳の分離」を発表し、ラートブルフの自然法論への「転向」の批判的検討を開始した。ラートブルフが示した「邪悪なものは法ではない」という自然法的思考に立脚する批判は、法と道徳の分離を擁護しようとするハートによれば、「悪法」に抗議する場合に様々な法哲学的な難問を惹き起すことになるから、むしろ「これは確かに法ではある。しかし道徳的にあまりに邪悪であるゆえに、遵守することも適用することもできない」というヨリ強力かつ明快で誰にでも理解可能な道徳的非難を行なうべきなのである。(9) 他方、『法の自己探究』において、既に法実証主義批判のスタンスを明らかにしていたフラーは、当然ながらラートブルフの「転向」にヨリ同情的であったが、ハート論文の内容を知ると直ちに論文「実証主義および法への忠誠」を公表し、ハートに反論した。すなわち、フラーは、ラートブルフ的な「高次の法」擁護論とは一定の距離を置きつつも、ハートには「法への忠誠という責務を有意味にする法の定義」を解明するための努力が欠如していることを指摘し、「法への忠誠」と「確立された権威への服従」を混同する傾向がある法実証主義では、ナチスが秘密法令や遡及法令を多用して「法内在道徳」を無視したことがユダヤ人の抹殺や先天性身体障害者の安楽死などの「法外在道徳」の堕落を帰結したという事実の重要性を的確に認識できない、と強調した。(10)

ハートは、一九六一年に刊行した主著『法の概念』において様々な法実証主義への批判に答えたが、「生存こそが人間活動の固有の目的である」という前提が与えられたなら、「人間の傷つきやすさ」等の「人間本性の際立つ特徴」が取り出され、それに対応して「殺人や身体的暴力の禁止」などの「自然法の最小限の内容」が導出されると述べた。このようにフラーに一定の譲歩を示しつつも、ハートは、「法内在道徳」が「著しい不正や非道（邪悪）と両立可能である」ことを強く示唆したのである。(11) フラーは、一九六四年に『法の道徳性』を著わし、「法内在道徳」＝「リガリティ」原則を改めて理論的に整序し直した上で、「法内在道徳と法外在道徳の相互交流」を否定するハートは、ナチスの下で生じた「法の道徳性」の頽廃を真正面から直視していない、と反論した。また、同書第二版（一九六九年）では、「法内在道徳」と「著しい不正や非道（邪悪）との両立可能性」という非難に答えるため、社会的秩序づけの二形態である「法」と「管理的指令」を区別する必要性を力説した。(12)「法」は「相互性の絆」で結ばれた水平的な人間関係を前提とするのに対し、「管理的指令」は管理する者―管理される者という垂直的な人間関係に定位する。そして、フラーは、ハートが『法の概念』で「生存を、人間のあらゆる努力の中心的要素であると論じている、ように思われる」と指摘し、そのような考え方には同意できないと述べる。その上で、フラーは、「人間のあらゆる熱望を支え鼓舞する原理」として、「『単に生存し続けるための手段以上のもの』＝『われわれが生き生きと生活する在り方』であるコミュニケーションを、われわれと仲間たちの間に維持していくという目標」を提示するのである。かくして、フラーは、「実体的自然法の中心的かつ明白な原理」として、「人々が知覚し感じ願うものを相互に伝え合うのに用いる、コミュニケーションの歪みなき完全な状態（インテグリティ）を解放・維持・保全せよ」という命令を挙げるのである。(13)

以上の分析により、フラーの挙げる法内在道徳要件群が充足されないこと、および、オースティンの挙げる言語行為適切遂行条件群が充足されないことはともに、「コミュニケーションの歪みを生じること」＝「コミュニケーションの回路のインテグリティを傷つけること」を帰結することが分かる。もっとも、フラーは、「法」が「法という名に値する法」であるための「（内容とは無関係な）手続上の条件」として提示した「法内在道徳」を「手続的自然法」と呼んでおり、それは「コミュニケーションの回路のインテグリティの維持」を内容とする「実体的自然法」と確かに区別されている。しかし、フラー自身、例えば「法内在道徳」の一つとして挙げる「服従可能性要件」について、「（召喚期日の異常な短さという）物理的不可能性」や「（咳・くしゃみ・しゃっくりの禁止という）生理的不可能性」と並んで、Th・ジェファーソンの見解に言及しつつ、「（特定の宗教の信仰を強制することという）思想的・信教的不可能性」を挙げているのだ。(14) いわゆる政教分離を根拠づけることが、「実体的内容」と関わらないとされる「法内在道徳」と、「実体的内容（の拒否）」とも関わる「リベラリズム」の両者から可能であるという事実は、フラーやその批判者であるハートが考える以上に、「法内在道徳」と「法外在道徳」あるいは「手続的自然法」と「実体的自然法」が密接かつ強固に結びついていることを物語っていると考えられる。「法内在道徳」と「法外在道徳」の接点に位置する道徳を「法随伴道徳」と呼ぶこともできよう。ここで、国旗・国歌法がその制定に関与した政治家たちの「法随伴道徳」の違反、すなわち「嘘をつく」というコミュニケーションの「歪み」によって傷つけられ、「法という名に値しない法」へ堕しめられてしまったことが想起されるべきである。このように、「法内在道徳」や「法随伴道徳」の違反は、直ちに「コミュニケーションの回路のインテグリティ」を毀損し、「不利な立場の少数者」を苦しめることになる。

「法」が「法という名に値する法」であることを保障するのは、「法内在道徳」および「法随伴道徳」である。それらの違反は、「コミュニケーションの回路のインテグリティ」を毀損するが、それは、その「法（であることを自称するもの）」が「不利な立場の少数者」の権利を保障する日本国憲法の規定と両立しえないことを帰結する。以下では、「法」が「法という名に値しない法」であることの意味を日本国憲法の条文と関連づけながら解明するために、「ズレ」および「ねじれ」という注目すべきコミュニケーションの「歪み」の分析を試みるが、これに先立って、その「歪み」の分析に必要な「明示命題」と「黙示命題」という概念を、あらかじめ次のように定義しておくことにする。

法令・条約・判決等の公的に遂行される法的言語行為あるいは訴訟提起や法廷弁論等の訴訟当事者により遂行される法的言語行為が、「法律を制定する」「判決を下す」「条約を締結する」「訴訟を提起する」等々の発語内行為の相において直接的かつ明示的に「聞き手」に示される命題を「明示命題」、それが例えば「（『法律を制定する』ないし『判決を下す』ことにより『聞き手』を）喜ばせる」「勇気づける」「落胆させる」「激怒させる」等々の発語媒介行為の相において間接的かつ黙示的に「聞き手」に示される命題、または、それにより例えば激怒させられた「聞き手」によって社会問題として主題化される命題を、「黙示命題」と言う。

「ズレ」とは、法令の制定や条約の締結等の公的な法的言語行為が発語内行為の相において示す明示命題が他の法的言説との関連で背後に退き、逆に当該法的言語行為が発語媒介行為の相において示す黙示命題が前面に表れることを言う。その「ズレ」が、（政府や「有利な立場の多数者」が潜在的に有していたにもかかわらず、これまで偶々隠蔽され続けてきた）「不利な立場の少数者」に対する差別的・抑圧的意図を顕在化させることにより、コミュニケーションに「歪み」が存在していることが確認されるのである。

以下の分析で明らかとなるように、大日本帝国憲法（旧憲法）がいわゆる「八月革命」によって日本国憲法に変わったことによっても、マイノリティをめぐるコミュニケーションの「ズレ」はほとんど影響を受けることはなかった。それは、司法（とくに最高裁判所）があまりに行きすぎた違憲判断消極主義に支配されていたため、日本国憲法の有するマイノリティの人権保障のための応答能力が十分に発揮されなかったことを意味する。

「ねじれ」とは、主に判決や訴訟提起等の法的言語行為について、当該法的言語行為の遂行者である裁判官や訴訟当事者が、発語媒介行為の相における黙示命題の提示や実現を実質的に意図しているにもかかわらずその意図を秘匿し、「話し手」が前面に押し出した発語内行為の相において明示命題を示す意図は単に形式的な飾りにすぎない場合である。「ねじれ」では、「ズレ」と同様、「公権力と宣言されたルールの合致要件」や「態度随伴条件」等と密接に関連する「話し手」のコミュニケーション意図の「純粋性」ないし「誠実性」に関わる「歪み」が確認される(15)。

ただし、「ねじれ」は、マイノリティの人権保障にとって「敵」となる「ズレ」とは異なり、「不利な立場の少数者」の「異議申し立てを行なう」という法的言語行為を真剣に受け取り、その基本的人権を、たとえ「コミュニケーション的合理性」に反する戦略的行為を遂行しても何とか保障するための必要悪、つまり、正常なコミュニケーションの回路が閉ざされているため、たとえ迂回してでもその回路を結ぶことによりその異議申し立てに対する「応答可能性としての責任」[16]を果たすための賢慮、と見なすことが可能なのである。それゆえ、「不利な立場の少数者」＝マイノリティの人権保障に関して、一見、同じようなコミュニケーションの「歪み」である「ズレ」と「ねじれ」は、それぞれマイナス（人権の敵）とプラス（人権の味方）という正反対の位置価をもつことになる。

「不利な立場の少数者」をめぐるコミュニケーションの「歪み」について、認識されるべき経験的現実の（「体系」における同一性に還元されない）多様性・複数性を承認しつつ、構築されるべき理論の（人間「存在」の多様性・複数性に開かれた）一般性の要求を充たすことができるのは、「異和感を与えるもの」を「同一性」に還元させないアドルノのネガティヴな視座と「法の定立の失敗」に注目するフラーのネガティヴな視座と「行為遂行的発言の不適切性」を重視するオースティンのネガティヴな視座をすべて交錯させる方法だけなのである。以下では、そのような三乗に掛け合わされたネガティヴな方法によって、アイヌ民族、在日韓国・朝鮮人、先天性身体障害者、ハンセン病（元）患者、宗教的少数者のそれぞれについて、コミュニケーションの「歪み」を分析していくことにする。

（1） L. L. Fuller, *The Morality of Law*, Revised. ed., 1969, Yale Univ. Press, 1969, p. 40.
（2） *Ibid.*, p. 33.
（3） *Ibid.*, p. 44f.
（4） J・L・オースティン『言語と行為』坂本百大訳（大修館書店、一九七八年）三頁以下。
（5） 同右書・一六頁以下。

（6）この論争については、矢崎光圀『法実証主義』（日本評論社、一九六三年）一五頁以下、深田三徳『法実証主義論争』（法律文化社、一九八三年）三三頁以下、中山竜一『二十世紀の法思想』（岩波書店、二〇〇〇年）五七頁以下参照。
（7）さしあたり、G・ラートブルフ『ラートブルフ著作集2・法哲学綱要』（東京大学出版会、一九六三年）参照。
（8）G・ラートブルフ『ラートブルフ著作集4・実定法と自然法』（東京大学出版会、一九六一年）二四九頁以下。
（9）H・L・A・ハート『法学・哲学論集』矢崎光圀ほか訳（みすず書房、一九九〇年）五九頁以下。
（10）L. L. Fuller, Positivism and Fidelity to law, *71 Harvard Law Review*, p. 636f.
（11）H・L・A・ハート『法の概念』矢崎光圀監訳（みすず書房、一九七六年）一六九頁以下。
（12）Fuller, *The Morality of Law*, p. 20f.
（13）*Ibid*., p. 186.
（14）*Ibid*. chap. 2.
（15）小畑清剛「合意なき共生」井上達夫ほか編『法の臨界2・秩序像の転換』（東京大学出版会、一九九九年）一〇二頁以下。ただし、「ズレ」と「ねじれ」の定義は少し変更した。
（16）「応答可能性としての責任」については、さしあたり、高橋哲哉『戦後責任論』（講談社、一九九九年）参照。

第5章　アイヌ民族——「土地」をめぐるコミュニケーションの「ズレ」による人間疎外

一九九四年一一月二四日、アイヌ民族出身者として初めて国会議員となった萱野茂は、参議院内閣委員会で、繰り上げ当選の経緯や北海道の地名がアイヌ語に由来することを述べた後に、次のように静かに語り始めた。「イタップリカ　ソモネコロカ　シサムモシリ……。エエパキタ　カネアナッネ　アイヌモシリ　シシリムカニプタニコタン　コアパマカ　萱野茂、……」。そして、そのアイヌ語を、「……日本の国土、国土の上から選び抜かれてこられた紳士の皆様、淑女の皆様……。私は、アイヌの国、北海道沙流川のほとり、二風谷に生をうけた萱野茂というアイヌです」云々と日本語に翻訳しつつ、議論を開始したのである。(1)

ずっと昔、アイヌ民族の静かな大地、北海道にアイヌ民族だけが暮らしていた時代、アイヌの昔話と全く同じに、シカであってもシャケであってもたくさんいたので、何を食べたいとも何を欲しいとも思うことなく、アイヌ民族だけで暮らしておったのだが、そのところへ和人という違う民族が雪なだれのように移住してきたのであります。大勢の日本人がきてからというもの、シカをとるな、シャケもとるな、木も切るなと一方的に法律なるものを押しつけられ、それからというもの、食べ物もなく薪もなく、アイヌ民族たちは飢え死にするものは飢え死にをして次から次と死んでいったのであります。

萱野茂がアイヌ語で行なった「画期的」な演説を、日本政治史における「画期的」なものと理解することができた(国会議員を含む)日本国民は、どれだけ存在しただろうか。萱野が、そのような演説を国会で行なったという事実を今でも記憶している者すら、数多くはないのではないだろうか。萱野が、和人がアイヌに押しつけた「法律なるもの」に強く抗議したことも忘却されてしまっているのではないだろうか。

一　土地をめぐって――人間疎外の歴史

一八六九年、箱館郊外の五稜郭に立て籠っていた旧幕府軍の榎本武揚が降伏して戊辰戦争が終結すると、明治新政府は直ちに開拓使を設置して「蝦夷地」の内国植民地化を開始し、次いでその蝦夷地を北海道と改称した。海保洋子は言う(2)。

蝦夷地あるいは蝦夷という呼称方式は、近世においては幕藩制国家の支配の及ばない「異域」あるいは「異族」を指したもので、国家外を意味した。それが北海道という呼称方式に変化したことは、東山道などと同様、古代国家に淵源をもつ領域理念である。ゆえに北海道の創出は『五畿七道』であった前近代の天皇制国家が、近代的それへの出発点で『一道』を加え、国家領域の拡大を行なったことを意味する。このことは、すでに実質的に領域化していたその地の政治理念上での「内国」化を意味しており、伊達藩が宮城県と改称された如き、本州以南の例とまったく異質である。以後アイヌ民族は蝦夷地の主役の地位を失い、「帝国の版図」内の「異族」の一つに位置づけられる。

明治政府は一八七二年、北海道と改称された「アイヌモシリ（人間の静かな大地）」に、地租改正にともなって布達された二法令によって近代的な土地所有制度を確立することを図った。すなわち、北海道土地売貸規則により「官属及ビ従前拝借ノ分目下私有タラシムル地」を除く全ての土地が売貸私有地とされ、北海道地所規則には「山林川沢など従来アイヌが漁猟伐木に利用してきた先祖伝来の土地についても、深山幽谷・人跡隔絶の地を除き全てを区分し直して、その所有関係を明確にすべき」旨が規定されていた。さらに一八七七年、「旧蝦夷人住民ノ地所ハ其種類ヲ問ハス当分総テ官有地第三種ニ編入スヘシ」と規定する北海道地券発行条例によって、アイヌの土地を「無主地」として強制的に「官有地」に組み入れた。かくして、「無主地の法理」が基礎にすえられて、土地が国家の所有物となった結果、明治政府には「土地を私的な個人に譲渡もしくは売却する権能が付与された」が、テッサ・モーリス＝鈴木の示唆するように、「国家は経済的不平等と搾取を基礎にしながら、他方で形式的な平等を押しつけることで、つねに両義的矛盾に引き裂かれるアイデンティティ」をアイヌの人々に創出したのである。(3) たしかに、「旧土人ノ情態ニ因リ」土地の私有はアイヌの人々にも認められていたが、実際に土地を確保できたアイヌは七二四戸のみであり、しかも一戸平均三一〇坪にすぎなかった。他方、一人につき一〇万坪を限りに和人に土地を売下げ、もしくは無償付与することを規定した北海道土地売貸規則によって、和人が合法的に「アイヌモシリ」を奪取した面積は実に一一億坪以上となった。

一八七四年、対ロシアの北方警備と北海道開拓という二つの役割を兼ねた屯田兵についての制度を基礎づけた

「屯田兵例則」が作られ、同八五年に「屯田兵条例」に改められた。ところで、明治初期に北海道に移住し、開拓に携わったのは、いわゆる「無頼の徒」が多かった。そのことを憂いた岩村通俊は、北海道開拓を、「貧民の移住」ではなく「資本の移住」によって進めるべきことを主張し、[4]その構想に則って北海道土地払下規則（一八八六年）が制定された。

「土地払下ノ面積ハ一人十万坪ヲ限トス。但盛大ノ事業ニシテ此制限外ノ土地ヲ要シ其目的確実ナリト認ムルモノアルトキ特ニ其払下ヲ為スコトアルヘシ」云々と規定する北海道土地払下規則は、資本家や地主に一〇年間無償で一〇万坪までの土地を貸与し、その事業が成功したら土地が払い下げられると規定した。しかも、払い下げの土地代は一〇〇〇坪あたり一円であり、一〇年間（八九年の改正後は二〇年間）は地租と地方税が免除されるのである。この北海道土地払下規則により払い下げを受けた土地は、北海道土地売貸規則によるそれの実に一〇倍以上となった。[5]

さらに一八九七年、貴族院議員である華族たちの圧力によって、北海道国有未開地処分法が制定される。「開墾牧畜若クハ植樹等ニ供セントスル土地ハ無償ニテ貸付シ全部成功ノ後無償ニテ付与スヘシ」云々と規定する同法は、開墾一五〇万坪、牧畜二五〇万坪、植樹二〇〇万坪の面積を、無償の場合は一〇年、有償の場合は二〇年貸付け、地租と地方税は付与後二〇年間免除し、しかも開墾・牧畜・植樹の事業に成功したら無償で与える、というものであった。同法によって処分された土地は、北海道土地払下規則によるそれの約一・三倍あたる。[6]

かくして、一八七三年から一九三六年にかけてのアイヌの人々の人口が約一万六〇〇〇人で一定しているのに、北海道における和人の人口は約一一万人から約三〇五万人に増加することになる。しかも、和人によって「アイヌモシリ」の土地を次々と収奪されていったアイヌ民族は、天然痘・結核・梅毒という伝染病にも苦しめられることになる。これらの病気は和人によって持ち込まれたものであったから、免疫力の弱かったアイヌの人々の健康は重大な被害を蒙ったのである。

一八九八年、北海道旧土人保護法が成立する。その成立の契機となったものとして、①日本が一八九四年に日清戦争の勝利によって台湾を領有したこと、②一八九九年に、いわゆる「内地雑居」が予定されていたこと、等が挙げられている。すなわち、台湾という海外植民地を獲得することで列強の一角に参入した日本は、「異民族を異民族のままではなく、皇民として統治」する必要があった。(7) そのため、既に内国植民地化されていた北海道の先住民族であるアイヌを、「生―権力」によって管理しなければならなかったのである。(8) また、内地雑居により、以前は限られた居留地にのみ住むことが認められていた欧米人が日本国内を自由に往来できるようになると、「日の丸の恥」とされたハンセン病患者や結核に苦しむアイヌなどの「欧米人の視線から〈野蛮〉ないし〈汚濁〉と見なされかねない存在を隔離し覆い隠す対策」をとる必要に迫られたのである。

○北海道旧土人保護法

第一条　北海道旧土人ニシテ農業ニ従事スル者又ハ従事セムト欲スル者ニハ一戸ニ付土地一万五千坪以内ヲ限リ無償下付スルコトヲ得

第二条　前条ニ依リ下付シタル土地ノ所有権ハ左ノ制限ニ従フヘキモノトス

一　相続ニ因ルノ外譲渡スルコトヲ得ス

二　質権抵当権地上権又ハ小作権ヲ設定スルコトヲ得ス

三　北海道庁長官ノ許可ヲ得ルニ非サレハ地役権又ハ小作権ヲ設定スルコトヲ得ス

四　留置権先取特権ノ目的トナルコトナシ

第二条②　第三条ノ規定ニ依ル没収ヲ受クルコトナキニ至リタル土地ニ付テハ前項ノ規定ハ之ヲ適用セス　此ノ場合ニ於テ譲渡又ハ物件ノ設定行為ハ北海道庁長官ノ許可ヲ得ルニ非サレハ其ノ効力ヲ生セス

第三条　第一条ニ依リ下付シタル土地ニシテ其ノ下付ノ年ヨリ起算シテ十五箇年ヲ経ルモ尚開墾セサル部分ハ之ヲ没収ス

第十条　北海道庁長官ハ北海道旧土人共有財産ヲ管理スルコトヲ得

ちなみに、「旧土人」という表現については、一八七八年の開拓使布達に次のようにある。「旧蝦夷人ノ儀ハ戸籍上其他取扱向平民同一タル勿論ニ候得共、諸取扱等区別相立候節ノ称呼一定不致点ヨリ、古民或ハ土人、旧土人等区々ノ名称ヲ附シ、不都合候條、自今区別候時ハ旧土人ト可相称……」。従来、古民・土人・旧土人と一定せずに呼称して不都合であったアイヌの名称を「旧土人」に統一するというのである。しかし、『広辞苑』から「土人」の意味を「未開の土着人。軽侮の意味を含んで使われた」ものと確認した小笠原信之は、「アイヌを土人と称するとき、セットになって出てくるのが『酋長』であり『反乱』だった。中央政府にまつろわぬアイヌは幕末まで蛮族として扱われ続けた。維新で晴れて戸籍上は一般平民と同一に扱われるようになっても、現実には差別し続けると公式文書で宣言したのである」と指摘している。(9)

その「差別する」という宣言は、北海道旧土人保護法にも継承される。同法は、アイヌに土地を「下付」しようとする法律であるが、第一条で「農業ニ従事スル者又ハ従事セムト欲スル者」のみが対象になるという制限がなされている。ここには、狩猟民族であるアイヌを強引に農耕民族に変えようとする「生―権力」の意図が浮かび上がっている。しかも、「下付」された土地も一五年以内に開墾されなければ没収となり、相続以外の譲渡や物権設定行為が禁止されるなど、自由に処分することができなくなっている。また、北海道土地払下規則により和人に払い下げられた土地は一人あたり一〇万坪以内、北海道国有未開地処分法により払い下げられた土地は一人あたり一五〇万坪以内であったのに対し、北海道旧土人保護法でアイヌに払い下げられた土地は一人あたり一万五千坪にすぎなかったことも見逃してはならないだろう。しかも、その「下付」された狭い土地には、条件の悪い湿地や山間の傾斜地などが多く含まれていたのである。[10] 萱野は次のように批判する。[11]

わたしたちの「国土」に和人は何百年も前から渡ってきていましたが、本格的に全面的に「侵略」したのは、今から百十年ほど前の明治になってからです。「北海道旧土人保護法」などという法律は、わたしたち狩猟民族としての基本的生活権——どこでもいつでも自由に熊や鹿を狩り、鮭や鱒を獲ることができることを無視し、やせた劣悪な条件の土地を「給与」して、農耕を強制させて、わたしたちの自由をしばるものでした。また土地の「給与」という形で、土地の収奪も正当化しました。二風谷の周囲の山々も、いつのまにか日本国の「国有林」となり、その後、大財閥に払い下げられました。これは完全な「侵略」です。……実際、素朴に考えて、わたしたちアイヌは、アイヌ・モシリを「日本国」に売った覚えも貸した覚えもないというのが共通の認識なのです。

「アイヌモシリ」を「侵略」した和人によって「下付」された狭く条件の悪いアイヌの土地さえも、一九一一年の北海道庁調査も認めるように、和人はアイヌから騙し取ろうとした。[12]

今日アイヌの財産として最も重要なるは土地なれども、彼等の多くは不動産を貴重するの念薄く、之がため給与されたる土地も、其の一部分を使用するのみにして、他は概ね和人に賃貸せり。賃貸の法は料金を定め、数年間貸付の契約を結び、年々賃貸料を受取りて生活の費に充て、或は数年分を一時に受取りて消費し、甚しきは不利益なる契約の下に、事実殆ど所有権を移したるに異ならざるものあり。

小笠原によれば、北海道庁すら認めた「不利益なる契約」とは次のようなものであった。経済的に困窮したアイヌに和人が金を貸与する。その際、「下付」された給与地に小作権を設定し、形式的にはアイヌが和人に土地を賃貸したことにする。北海道旧土人保護法では、土地の譲渡・売買は禁止されるが、小作権の設定は可能なのである。この賃貸契約期間を九九年という長期にし、その賃貸料を和人が一括前納する形にする。大金を支払った和人は、アイヌに九九年分の利息を求める。利息分を差し引くと、アイヌの手元に残る金額はほぼゼロとなる。かくして、アイヌの土地を実質的に巻き上げた和人は、それを高利で他に転貸して儲けるのである。「アイヌにどれだけの契約知識があったことか。文字さえ書けない人が多かったことを考えれば、和人にいいように騙されたのではないか」[13]。

同様に、中村睦男も、「アイヌはもともと漁猟に従事していたため農耕に慣れておらず、また農業の実施指導もほとんど行われなかったため、農業を奨励するという〔北海道旧土人保護法の〕初期の目的は必ずしも達せられなかった」し、「賃貸借契約や小作契約によって給与地は内地人の利用に供せられることが多く、それもわずかな賃貸借料を前納し、ほとんど永久的な契約を結んだ者も少なくなかった」と指摘しているのである[14]。

日清戦争の翌年に初めて徴収されたアイヌは、日露戦争において目ざましい活躍をみせ、「勇敢なる旧土人」として新聞で賞賛される者も出た[15]。その後、アイヌの徴兵は一般化し、軍隊内の民族差別に苦しめられながらも、第二次世界大戦には多くのアイヌ兵士が参加した。ところが、一九四五年の日本の敗戦は、和人によって抑圧され続けてきた少数民族であるアイヌの解放を帰結することなく、むしろアイヌの人々に更なる試練を課すことになった。すなわち、アイヌ民族は戦後改革の中核の一つであった農地改革によって給与地を大幅に失うという大打撃を受けたのである。

農地改革とは、①小作地の所有権者を、不耕作地主から従来の小作農に強制的に変更することによる「自作農創設」と、②小作料金納と、貸借契約の終了・農地返還の制限を中心とする「耕作権の確立」を目指すものであった。第一次農地改革は、SCAPの指示を待つことなく日本政府のイニシアティヴで立案され、一九四五年一二月二九日に公布された農地調整法に基づいて開始された。同法には強制的手法が採用されたとはいえ、政府内保守派の抵抗により内容が不徹底なものとなったため、SCAPは、第二次農地改革を指令した。この第二次農地改革は、翌四六年一〇月二一日に公布された自作農創設特別措置法と農地調整法改正法を根拠とする。(16)

〇自作農創設特別措置法

第一条　この法律は、耕作者の地位を安定し、その労働の成果を公正に享受させるため自作農を急速且つ広汎に創設し、以て農業生産力の発展と農村における民主的傾向の促進を図ることを目的とする。

この農地改革の結果、約一九三万町歩の農地が自作農創設に供され、全耕地の実に九〇%強が自作地となり、明治初年の土地改革以来、日本の政治・経済の領域で強大な力を誇った地主階層はほぼ完全に壊滅し、「地主的土地所有権」は消滅したのである。このように、農地改革は、地主の小作人に対する抑圧・差別等の過去数世紀にわたる事実上の奴隷状態から小農民を解放し、経済的側面から日本社会の民主化をすすめることを目的としていた。しかし、「多くのアイヌはわずかの小作料で給与地を和人に貸し、『地主』である自分は最低限の生活を守るため日雇いで食いつなぐ」という状態であり、しかも農地改革指令を知った少なからぬ和人は、アイヌ民族の土地におしかけ、文盲や貧困のため新聞やラジオを買う余裕がなかったゆえに農地改革の実施を知ることができなかったアイヌの「地主」に、農地改革により土地が自分のものとなるような実績づくりをするために、新たな「小作」を願い出たのであった。中村によれば、「一九四六年二月に設立された北海道アイヌ協会からの陳情に基づき、北海道はアイヌの給与地に自作農創設特別措置法を適用しないよう要請したが、結局給与地も農地買収の対象となり、全給与地の二五・六％に当たる一三一八ヘクタールが強制買収された」のである。[17]

北海道アイヌ協会が、厚生省（当時）・農林省（当時）・衆議院・ＳＣＡＰなどに宛てた陳情書・請願書・嘆願書の内容は次のようにまとめられている。

①北海道では専業農家として経営を維持するには、農地五町歩が必要であるが、北海道旧土人保護法で土地を給付されたアイヌの一戸あたりの平均農地は一町五反歩しかなく、極度に生活が苦しい。②その土地も、和人に騙されて賃貸しているものが大部分で、借りている和人が豊かな生活をしているのに、貸しているアイヌが貧しい現状にある。農地改革法では、貧しいアイヌが豊かな和人から土地を取り戻せなくなるという矛盾が生じ、アイヌはますます貧しくなる。③北海道旧土人保護法は自作農創設特別措置法に対する特別法であるから、前者が後者に優先すると考えるべきである。④北海道旧土人保護法が存在する限り、アイヌは依然として要保護民であることに変わりはない。

北海道アイヌ協会は、明白な差別的意図をもって制定された北海道旧土人保護法の存在を逆手にとってまで、自作農創設特別措置法の適用を免れようとしたのである。しかし、既述のように、一九四八年二月、農林省農政局長から北海道知事宛に「(アイヌの土地も) 一般農地と同様に取り扱え」という通達が出されることにより、協会の努力は水泡に帰した(18)。

アイヌの主張を支持した喜多章明は、「農地改革法の施行に伴い、明治政府の樹立した土人政策（勧農政策）は完全に空文に帰した」と断じ、次のように続けた(19)。

法は全く死文と化した。而のみならず旧土人に取っては土地の喪失は農革法に依りて網の目から流れ出ずる水の如く流れ出るが、反対に自ら有利に土地を処方せんとする場合は、農地にありては二重——保護法と農調法(農地調整法)——の許可を要し、時には農地以外の場合一般人にありては何等の制限なきに拘らず、保護法に依って許可を受けなければならぬと言う有害無益な立法となり終った。斯る立法は徒らに旧土人の私権を拘束する……。兎にも角にも現行の保護法は速やかに撤廃されん事を要求する。

敗戦直後に、喜多が、「全く死文と化した」北海道旧土人保護法は「速やかに撤廃されん事を要求する」と論じていたにもかかわらず、同法は、日本国憲法の下でも、最近まで効力を有していた。裁判官や憲法学者も、北海道旧土人保護法の憲法適合性に疑問を感じることはなかったのである。

○北海道旧土人保護法は、名称において奇異であり、同法第二条の制限は経済的弱者保護という立法目的達成のための必要かつ合理的な規制といえず、個人の経済的活動の自由を制限し、取引の安全を害するという趣旨の抗弁を一方当事者が行なったために、北海道旧土人保護法の憲法適合性が問題となった民事訴訟について、札幌地裁で示された判断骨子（一九五七年十二月二六日）。

旧土人という呼称は、……人種的範疇をもうけてその能力を一般的に著しく劣るものとしている点において蔑称としてのひびきがあり、人種的差別として憲法一四条に照らし問題がないわけではない。〔しかし〕同法一条は生活困窮に立ち至った経済的弱者に保護を与え、その生活の維持をはかろうとするものであり、同法二条はこの目的達成のために（必要かつ合理的な最小限度の）制約を無償下付した土地に限定して加えているものにすぎず、……右法の実体が旧土人を無理矢理営農にしばりつける人種的差別をするものとは認めがたい。〔したがって、呼称やその取扱いについて多少は問題があるが〕直ちに憲法違反ということはできない。

「旧土人」という表現を躊躇することなく使用する裁判官によって示されたこの判断が、北海道旧土人保護法の理解について完全に誤ったものであることは多言を要しないであろう。しかし、憲法学者の認識も、それと変わるものではなかった。たしかに、宮沢俊義は、一九六七年に刊行された『憲法講話』において、アリストテレスが「自由人とドレイ」という明らかに不合理な差別を肯定していた事実に注意を促した上で、「民主主義の理念に反する」人種差別の具体例として、「アイヌ人の私法上の行為能力を一般人のそれより制限する」ことを挙げている(20)。しかし、スペインがいわゆる新大陸における先住民族の奴隷化を正当化するのに用いたアリストテレスの「先天性奴隷人」理論に言及しつつも、宮沢は、なぜか北海道旧土人保護法という名にすら言及せず、「日本国民のあいだには、『人種』によるちがいがすくないから、『人種』にもとづく差別は、実際に問題になることはあまりあるまい」と結論づけているのである。しかし、「人種」による違いが少ないからこそ、先住民族であるアイヌに対する（法律上は不当に範疇化されているにもかかわらず、事実上の存在としては不可視化されている）差別は、しばしば「単一民族国家」と誤って呼ばれる日本社会[21]においてヨリ深刻かつ陰湿なものとなったのである。宮沢は「法の下の平等は、明治憲法時代にくらべて、思いきって徹底させられた。この憲法の主旨を実現するために、立法者は、従来の法令にあった不平等をかたっぱしから拾い上げて、改正した」と記すが、この「拾い出された」不平等な法令の中に北海道旧土人保護法が含まれなかった点にこそ、「憲法第一四条の条文は、文字通り、絵にかいた餅にすぎない」という三橋修の辛口の評価を肯定せざるをえない原因がある。[22]

また、ジャーナリストの山川力は、一九八〇年代前半までの（宮沢の作品を含む）代表的な憲法学者の著作を対象に、北海道旧土人保護法の憲法適合性に関する見解を調査したが、その結果、ただ一冊の著書[23]のみが同法の名称に言及した上でその内容を検討していたことが判明した。ところが、そこでは「弱小民族を保護する立法その他の措置は合理的な根拠があるから、もちろん憲法には違反しない」と論じられていたのである。[24]

北海道旧土人保護法は、「ある集団が他の主要な集団から社会的に忌避・排除・劣等視される」ことを是認した上で「その集団への不平等・不利益な取扱いを法律が規定する」ものであるゆえに、江橋崇は一九九一年の時点で、山川らの宮沢憲法学批判を承けて、次のような趣旨の反省の言を述べたのであった。すなわち、「うち続く差別にアイヌ民族の個人や運動体が声を挙げ、国連の小委員会やＩＬＯなどで問題が浮き彫りになった」にもかかわらず、「ほとんどの憲法学の文献が北海道旧土人保護法の違憲性に沈黙を守っているとすれば、それは十数万名の人々の人権侵害に対する恥ずべき無知」と言わなければならない。[25]

一九九七年、北海道旧土人保護法は廃止され、アイヌ文化の振興並びにアイヌの伝統に関する知識の普及及び啓発に関する法律が制定された。しかし、同法第二条は「この法律において『アイヌ文化』とは、アイヌ語並びにアイヌにおいて継承されてきた音楽、舞踊、工芸その他の文化的所産及びこれらから発展した文化的所産をいう」と規定し、すべての問題を「文化」に回収してしまっている。したがって、同法には、萱野茂の言う「完全な『侵略』」や江橋崇の言う「恥ずべき無知」への反省は全く反映されることなく、当然ながら「和人」のためにアイヌの人々が蒙ってきた抑圧・迫害・差別に対する謝罪や損害賠償を請求する訴訟の根拠とはなりえない。

アイヌと和人が「土地」についての考え方を根本的に異にしていることは、二風谷ダム事件を見ても明らかである。苫小牧東部工業基地に工業用水を送るため、沙流川に二風谷ダムを建設する基本計画が一九八三年に策定され、ダム用地の任意買収がすすめられたが、アイヌ民族の長老である貝澤正と萱野茂（土地所有者）がそれを拒否し、八七年、北海道収用委員会は収用裁決を行なった。これに対し、萱野らは審査請求を行なったが、建設大臣が請求を棄却したため、収用裁決の取消訴訟を提起したのである。[26]

一九九七年三月二七日、札幌地域は、事情判決により萱野らの請求を棄却するとともに、収用裁決が違法であることを宣言した。この判決は「原告にとって内容的に勝訴判決といえた」と評価されている。本判決では、「少数民族であるアイヌ民族が自らの属する民族の文化を享有する権利（文化享有権）が認められたこと（市民的及び政治的権利に関する国際規約二七条・憲法一三条）、そしてアイヌ民族は『先住民族』であるから、この文化享有権はより一層の配慮が要求されること、が示されている」のである。

原告の萱野は、ダムが建設されようとした沙流川を、「自然を神と崇めて暮らしている」アイヌ民族にとっての「母なる川」と考え、「私たちの神話の故郷、心の拠り所に必要のないダムを造り、チノミシリ（アイヌの人々がそこにいる神にお祈りをする場所）を破壊し、生活の場を奪い、文化継承の場所を私たちの手からもぎ取り、これでもかこれでもかとアイヌがいじめられているのが二風谷ダムの現状です」と指摘している。[27]

実は、このような和人―アイヌ民族関係とパラレルなものが、白人（西欧人）―アメリカ先住民（いわゆるインディアンと呼ばれた人々）関係においても見出されるのである。C・レヴィ＝ストロースは、先住民の中で生まれ育った或る民族学者の次のような証言を紹介している。[28]

山や小川や泉や沼は、先住民にとっては単なる美しい景色や興味ある景観にとどまるものではない……。それらはいずれも彼の先祖の誰かが作り出したものなのである。自分を取り巻く景観の中に、彼は敬愛する不滅の存在〔祖先〕の功業を読みとる。……その土地全体が彼にとっては、昔からあって今も生きている一つの家系図のようなものである。……〔先住民にとっての祖先の歴史は〕今日のわれわれの知っている世界を作り上げた全能の手がまだその世界を保持していた天地開闢の時代・生命の曙の時代に対する、先住民一人ひとりの自分自身の行動の関係なのである。

彼（女）らにとって土地＝自然は、「歴史をこえたアイデンティティの基盤」なのであり、「ひとつの持続する共同体の、『歴史性を内在する物理的な宇宙』として現在しつづける過去」なのである。だからこそ、白人や和人が、「先祖の土地を汚したことを語るとき、アメリカや北海道の先住民族の男の目には涙が浮かぶ」のである。レヴィ＝ストロースの言葉を承けて、真木悠介は次のように論じている。[29]

〔アメリカ先住民の世界の白人による解体の歴史の中で、〕白人によるかれらの略奪や殺傷にたいして以上に、自然の破壊や土地からの追放にたいして、かれらが深い怒りと絶望を示したという事実がいくつも伝えられている。これは近代の価値観からみると奇妙に非合理的な倒錯にみえるけれども、これらの土地＝自然こそがかれらのすべての過去を現在化せしめていたものであり、そのことによってかれらの存在を、たしかな恒常性として保証していたものであった。

それゆえ、白人や和人は、先住民族を「殺害することでその生を奪うけれども、その土地＝自然を解体し接収することで、たんにその生のみならずその死をも奪うのである」[30]。真木の議論から、広井良典は、人間は誰でも「死にゆく場所」＝「たましいの帰っていく場所」が必要である、と結論づける[31]。沙流川ダムの建設によって土地＝自然を奪われるということは、萱野にとって、まさに「たましいの帰っていく場所」を失うということなのである。「それは生を根底において支えている場所であり、そのような場所を失ってしまえば、この『生』はよりどころを失い、真空の中で意味をなくしてしまう」。したがって、「『生』の意味をなくした男の目に涙が浮かぶ」のは、何の不思議もないと言えよう。

和人にとっての「土地」は、個人が所有し、売買あるいは収容の対象となる単なる「地所」＝「財産」であるのに対し、先住民族にとっての「土地」は、「アイデンティティの基盤」＝「たましいの帰っていく場所」なのである。

アイヌ民族が深刻な疎外状況＝人権侵害状況に置かれた原因の一つは、「土地」をめぐるコミュニケーションの「歪み」にあったのである。

二　コミュニケーションの「歪み」の諸相

〈公布要件〉違反

北海道旧土人保護法は、「アイヌ民族の言葉ではなく、民族的多数者である和人が使用する日本語で規定されていたため明治初期のアイヌの人々の殆どがその内容を知ることができずにいたにもかかわらず、日本政府はそのことに配慮せず右法令の内容をアイヌの人々が理解できるように努力しなかった」という意味で、「公布要件」違反である。

自作農創設特別措置法は、「第二次世界大戦直後、わずかの小作料で給与地を和人に貸し、地主である自分は最低限の生活を守るため日雇いで食いつなぐという状態に置かれていた多くのアイヌの人々は、文盲や貧困のために新聞やラジオを買うことができずGHQの農地改革指令を知ることができなかったにもかかわらず、日本政府はそのことに配慮せず右法令の内容をアイヌの人々が理解できるように努力しなかった」という意味で、「公布要件」違反である。

〈明晰性要件〉違反

自作農創設特別措置法は、同法により保護されるべき経済的弱者は、「文盲や貧困のために新聞やラジオを買うことができずGHQの農地改革指令を知ることのできなかったアイヌの『地主』なのか、それとも「GHQの農地改革指令を知り、アイヌの土地に押しかけ、(農地改革の実施により土地が自分のものとなるよう)新たに小作を願い出た和人の『小作人』なのか、つまり「アイヌの『地主』の権利を尊重することが農村における民主的傾向の促進を図ることになる」のか、それとも「和人の『小作人』を自作農にすることが農村における民主的傾向の促進を図ることになる」のか明らかでないから、「明晰性要件」違反である。

〈服従可能性要件〉違反

北海道旧土人保護法は、「旧土人」という人種的範疇をもうけて、その能力が和人と較べて一般的に著しく劣るかのような誤解が生じかねない蔑称を付与するのみならず、もっぱら漁猟に従事していたアイヌの人々を、その意向に反して先祖代々の豊沃な土地から不毛な荒地へ強制移住させた上で、何ら農業の実施指導を行なうことなく事実上農耕を強制するものであるから、「服従可能性要件」違反である。

〈態度随伴条件〉違反

日本国憲法第一四条に関して「(すべての国民は差別されないことを) 宣言する」という自己の行為を拘束する言語行為の遂行について、日本政府は北海道旧土人保護法を長く改廃せずにきたゆえに、「『人種差別の禁止を宣言する』という言語行為の遂行者は、差別を禁止する意図や考えを実際にもっていなければならない」という「態度随伴条件」に違反しているし、「当該言語行為の遂行者は、その後も引き続き、その『禁止宣言』に合致した行動をとらなければならない」という「履行条件」をも充たしていない。

〈ズレ〉

自作農創設特別措置法は、「明晰性要件」違反であったが、その明示命題は「自作農を創設し、農村における民主的傾向の促進を図る」という美しい理念であると言えよう。しかし、農林省農政局長通達等と関連づけるならばその明示命題は背後に退き、北海道旧土人保護法の有する価値前提のアイヌ民族に対する抑圧的・差別的意図に対して殆どの法律学者が無関心であったことが暗示するように、「民主主義的意思決定過程から疎外されて経済的弱者の立場に置かれ続けているアイヌの『地主』について配慮することなく、(そのアイヌの『地主』から土地を詐取した者を含む) 和人の『小作人』を自作農とすることが必要である」という黙示命題が (とくに聞き手であるアイヌ民族に対して）前面に表われることになった。かくして、自作農創設特別措置法に関して、これまで日本政府（および和人）が意識的ないし無意識的に有していた、アイヌ民族に対する無関心ないし差別的・抑圧的意図が顕在化するに至ったが、それは経済的民主主義の促進と民族的少数者の権利尊重をめぐり「ズレ」が生じたことを意味する。この「ズレ」が「自己欺瞞」を生んでしまったこと、すなわち「自作農を創設しようとする人々の主観的善意が、真の政治的・経済的弱者であるのみならず文化的弱者でもあるアイヌ民族抑圧の権力行使に転じてしまったこと」を反省するためには、「自作農創設特別措置法等の理念や目的を、先住民族であるアイヌの（和人とは異なる）『土地』＝『神話の故郷・心の拠り所』（萱野茂）という捉え方から根本的に問い直す」ことが求められよう。「土地」は和人にとっては単なる売買対象であるが、アイヌにとっては民族が由来するところの「故地」＝「文化継承の場所」なのであり、ここに既に政治・経済の問題水準に還元されえない重大な「ズレ」が胚胎しているのである。

（1）山川力『いま、「アイヌ新法」を考える』（未来社、一九九五年）二一四頁。
（2）海保洋子『近代北方史』（三一書房、一九九二年）。
（3）テッサ・モーリス＝鈴木『辺境から眺める』大川正彦訳（みすず書房、二〇〇〇年）七九頁。
（4）岩村通俊「施政方針演説」『新撰北海道史』第六巻（一九三六年）所収。
（5）小笠原信之『アイヌ近現代史読本』（緑風出版、二〇〇一年）九六頁以下。
（6）同右書・九九頁以下。
（7）小熊英二『〈日本人〉の境界』（新潮社、一九九八年）五〇頁以下。
（8）M・フーコーの言う「生—権力」については、小畑清剛『近代日本とマイノリティの〈生—政治学〉』（ナカニシヤ出版、二〇〇七年）第一章および第三章参照。

(9) 小笠原・注(5)四一頁。
(10) 同右書・一一五頁。
(11) 萱野茂『アイヌの碑(文庫版)』(朝日新聞社、一九九〇年)七八-七九頁。
(12) 北海道庁「北海道旧土人」河野常吉編『アイヌ史資料集・第一巻』(北海道出版企画センター、一九八四年)所収参照。
(13) 小笠原・注(5)一二一頁。
(14) 中村睦男「『先住民の同化から自立へ』の道を選択する」『法学セミナー』四一頁号所収一四頁以下。
(15) 小川正人『近代アイヌ教育制度史研究』(北海道大学図書刊行会、一九九七年)二八三頁、同「徴兵・軍隊とアイヌ教育」『歴史学研究』六四九号所収参照。
(16) 宮崎俊行「農地改革の思想」小林直樹ほか編『現代日本の法思想』(有斐閣、一九七六年)所収一五六頁以下。
(17) 中村・注(14)一五頁以下。
(18) 小笠原・注(5)二〇〇頁以下。
(19) 喜多章明の見解については、喜多章明『アイヌ沿革誌』(北海道出版企画センター、一九八七年)、「北の光」谷川健一編『北方民衆の記録5』(新人物往来社、一九七二年)所収等参照。
(20) 宮沢俊義『憲法講話』(岩波書店、一九六七年)六九頁以下。
(21) 小熊英二『単一民族神話の起源』(新曜社、一九九五年)。
(22) 三橋修『増補・差別論ノート』(新泉社、一九八六年)四頁。
(23) 橋本公亘『日本国憲法』(有斐閣、一九八〇年)。
(24) 山川力『政治とアイヌ民族』(未来社、一九八九年)一二九頁以下。
(25) 江橋崇「先住民族の権利と日本国憲法」小林直樹先生古稀祝賀『憲法学の展望』(有斐閣、一九九一年)所収四七一頁以下。
(26) 裁判の詳細については、萱野茂ほか編『二風谷ダム裁判の記録』(三省堂、一九九九年)参照。
(27) 同右書・五〇六頁。
(28) C・レヴィ=ストロース『野生の思考』大橋保夫訳(みすず書房、一九七六年)二九二頁。
(29) (30) 真木悠介『時間の比較社会学』(岩波書店、一九八一年)二四頁。
(31) 広井良典『生命の政治学』(岩波書店、二〇〇三年)一五四頁以下。

第6章　在日韓国・朝鮮人――「国籍」をめぐるコミュニケーションの「ズレ」による人間疎外

一九二五年三月、普通選挙法案が審議された際、内地在住朝鮮人の処遇をめぐり議論が闘わされたが、その議論の主たる焦点は、第一に「徴兵義務のない朝鮮人・台湾人に参政権をあたえてよいか」であり、第二に「内地に住んでいても朝鮮人には特別の参政権制限を設けるか否か」であった。結局、当該法案は、朝鮮人・台湾人には特別の規定を設けずに、ただ居住制限を六ヶ月から一年に延長するという修正が加えられただけで、通過することになったが、それは小熊英二の言うように、「差別をおおっぴらに公言する度胸もなければ、完全な平等を行なうだけの度量もなかった大日本帝国が、状況の成行きのなかでなし崩しにつくりだした」ものであった。この「理念の欠如と偶然の積み重ね」から、朴春琴という衆議院議員が誕生することとなる。(1)

一八九一年に生まれた朴春琴は、高等教育を受けぬまま日本に渡り、肉体労働に従事しつつ各地を転々としていたが、一九二一年、親日系内地在住朝鮮人団体である「相愛会」が結成されると、朴は副会長に就任した。関東大震災の折、朝鮮人虐殺の危険を感じながら相愛会本部にたどりついた朴は、朝鮮人の収容に努める一方、警視総監を訪問して「朝鮮人に対する誤解を解くには、朝鮮人が進んで奉仕することが一番効果があるから、これから毎日会員を引連れ、死体の収容、道路の整備などに労力を奉仕したい」と申し出て、翌日から百数十人の朝鮮人会員を引率して、焼跡整理に専念従事したのであった。この後も、相愛会は警察と協力し、朝鮮人の〈非模範的活動〉を次々と取り締まる一方、「大正天皇御大褒儀奉送団」を組織したり、一九二八年以降「建国祭」にも毎年参加した。

朝鮮人共産主義者からは「日本の番犬」と非難された朴であったが、日本の朝鮮統治の在り方には厳しい批判を表明しつつ、朝鮮の独立や自治の可能性がない以上、「たとえ困難でも『日本人』への同化による平等獲得しかない」と断言していた。かくして、「日本人になること」に賭けた朴は、一九三二年一月、政党に属さない中立系候補として、衆議院選挙に立候補した。朴は、相愛会時代からつながりのあった政官界の大物の応援も得て、予想に反して上位当選を果たした。朴春琴が当選することで、朝鮮人の民心が緩和でき、日本が民族的差別を行なっていない証拠とできれば、日本の官僚や政治家にとっても損のない話であったのである。

「朝鮮生れの日本人」を自称した朴は、衆議院議員として「私共は併合した其日から帝国の臣民であり、陛下の赤子であるならば、国民の権利を要求することは是れ当然である」という論理で「朝鮮への参政権および兵役義務の付与、内地—朝鮮間の渡航制限の撤廃、満州移民の促進」などの主張を行なった。「内鮮融和」や「一視同仁」を掲げた朴の主張を正面から拒絶することのできない日本政府は、「時期尚早」や「慎重に調査研究いたします」といった曖昧な解答でその要求をはぐらかさざるをえなかった。

「表向きには差別しない、裏に潜っては差別する」日本政府の「二枚舌」政策を議会で攻撃し続けた朴は、朝鮮の立場ばかりを代弁し、自分の選挙基盤である東京四区のことを省みた発言を殆ど行なわなかったため、支持基盤を失い、一九三六年の選挙で落選することになる。翌三七年の選挙で、再び議員に返り咲くが、めぼしい成果を挙げることはできなかった。

日本の敗戦後、朴は在日朝鮮人連盟から民族反逆者とされ、大韓民国からも反民族行為処断法の対象として手配されたが、かろうじて韓国引渡しを免れたものの、日本政府が在日朝鮮人にたいして行なった国籍剥奪措置を受け、「外国人」として登録法の対象となり、「民族の裏切り者」という汚名を消すこともできずに、一九七三年東京で死去したのである。

朝鮮人に兵役義務を付与することを求めた朴春琴を襲った「国籍」をめぐる悲劇は、その後、朝鮮人「日本兵」として闘った洪起聖をも見舞うことになる。

サンフランシスコ講和条約発効時、日本の巣鴨プリズンに拘禁されていた朝鮮人ＢＣ級戦犯の一人である洪が、人身保護法による釈放を求めた訴訟で語った言葉は次のようなものである(2)。

……思い出しても何の慰めるところもない、忌わしい過去——都合のよい時には日本人と呼ばれるかと思えば、そうでない時には朝鮮人として軽蔑され、またある時には軍人として持ち上げられるかと思えば、ある時には軍属傭人として恥かしめられながら、ともかくも当時の日本が理想とするところのみを見つめさせられる厳しい命令のままに、日本のために尽してきた過去が私たちにとって最も苦しい思い出となった……。このような状態で絞首台上に曳かれていった友人のことを思えば、その霊は文字通り宙に迷っているのではないかという感じがします。

一九五二年七月三〇日、最高裁判所大法廷は、「平和条約発効後における国籍の喪失または変更は、日本国の負う刑の執行義務に影響を及ぼさない」と判示して、洪起聖らの請求を斥けた。

一　国籍をめぐって——人間疎外の歴史

一八六九年に蝦夷地を北海道と改称し、一八七九年に琉球処分を断行した明治新政府は、北海道と沖縄の内国植民地化を進めていたが、その視線は朝鮮半島にも向けられていた。すなわち、一八七三年の征韓論は敗れたものの、一八七六年には江華島事件を契機に日鮮修好条規が結ばれた。日清戦争に勝利した翌年、日露議定書が成立して、朝鮮を日露両国の保護下に置くことが決定される。そして、日露戦争が闘われていた一九〇四年、日本は、第一次日韓協約の締結により韓国の財政・外交顧門として日本政府の推薦者を据えさせ、翌年の第二次日韓協約では韓国の外交権を接収してその保護国化を企てたのである。更に、一九〇七年の第三次日韓協約において韓国内政の指揮・監督権の掌握に成功する。そして、安重根による伊藤博文の暗殺および李在明による李完用襲撃事件を契機に、ついに一九一〇年、日韓併合条約を調印し、韓国併合が実現するのである。姜在彦は言う(3)。

論者によってはアジア諸民族にとって日露戦争が、白色人種にたいする黄色人種の勝利として認識され、アジア諸民族の解放運動にあたえた影響を強調する向きもあるが、たしかに朝鮮でも、日本の勝利にたいして、ある種の期待をかけていたようである。……例えば崔益鉉は七十四歳の老齢にもかかわらず、反日義兵将として大義に殉じた老儒であるが、かれは挙兵に先んじた一九〇四年陰暦四月十三日に、「信を棄て義に背いた十六罪」をあげて反省を迫った「致日本政府大臣書」を日本政府に送っている。日本の一六罪とは、一八七六年二月の江華島条約から、一九〇四年の対露宣戦に至るまでのほぼ三十年間、一貫して「朝鮮の土地、人民は侵さず、その独立と自主は害さない」と声明しながら、それを裏切り、「信を棄て義に背いて至らざる所無き」それである。

「内務省警保局統計」などによれば、一九〇九年の時点における在日朝鮮人は七九〇名であった。日本は、一八九九年に勅令三五二号をもって、朝鮮人および中国人労働者の日本への移住を原則的に禁止していた。それゆえ、右記の七九〇名の多くは留学生であったと考えられる。一九一〇年の韓国併合によって、朝鮮人に対してはその勅令は適用されなくなったが、低廉な労働力としての朝鮮人の日本への渡航は、第一次世界大戦による好景気によって、日本の資本主義経済がそれを要求した時に本格化した。一九一五年の時点では約四〇〇〇名であった在日朝鮮人は、一九二〇年代に急増し、一九二四年の時点で一〇万名を超えた。一九二五年に渡航阻止制度が実施され、朝鮮における渡航希望者制限対策がとられるに至ったが、一九三〇年の時点では約三〇万人、さらに一九三八年の時点では約八〇万人にも達している。戦時下の労働力不足をおぎなうために従来の渡航阻止制度を廃止し、強制連行が始まる一九三九年からは、毎年の増加人口はじつに平均二〇万ずつであり、民族の大移動ともいえるような急増ぶりを示したのである。その大移動の結果、日本が敗戦した一九四五年八月の時点では、朝鮮総人口の実に一割にあたる約二四〇万人にまで膨れあがったのである。

一九四七年五月二日という明治憲法体制が終結しようとする日に、旧憲法下最後の勅令として公布・施行された外国人登録令は、大沼保昭も指摘するように、「朝鮮人、台湾人を可及的に日本社会から減少させ、さらに在日を続ける者の管理を退去強制により担保」するという日本政府およびSCAPの必須の要請に基づくものであった(4)が、この朝鮮人が「在日」するに至った歴史的経緯およびそれに対する日本の責任について頬被りしたままの事実上の「朝鮮人追放立法」は、「新憲法体制にたいして旧体制の側から打ち込まれたくさび」とも言うべきものであった(5)。この日本政府の朝鮮人追放・管理政策の基礎となったのは、サンフランシスコ講和条約の朝鮮独立承認・台湾放棄条約を根拠とする民事局長通達であった。

○日本国との平和条約（サンフランシスコ講和条約）

日本国としては、……国際連合憲章の原則を遵守し、世界人権宣言の目的を実現するために努力し、……降伏後の日本国の法制によって作られはじめた安定及び福祉の条件を日本国内に創造するために努力〔することを……〕宣言する。

第二条（a）　日本国は、朝鮮の独立を承認して、済州島、巨文島及び鬱陵島を含む朝鮮に対するすべての権利、権限及び請求権を放棄する。

第一一条　日本国は、極東軍事裁判所並びに日本国内及び国外の他の連合国戦争犯罪法廷の裁判を受諾し、且つ、日本国で拘禁されている日本国民にこれらの法廷が課した刑を執行するものとする。

○平和条約の発効に伴う朝鮮人、台湾人等に関する国籍及び戸籍事務の処理について（サンフランシスコ講和条約の朝鮮独立承認・台湾放棄条項を根拠とする民事局長通達）骨子（一九五二年四月一九日）。

朝鮮及び台湾は、条約の発効の日から日本の領土から分離することになるので、これに伴い、朝鮮人及び台湾人は、〔日本〕内地に在住している者も含めてすべて日本国籍を喪失する。（朝鮮人及び台湾人が日本の国籍を取得するには、一般の外国人と同様に帰化の手続きによることとする。その場合、朝鮮人及び台湾人は、国籍法にいう「日本国民であった者」及び「日本国籍を失った者」には該当しない。）

大沼は、この民事局長通達について次のように述べる。(6)

(日本在住外国人人口の約九割を占める旧日本国籍保有者とその子孫は)サンフランシスコ講和条約の朝鮮独立承認・台湾放棄条項を根拠とする民事局長通達によって、「日本国籍を喪失した」とされ、爾来、外国人として処遇されてきた。彼(女)らが、「外国人」であることは、その権利が日本国民に比して否認・制限され、差別処遇が「合理的」とされる唯一の根拠であった。ところが、彼(女)らを日本法上そのような不利益な地位におくことになった右の国籍「喪失」措置は、民事局長通達により、「日本の侵略主義の結果を侵略前の状態に戻す」という美しい理念を根拠として、韓国・北朝鮮の国籍法とも、みずからの意思ともまったく無関係に実施されたものであった。「国民」から「外国人」への(重大な権利、利益の否認、制限をもたらす)法的地位の変化が、自己の意思とはなんらかかわらない、日本政府の一片の行政措置によってもたらされたとするなら、それは「外国人」とされた個人にとっては国籍の強制的剥奪にほかならない。さらに、根拠とされる理念と現実との落差はあまりに大きく、かくては侵略主義の否認という美しい理念は、醜い現実を隠蔽するイデオロギーにすぎない。

田中宏も指摘するように、在日朝鮮人の国籍問題は、ベルサイユ条約の国籍選択方式をいったんは念頭に置きながら採用しなかったために、「やがては国籍のいっせい喪失へ、そして、それ以降の日本国籍取得は『帰化』によって対処する。その際も『日本国民であった者』とも『日本国籍を失った者』とも扱わない、ことによって完結した」が、それは「かつて『帝国臣民』たることを強制した者を、一般外国人とまったく同じ条件で帰化審査に付すことを意味し、みごとに〝歴史の抹消〟がなされた」のである。(7) この〝歴史の抹消〟の根底には、在日朝鮮人に国籍選択権を与えた場合、彼(女)らは権利として日本国籍を取得できるため、日本に完全に同化しようとしない好ましからざる朝鮮人を排除できないが、帰化の許可は国家の裁量行為であるから、好ましいと判断された者のみを日本国民とすることができるという「日本政府の真意」が存在していたのである。(8)

しかし、大沼は、この国籍喪失措置の効力に次のような疑問を呈する。すなわち、「日本政府が民事局長通達でもって彼（女）らの日本国籍が喪失したと言ってしまうことが、法的に許されるか」という問題については、日本国憲法第一〇条が「日本国民たる要件は、法律でこれを定める」と規定している以上、明らかに「許されない」ことになるのだ。本来、韓国・北朝鮮の国籍法を尊重して、その基準を受け入れることにより、法律で国籍問題を解決すべきであったにもかかわらず、日本政府は「（憲法上認められない）民事局長通達で戸籍を基準として国籍問題を処理」してしまった。その点から見れば、「（現在でも）在日韓国・朝鮮人は日本国憲法を失っていないという結論にならざるを得ない」のである。つまり、「在日韓国・朝鮮人は、韓国国籍ないし北朝鮮国籍はもちろんもっている」が、「それと並んで、日本国籍も依然として（少なくとも潜在的には）保有している」のであり、日本国籍確認訴訟というかたちで争われている事件については、「（諸外国に多数の例がある二重国籍を有している）彼（女）らの日本国籍を確認することはできる」ことになる。(9) しかし、大沼学説は圧倒的な少数説であり、(10) 日本の法実務も支持していないのが現状である。

○山口県在住の在日朝鮮人が原告となり、日本国籍確認・損害賠償等を、被告である国に対して請求した山口日本国籍確認等請求訴訟について、原告の請求を斥けた広島高裁判決で示された判決理由骨子（一九九〇年一一月二九日）。

在日朝鮮人が、その歴史的経緯により日本において置かれている特殊の地位にもかかわらず、日本人が憲法ないし法律で与えられている多くの権利ないし法的地位を享有し得ず、法的、社会的、経済的に劣悪な地位に置かれていることは事実であるが、右は在日朝鮮人が日本国籍を有しないためではなく、主として日本の植民地支配の誤りにより在日朝鮮人が置かれた立場を顧慮せず、日本人が享有している権利ないし法的地位を在日朝鮮人に与えようとしなかった立法政策の誤りに由来する。

ところで、総司令部案等には存在しなかった憲法第一〇条が現行の日本国憲法に挿入された理由は、「外国人、とくにその九割近くを占める在日朝鮮人の人権保障を除外する意図」が日本側にあったことに求められる。自由党・進歩党・民主党の三保守政党から同時に出され、社会党の鈴木義男もとくに異論を申し立てなかった第一〇条の挿入提案は、古関彰一によれば「外国人の人権を巧みに削除したこととワンセットになっている」法制局官僚の発想に基づくものと考えることができる。そして、この「反人権的規定」が意外にあっさりと認められたのは、「〈Japanese people〉と日本国民は全く同義語だ」と主張してきた日本政府が、この第一〇条のみ「日本国民」を〈Japanese people〉とせず、〈Japanese national（日本国籍保有者）〉として、その条文に「The conditions necessary for being a Japanese national shall be determined by law.」という英訳文を付したために、〈Japanese people〉と〈Japanese national〉が日本語では全く同一の言葉となっているというトリックをＳＣＡＰが見ぬけなかったことによる。ここに、Ⓘ系列における「かれらⒾⓐ」—「われわれ＝われらⒾ」関係と「われわれ＝われらⒾ」—「かれらⒾⓑ」関係が交錯している。かくして、「日本国民たる要件」を定める「法律」は一九五〇年に制定された国籍法となるが、これにより日本国憲法に出てくる「（日本）国民」は「日本国籍保有者」と完全に同一視されることになり、例えば「国民は、すべての基本的人権の享有を妨げられない」という第一一条の規定は、その強引な反対解釈により、「（在日朝鮮人を含む）外国人は基本的人権の享有を妨げられる」と読み替えることすら可能となった。[11] 例えば、一九八二年に国籍条項を廃止して改正される以前の国民年金法について、同法第七条が被保険者資格を「日本国内に住所を有する二〇歳以上六〇歳未満の日本国民」と規定していたため、日本に一九一〇年以降在住し、保険料も長年にわたって納付し続けたにもかかわらず、「日本国民」ではなかったために、年金の給付を行政に拒否されて受けられなかった在日韓国人さえ存在したのである。[12] このような国籍条項の「カベ」は、戦傷病者戦没者遺族等援護法でも確認される。

○戦傷病者戦没者遺族等援護法

第一条　この法律は、軍人軍属等の公務上の負傷若しくは疾病又は死亡に関し、国家補償の精神に基き、軍人軍属等であった者又はこれらの者の遺族を援護することを目的とする。

附則②　戸籍法……の適用を受けない者については、当分の間、この法律を適用しない。

埼玉県在住の在日朝鮮人が原告となり、第二次世界大戦中に日本軍に徴用された際に、米軍の攻撃により受けた負傷について戦傷病者戦没者遺族等援護法に基づき請求した年金の支給を拒否した厚生大臣（当時）の決定を不満として、被告である国に対して右決定の取消しを求めた障害者年金請求訴訟について、原告らの請求を斥けた東京高裁判決で示された判決理由骨子（一九九四年七月一五日）。

戸籍法の適用のある〔日本人の〕軍人、軍属と戸籍法の適用を受けない朝鮮半島及び台湾出身の軍人、軍属の間で、その取り扱いに差異が生じているとしても、その立法政策の当否はともかく、それをもって直ちに本法附則〔国籍条項を定めた戦傷病者戦没者遺族等援護法附則二項〕が憲法一四条一項に違反するということはできない。

日本国憲法第一〇条に関する大沼学説を戦後補償の問題地平で完全に黙殺した日本政府は、朝鮮人ＢＣ級戦犯に対する刑の執行義務に関しては全く異なる態度をとった。かつて「朝鮮生まれの日本人」と称した唯一人の朝鮮人衆議院議員の朴春琴が、「一視同仁」の視点から朝鮮人への兵役付与を要求した際、「朝鮮人に武器を持たせた場合の忠誠心が危ぶまれた」ため、それが拒絶された[13]事実からも窺われるように、志願兵制度（一九三七年）から徴兵制度（一九四四年）へ展開しつつ朝鮮人「日本兵」が実現した[14]後も、彼らの多くは戦地において「俘虜監視員」という仕事をもっぱら課せられていた。「俘虜」とは、「日本軍が管理・登録する捕虜」、すなわち「帝国の権内に入りたる敵国交戦者及条約又は慣例によって俘虜の取扱を受くべき者」を意味する。[15] つまり、朝鮮人の「俘虜監視員」は、上官である日本人から、その忠誠心を疑問視されつつ、「敵国」の「俘虜」たちの監視にあたっていたのである。

しかし、日本の敗戦によって生じた立場の逆転により、これまで監視されていた「俘虜」たちをいわば「生き証人」として、イギリス・オーストラリア・オランダの各国が、これら「俘虜監視員」を戦犯容疑で逮捕するという事態が起った。内海愛子によれば、日本軍が「俘虜虐待に対する連合国側からの抗議に、虐待しているのは朝鮮人であり、日本人ではないと回答していた」[16]こともあり、戦時中に日本軍が占領していた各地で行なわれた戦犯裁判では、死刑に処せられた二三名を含む一四八人もの朝鮮人が戦犯として裁かれたのである。

とりわけ問題となったのは、サンフランシスコ講和条約（平和条約）発効時、日本の巣鴨プリズンに拘禁されていた二九名の朝鮮人戦犯の処遇である。彼らは、平和条約第一一条が「日本国は、……日本国で拘禁されている日本国民に〔連合国戦争犯罪〕法廷が課した刑を執行するものとする」と定めていたことに着目し、「戦犯とされた我々を含む旧植民地出身者は、平和条約発効と同時に日本国籍を喪失したので、同条約第一一条にいう〝日本国民〟に該当せず、拘束を受ける法的根拠はない」として、人身保護法による釈放請求訴訟を提起した[17]。「皇国臣民教育のなかで日本の鼓舞する東亜解放の『聖戦』を信じて志願した自分たちの『献身の行為』が、敗戦によって連合国の手で『犯罪』として裁かれ、しかも、今、かつて『聖戦』を信じこませた日本国により刑を執行されようとしていることに、忍びえざる義憤と不合理を感じるのは理由なきことでしょうか」と述べた[18]金鏞や洪起聖らに対して、既述のように最高裁判所大法廷は、一九五二年七月三〇日、「戦犯者として刑が科せられた当時日本国民であり、かつ、その後引き続き平和条約発効の直前まで日本国民として拘禁されていた者に対しては、日本国は平和条約第一一条により刑の執行の義務を負い、平和条約発効における国籍の喪失または変更は、右義務に影響を及ぼさない」と判示して、その請求を斥けたのである。

いわゆる「サハリン棄民[19]」や「唯一人の朝鮮人衆議院議員」であった朴春琴[20]の戦後におけるそれぞれの悲劇を生む原因ともなった日本政府の「国籍」についての立場は、一方で「国籍を喪失しても、罪は残る」が、同時に他方で「国籍を喪失したので、補償はない」という見事なダブル・スタンダード（二枚舌）であった。「罪はかぶりなさい、しかし補償はしません」という行政の措置を、人権保障の最後の砦であるべき最高裁判所も、あっさりと肯定してしまったのである[21]。それは、直接的には「自分が、その立場におかれていれば、誰もが戦犯として告発されかねないBC級戦犯であったにもかかわらず、BC級戦犯の問題を、わが身にひきつけて考えようとする日本人は、戦後はほとんどいなかった」事実[22]の反映である。

その日本人の例外が、映画『私は貝になりたい』の演出家である岡本愛彦であった。内外の多様な論客を集めて一九八三年に開催された「『東京裁判』国際シンポジウム」において、岡本はフロアーから、「朝鮮人のBC級戦犯とされた方々……、法的には、日本の敗戦と同時にいちおう解放された状態ではなかったか。私は法律の専門家ではありませんので、そう思うわけですが、彼らがアジア各国で処刑されました。……こういう方々の処遇の法的な理由はどうであったのか、なんであったのかということを、素人の質問で申し訳ないんですが、うかがいたいと思います」と発言した。シンポジウム企画者の一人である大沼保昭は、それに答えて、「問題点は一応措いて」という限定を付しつつ、「純粋に法的にお答えいたしますと、当時、朝鮮……の人々は日本国民であって、帝国陸軍、帝国海軍の一員として、その国家行為の遂行において戦争犯罪を犯したわけであります。その時期に、犯したという一つの事実、一つの行為があるからには、その後国籍が変わっても、それは直ちに免罪符にはならない。純粋に法的に申しますと、そういう根拠だろうと思います」と述べている。[23] 同シンポジウムでは、日本人BC級戦犯に対する裁判の公正さについて、『きけ　わだつみのこえ』にその「手記」が収められている木村久夫がシンガポールで処刑された事例を中心に、ロンドン大学歴史研究員（当時）のR・J・プリチャードと鶴見俊輔の間で激論が闘わされているが、[24] 朝鮮人BC級戦犯の問題は、前記の岡本と大沼の短いやりとり以外ほとんど存在していない。岡本が問いかけたかったのは、「純粋に法的」な答えをするという大沼が「一応措いて」と言って問題から除外した、日本政府のダブル・スタンダード（二枚舌）の卑劣さに関わる論点にこそあったのではなかろうか。

しかし、実は、それは「四枚舌」政策だったのである。すなわち、朝鮮人BC級戦犯に対する日本政府の「二重の基準（二枚舌）」政策とは全く逆のベクトルをもつ、もう一つの「二重の基準（二枚舌）」政策が日本人A級戦犯に対して適用された。日暮吉延は、一九五六年に実施された参議院選挙に、仮釈放中の橋本欣五郎が無所属で立候補した（結果は落選）ことに注目し、「〔一九五〇年施行の公職選挙法は禁錮以上の受刑を参政権の停止事由としているのに、なぜ橋本が立候補できたかと言えば〕戦犯が国内法上『犯罪人』とされなかったからである」と指摘している。すなわち、「法務府は当初、一九五〇年七月八日付通牒で『連合国の軍事裁判による刑に処せられた者は日本の裁判所においてその刑に相当する刑に処せられた者と同様に取り扱う』としていた。しかし、それは占領期限定の政策的判断でしかなく、主権を回復するや、法務総裁は一九五二年五月一日付通牒で、上記通牒の効力は講和条約発効とともに『撤回されたものとするのが相当と思料する』と明言したのである。……このように日本人戦犯とは、対外的には『国際法上の犯罪人』、対内的には『国内法上の非犯罪人』という『二重の基準』で処遇された、かつてない特異な存在であった」。(25)

この「国籍」を異にする戦犯に対する見事な「二重の『二重の基準』」＝〈ダブル《ダブル・スタンダード》〉――日本人A級戦犯に関しては彼らに有利になるように二つの基準が使い分けられ、朝鮮人BC級戦犯に関しては彼らに不利になるように二つの基準が使い分けられるという、二重性――をもし知っていたならば、日本政府の遂行した二重の「二枚舌」政策への金鏞や洪起聖の嘆きや怒りはさらに強いものとなったであろう。この二重の「二枚舌」政策＝「四枚舌」政策を前提にすると、岡本愛彦の発した「素人の質問」に見られる健全な不正義感覚と「〈岡本が本当は問いたかった〉問題点は一応措いて」その質問に応じた大沼保昭の「純粋に法的な解答」に反映する硬直したリーガリズムの擦れ違いの深刻さが浮かび上がってくる。

鄭暎惠は次のように述べている。(26)

私は、韓国人朝鮮人である現実を誰からも否定されたくない。その一方でそれと同じくらい「日本人」である現実を否定されたくない。そもそも私たちに「二つに一つを選べ」というのが間違いなのだ。私は韓国人朝鮮人であり、かつ「日本人」だ。これは私の中で全く矛盾しない現実だ。国家があって人があるのではない。あくまで人が先にあるのだ。

この現実を直視せずして、自由は生まれてこないだろう。日本の風土で育ち、日本を故郷とする事実。さらに日本社会で生きていくのに必要な諸権利を当然に要求し、日本国の側もそれを保障する義務と責任を有するとしたら、日本国とそうした関係にある個人を指して「日本人」と呼べるはずだ。

「私は韓国人朝鮮人であり、かつ『日本人』だ」という主張は、単にレトリカルなものとしてのみでなく、大沼学説によれば法的にも正しいものである。しかし、この主張に反発した田中明は、「筆者は『私は韓国人であると同時に、カギカッコ日本人だと自分を考えているから、日本国は私の要求を通すべきだ』——といっている。しかし、カギカッコ日本人という自分の観念だけで、国の政策を左右しようというのはダダをこねるに等しい。日本人が『日本社会で生きていくのに必要な諸権利』を国に要求するのは当然であり、日本国が『それを保障する義務と責任を有する』のも当然だが、日本国もまた『日本社会に生きていくのに必要な諸義務』を、カギカッコつきでない日本人に要求し、それによって生きているのである。……」[27]と述べて、鄭を批判した。

この批判に、鄭は次のように応じている。「現実には、権利が保障されていないにもかかわらず、『在日韓国朝鮮人』も納税等の諸義務を課され、果たしている。ただ、決定的に違う点は、もし仮に『徴兵制』がしかれたとしても外国人であれば銃をとる義務は生じない。ということは、田中は『有事の際に、銃を手にするものは権利を要求して当然だが、銃をとらないものには権利をやる必要はない』ということを言っているのだろうか[28]」。

鄭がこのように論じるのは、おそらく彼女が次のような官僚たちの言葉を念頭においているからであろう。すなわち、一九八四年、指紋押捺拒否裁判の際に法務省入管局登録課長の述べた、「外国人と内国人の処置について差異が生じるのは、国家に対する忠誠の質と度合いによるもの。国家に対する忠誠の度合いとは、国家が危急存亡の折り、鉄砲をもつかどうかである」という言葉や、一九八八年に法務大臣官房参事官が述べた、「国家は、自国民に対し、『必要な場合には生命を投げ出すことになるような国民の忠誠義務』、兵役義務、納税義務等様々の義務を課しうる」という言葉である。(29)

これらの言葉は、「唯一人の朝鮮人衆議院議員」として「一視同仁」の視点から朝鮮人への兵役付与を求めた朴春琴の日本国籍を一片の民事局長通達によって剥奪し、「聖戦」を信じて日本のために「献身」したためにBC級戦犯として起訴された金鏞や洪起聖への刑の執行を最高裁が命じた、その日本国の官僚たちによって発せられたものなのである。これらの今もなお、「四枚舌」政策を肯定するかのような言葉には、姜尚中の言う「歴史のアムネジア」としてのアジア不在の「戦後物語」(30)がたしかに刻印されている。

在日韓国・朝鮮人が深刻な疎外状況＝人権侵害状況に置かれていた原因の一つは、「国籍」をめぐるコミュニケーションの「歪み」にあったのである。

二　コミュニケーションの「歪み」の諸相

〈公布要件〉違反

サンフランシスコ講和条約の朝鮮独立承認・台湾放棄条項を根拠とする民事局長通達は、「日本国憲法第一〇条が『日本国民たる要件は、法律でこれを定める』と規定しているにもかかわらず、法律ではなく、一片の行政措置で本人の意思と全く無関係に日本国籍を喪失させて、異議申し立ての機会を与えず重大な権利・利益を強制的に剥奪した」という意味で、「公布要件」違反である。

〈明晰性要件〉違反

サンフランシスコ講和条約については、「(朝鮮人が在日するに至った歴史的経緯とそれに対する日本の責任を真摯に反省した上で)朝鮮の独立を承認した」のか、それとも「(朝鮮人が在日するに至った歴史的経緯とそれに対する日本の責任を完全に抹消するために)朝鮮の独立を承認した」のか、つまり「その『世界人権宣言の目的を実現するための努力宣言』等が日本国憲法前文や(大沼保昭によれば民事局長通達による日本国籍喪失措置を無効とする)憲法第一〇条等と相まって、憲法第一一条の規定を『日本政府が考える国民と同様、日本国籍を潜在的に保有し続けている在日韓国・朝鮮人は、すべての基本的人権の享有を妨げられない』と解させる」のか、それとも「民事局長通達の根拠となったその朝鮮独立承認・台湾放棄条項が『(自然人ではなく)すべて国民は、個人として尊重される』と規定する憲法第一三条の文言等と相まって、憲法第一一条の規定を『日本政府の考える日本国籍保有者という意味での国民のみは、すべての基本的人権の享有を妨げられない』と解させる」のか明らかでないから、「明晰性要件」違反である。

〈服従可能性要件〉違反

サンフランシスコ講和条約の朝鮮独立承認・台湾放棄条項を根拠とする民事局長通達は、日本国籍確認等請求訴訟を提起した在日朝鮮人原告が、「戦前は強制連行・強制労働させられ、戦後は外国人と見なした国籍政策によって抑圧や差別を受けているのは不当である」し、「日本国民として生まれ、育ったのに、ある日突然本人の意思にかかわらず国籍と様々な権利を一方的に奪われたのは納得できない」という趣旨の主張を行なったことからも明らかなように、「(朝鮮人BC級戦犯のような人々は)罪をかぶりなさい、しかし補償はしりません」という日本政府のダブル・スタンダード（二枚舌）政策の根拠となるものであるゆえに、「服従可能性要件」違反である。

〈態度随伴条件〉違反

日本国憲法第一〇条に関して「（日本国民たる要件は法律でこれを定めることを）宣言する」という自己の行為を拘束する言語行為の遂行について、日本政府は憲法第一〇条により許されない筈の民事局長通達による在日韓国・朝鮮人の強制的な国籍剥奪措置を行なったゆえに、「『日本国民たる要件は法律でこれを定めることを宣言する』という言語行為の遂行者は、右要件を法律で決定する意図や考えを実際にもっていなければならない」という「態度随伴条件」に違反しているし、「当該言語行為の遂行者は、その後も引き続き、その『決定宣言』に合致した行動をとらなければならない」という「履行条約」をも充たしていない。

〈ズ　レ〉

サンフランシスコ講和条約は、「明晰性要件」違反であったが、その文言を額面通りに判断する限り、その明示命題は「日本の侵略主義の結果を侵略前の状態に戻す」という一見美しい理念であると言えよう。しかし、朝鮮独立承認・台湾放棄条項を根拠とする民事局長通達との関連で明示命題は背後に退き、逆に「かつて『帝国臣民』たることを強制した者から日本国籍を強制的に剥奪し、その権利が日本国民に比して否認・制限され、差別的処置が合理的とされる『外国人』――日本の侵略前の状態である――に戻す」という黙示命題が（とくに聞き手である在日韓国・朝鮮人に対して）前面に表われることになった。かくして「ズレ」が生じ、これまで日本政府（および民族的多数者）が潜在的に有していたにもかかわらず、たまたま隠蔽されていた民族的少数者に対する差別的・抑圧的意図が顕在化するに至ったが、その差別的・抑圧的意図は、「日本の侵略主義の否定」という美しい明示命題を装っているゆえに、それは「醜い現実を隠蔽するイデオロギー」そのものとなる。

(1) 以下、朴春琴については、すべて小熊英二『〈日本人〉の境界』(新曜社、一九九八年)第一四章による。
(2) 朴慶植『朝鮮人強制連行の記録』(未来社、一九六五年)一七六頁。
(3) 姜存彦『日朝関係の虚構と実像』(龍渓書舎、一九八〇年)一一〇頁以下。なお、尹健次『「在日」を考える』(平凡社、二〇〇一年)も参照。
(4) 大沼保昭『単一民族国家の神話を超えて』(東信堂、一九八六年)四〇頁以下。
(5) 同右書・五四頁以下。
(6) 同右書・一八五－一八六頁。
(7) 田中宏『新版・在日外国人』(岩波書店、一九九五年)。
(8) 大沼・注(4)三二九頁。
(9) 同右書・一五八頁以下。なお、大沼保昭『在日韓国・朝鮮人の国籍と人権』(東信堂、二〇〇四年)も参照。
(10) 接近方法は異なるが、民事局長通達による旧植民地出身者の日本国籍剥奪の違憲性という大沼とほぼ同様の結論を提示するものとして、岩沢雄司『条約の国内適用可能性』(有斐閣、一九八五年)三四頁以下がある。
(11) 古関彰一『新憲法の誕生』(中央公論社、一九八九年)二三二頁以下。
(12) 同右書・二二三頁。
(13) 小熊・注(1)五八二頁。
(14) この間の事情については、宮田節子『朝鮮民衆と「皇民化」政策』(未来社、一九八五年)五〇頁以下参照。
(15) 内海愛子『朝鮮人BC級戦犯の記録』(勁草書房、一九八二年)九頁。
(16) 同右書・二〇四頁。
(17) 田中・注(7)一一〇頁以下、内海・注(15)一一頁以下。
(18) 朴・注(2)一七六頁。なお、皇国臣民化教育による「同化」政策を、言語学の観点から批判的に分析するものとして、イ・ヨンスク『「国語」という思想』（岩波書店、一九九六年）第一二章参照。
(19) 大沼保昭『サハリン棄民』（中央公論社、一九九二年）、角田房子『悲しみの島サハリン』（新潮社、一九九四年）参照。なお、サハリン残留朝鮮人帰還運動を厳しく批判するものとして、李恢成『サハリンへの旅』（講談社、一九八六年）がある。
(20) 朴春琴の悲劇は、新井将敬の悲劇で再び繰り返されることになる。朴一『〈在日〉という生き方』（講談社、一九九九年）第六章。
(21) 田中・注（7）一一八-一一九頁。
(22) 内海・注（15）参照。
(23) 細谷千博ほか編『国際シンポジウム・東京裁判』（講談社、一九八四年）一七〇頁以下。
(24) 同右書・二八四頁以下。木村久夫については、唐木順三『新版・現代史への試み』（筑摩書房、一九六三年）が精神史の立場から、神谷美恵子『生きがいについて』（みすず書房、一九六六年）が精神医学の見地から、金静美『水平運動史研究』（現代企画室、一九九四年）が民族差別批判の観点から、それぞれ興味深い分析を行なっている。小畑清剛『魂のゆくえ』（ナカニシヤ出版、一九九七年）も参照。
(25) 日暮吉延『東京裁判』（講談社、二〇〇八年）三七八頁。
(26) 鄭暎恵『〈民が代〉斉唱』（岩波書店、二〇〇三年）一〇七頁。
(27) 田中明「『在日』にとって『国籍』とは何なのか」『諸君！』一二三頁二号所収参照。
(28) 鄭・注（26）一〇八頁。
(29) 岡野八代『シティズンシップの政治学』（白澤社、二〇〇三年）一六-一七頁。
(30) 姜尚中『アジアから読む日本国憲法』（かもがわ出版、一九九三年）、同『ふたつの戦後と日本』（三一書房、一九九五年）、同『オリエンタリズムの彼方へ』（岩波書店、一九九六年）等参照。

第7章　先天性身体障害者──「優生」と「環境」をめぐるコミュニケーションの「ズレ」による人間疎外

有吉佐和子は、一九七五年に刊行した『複合汚染』で、参議院選挙に立候補した紀平悌子が「私たちは憲法で健康権と幸福の権利を保障されています。けれども今、私たちをとりまく環境が汚染され、私たち人間にとって最も大切な健康権は奪われようとしています」と訴えた後に、その紀平を応援するために、吉武輝子が次のような演説を行なったことを記している。

「皆さん、いま日本で一万人の赤ちゃんがオギャアと生まれると、三千五百人から四千人の赤ちゃんが、奇形児、障碍児、難病、奇病の持主だということを御存知ですか。」

有吉は続ける。「私はびっくり仰天してしまった。身障児が殖えているという知識は漠然と持っていたけれど、こんな凄い数字は聞き始めだ。私は呆気にとられて吉武さんの横顔を見上げていた。……吉武さんの口から、さまざまな公害のデータが数えあげられた。私はただ人寄せをするだけと思ってついてきたが、吉武さんは紀平さんとずっと前から打合せずみだったのだろう。紀平悌子の説く環境汚染と食品公害を敷衍して、吉武輝子は異常出産の現状と子供の健康について縷々として訴え続けた。(1)」

一　優生をめぐって——人間疎外の歴史①

Th・アドルノの言う「非同一的なるもの」の典型である先天性身体障害者の「肉体＝身体」は、様々な哲学的または医学的研究の対象として、そして「生—権力」による生殖（遺伝）管理の対象として障害者自身から剥奪されてきた。

すなわち、彼（女）らの「肉体＝身体」は、一方で、アリストテレス→（人種差別を帰結するエセ「科学」としての人類学や遺伝学に影響を与えた）A・パレ→（スコラ哲学の本質主義を否定しつつ怪物＝モンスターの実在を肯定した）J・ロック→（怪物＝奇型を一本化された人種間の優劣の階層における最下位に位置づけた）C・リンネと続いた「奇型学＝怪物学」に固有の興味深い研究対象とされた[2]。また、その「肉体＝身体」は、他方で、プラトン→アリストテレス→（消極的優生政策を自然の摂理と見て肯定したJ・J・ルソーの思想の影響を受けた）J・P・フランク→（精神病患者が現われた家族の一員と結婚することは危険であると説く）I・カント→（社会福祉の充実は、淘汰されるべき弱者を生きながらえさせるゆえに進化を阻害すると示唆する）Ch・ダーウィン→F・ゴルトンという系譜を有する「優生思想＝優生学」がその出生を防止すべき生殖（遺伝）管理の対象とされてきた[3]。「奇型学＝怪物学」は「近代科学」の衣装を纏った「優生思想＝優生学」に吸収され尽くすに至ったが、先天性身体障害者の「肉体＝身体」は、吉武輝子の演説が証明するように、新たに「優生思想＝優生学」と結びついた「環境保護思想」と出会うことになる。環境倫理学者の桑子敏雄の次のような言葉にも耳を傾けてみよう[4]。

六〇年代から七〇年代にかけて「奇形」ということばがひとびとの不安感を刺激した。水俣病やイタイイタイ病などの公害だけでなく、都市近郊の工場廃水によって魚の、あるいは鳥獣の奇形が大量に発見された。奇形の問題が、自然と人間の関係を考える上で、わたしにとって、根本的な問題となった。アリストテレスの思想に「奇形」の問題があることを知り、ギリシア哲学から哲学の研究をはじめて、自然のなかに奇形をもたらした人間の行為について考えるとともに、西洋の思想的伝統から生まれでた科学技術のもつ倫理的な側面について考察しようと思った。

吉武の場合と同様、桑子にとっても、「ひとびとの不安感を刺激する」とされる奇形児＝先天性身体障害児は、環境保全の観点から見て「生まれて来てはならない存在」と理解されていることは自明である。かくして、「根本的な問題」と言われる先天性身体障害者には、「環境汚染のバロメーター」という役割が新たに課せられることになる。その時、先天性身体障害者は、「人間」ではなく、むしろ「バロメーター」＝「機械」と見なされるのだ。

F・ゴルトンの「優生思想＝優生学」が日本の知識人に影響を与え始めたのは、明治初期である。「学問のすゝめ」（一八七二年）で「天は人の上に人を造らず人の下に人を造らずと云へり」と論じて人間の平等を高らかに宣言したはずの福沢諭吉は、既にその論文「教育なる力」（一八七六年）において、「人の能力には天賦遺伝の際限ありて、決して其の以上に上るべからず……。やゝもすれば教育を見ること重きに過ぎ、『人学べば智なり、学ばざれば愚なり』とて、智慧は唯教育の如何に在することゝ信じて、恰も人力を以て智者を製作せんと欲する……は大なる間違〔なり〕」と述べて、教育限界論＝遺伝決定論の立場への「転向」を表明していた。福沢は、「人生の天賦に斯く強弱の差あるは決して偶然に非ず、父母祖先の血統に由来するもの……」云々と論じた『時事小言』(一八八一年)で、その「転向」がゴルトンの『遺伝的天才』を読んで共鳴したことによると率直に認めている。晩年の『福翁百話』(一八九七年)においても、次のように語っている。(5)

薄弱の父母に薄弱の子あり、強壮の子に強壮の父母あり、其病質を遺伝し、其能力を遺伝し、身体の強弱、精神の智愚、都て父母祖先以来の遺物のみならず、其智能の種類も亦遺伝の約束に漏れず。……先づ第一に強弱智愚雑婚の道を絶ち、其体質の弱くして心の愚なる者には結婚を禁ずるか又は避孕せしめて子孫の繁殖を防ぐと同時に、他の善良なる子孫の中に就ても善の善なる者を精選して結婚を許し、或は其繁殖の速ならんことを欲すれば一男にして数女に接するは無論、配偶の都合により一女にして数男を試るも可なり。

東京大学の初代動物学教授だったE・S・モースは、「聴衆は極めて興味を持ったらしく思はれ、そして米国でよくあったやうな、宗教的偏見に衝突することなしに、ダーウィンの理論を説明するのは誠に愉快だった」と回想しているが、彼の講義は、当時東京大学の学生であった石川千代松によって筆記され、一八八三年に『動物進化論』として刊行された。その石川の著わした『進化新論』(一八九二年)や丘浅次郎の著作『進化論講義』(一九〇四年)などによってダーウィンの自然淘汰理論が啓蒙された後に、海野幸徳の『日本人種改造論』が刊行される。海野の議論で注目されるのは、「戦争による選択は、戦争は兵士となれる身体強健なものを戦死させ、兵士となれない身体劣弱なものを生き残らせて劣悪な子孫を増やすゆえに、人類にとって有害な逆淘汰である」が、「病気による選択は、病気は抵抗力のない身体劣弱なものを病死させ、病気に打ち克つ身体壮健なものを生き残らせて優劣な子孫を増やすゆえに、人間にとって有益な淘汰である」と明言したことである。(6)

たしかに、ゴルトンが「優生思想＝優生学」を提唱し、A・プレッツやJ・B・ヘイクラフトなどがそれを支持した背景の一つに、国民国家間の絶えざる戦争や近代医学の著しい進歩や宗教的慈善による福祉の充実により逆淘汰がすすみ、人類が徐々に退化していくことについての危機感があったことは疑いえない。(7) それはまた、海野や日本の断種法＝国民優生法の生みの親と言うべき永井潜の抱いた危機感でもあった。(8)

一九一〇年代に、養蚕研究および農作物改良から遺伝学にそれぞれ入った外山亀太郎や阿部文夫は「優生思想＝優生学」を支持する論文を発表していたが、一九一七年、東京大学に日本で最初の遺伝学講座が開設されるに至る。植物学者の池野成一郎、動物学者の大沢謙二らが「優生思想＝優生学」に関する議論に積極的に参加する中で、一九二〇年、設立された日本遺伝学会が機関誌『遺伝学雑誌』を創刊し、民間でも、後藤龍吉が一九二四年に『ユーゼニックス』（翌年『優生学』と改称）、池田林儀が一九二六年に『優生運動』の刊行をそれぞれ開始し、優生思想を啓蒙するための社会運動を国民各層に向けて展開していくことになる。(9)

一九三〇年には、永井潜を理事長とする日本民族優生学会（三五年に「学会」を「協会」に改称）が設立され、その翌年、機関誌『民族衛生』の刊行によって「優生結婚」や「断種法」についての啓発が本格的に開始される。この学会には、アカデミズムから、動物学者の石川千代松、医学者の古畑種基、法学者の牧野英一など錚々たるメンバーが参加していた。『民族衛生』誌上では、（癲癇・精神分裂病（当時）などの）悪質遺伝病者・（梅毒などの）花柳病者・（結核・癩などの）感染病ではあるが体質が遺伝するとされた難病者・アルコール中毒者・常習犯罪者等への強制断種の是非が活発に議論されたのであった。

ナチスが一九三四年に遺伝性疾患子孫防止法を制定したことは、日本の断種法をめぐる議論にも大きな影響を与えた。唯物論者の安田徳太郎は、資本主義国における精神病者や犯罪者の増加は社会構造に問題があるからであるゆえ、断種法のように議論を生物学的地平に限定するのは誤りであるとして〝左派〟の立場から反対を表明し、他方、皇室崇拝者の牧野千代蔵は、「皇統連綿」たる神国日本において断種法によって大和民族固有の系図を破壊するのは許されないという〝右派〟の立場から反対を表明したことが注目される。一九三五年から幾度か「断種法案」は提出され続けたが、断種自体に肯定的な論者の多くも、強制断種については、時期尚早であること・医学的根拠が不十分であること・人道上忍び難き非人情であること・遺伝病者自身の意思を尊重すべきこと等々の理由から慎重論に与したため、制定に至らなかった[10]。

しかし、一九三七年に蘆溝橋事件をきっかけに日本軍が中国との全面戦争に突入すると、一九二二年のM・サンガー来日を契機に活発化していた産児調節運動は後退し、「大東亜共栄圏」建設を支えるための兵力・労働力の増強が叫ばれ、人口の質的向上と量的拡大が求められるようになる。国民精神総動員運動が開始され、翌年、国家総動員法が発動される。そして、一九四〇年、その第一条で「本法ハ悪質ナル遺伝性疾患ノ素質ヲ有スル者ノ増加ヲ防遏スルト共ニ健全ナル素質ヲ有スル者ノ増加ヲ図リ以テ国民素質ノ向上ヲ期スルコトヲ目的トス」と規定する国民優生法がついに制定されるのである。

「産めよ殖やせよ」が「生–権力」による国策となる中、中絶手術などによる産児制限は戦争の勝利のために運用すべき人的資源の量的拡大を求める国家の使命への反逆を意味したが、その例外は国民優生法が「増加ヲ防遏スベキ」とした精神障害者・先天性身体障害者・ハンセン病患者などの「無価値者」ないし「反価値者」とされた人々であった[11]。一九四〇年、厚生省（当時）は、戦時における人的資源増強のために、十人以上の子供を持つ一万余の家族を「優良子宝部隊」として表彰しているが、その多子には厳しい条件が付されていた。すなわち、生瀬克己は、その表彰が行なわれた際、条件の一つとして「子供は何れも現在健康で、しかも世間に恥ぢない善良な者であること。但し戦役事変や天災事変の止むを得ない事故で健康を害したりした場合はこれを健全な者と看做す」が挙げてあったことに注目し、ここで言われる「現在健康」は先天性身体障害者や精神障害者の排除を含意していたに違いない、と指摘している。[12] その翌年、閣議において、「大東亜共栄圏」確立および高度防衛国家維持のための人口の量的増加と質的向上を目指す「人口政策確立要綱」が決定されたが、それは早婚化・出産奨励・家制度強化を柱としていた。実際、同年発足した国民優生連盟は、「健全な方々が資金が足りない為め、結婚を延期することのない様に」結婚資金貸し付けの斡旋と出産奨励金の給付に力を注いだのである。他方、厚生省優生結婚相談所が定めた『結婚十訓』には、「心身共に健康な人を選べ」「お互いに健康説明書を交換せよ」「悪い遺伝の無い人を選べ」「なるべく早く結婚せよ」「産めよ育てよ国の為」等々の項目が列挙されていた。この戦争に勝利すべき「一等国」たる日本国民の優生結婚による精神的・身体的資質の質的向上および早婚による人口の量的増加を目的とし、家制度の強化による結婚・性・出産の国家管理を意図する「生―政治」上の指導方針は、国家総動員法第一条に規定された「国防目的達成ノタメ……人的及ビ物的資源ヲ統制運用スベシ」という理念から出たものであった。海野幸徳らが指摘した逆淘汰をもたらす戦争の有害さを可能な限り減少させるために、「優生思想＝優生学」の理念が現実の人的資源の統制運用政策に強く反映させられたのである。[13] そして、敗戦。

敗戦後、産婦人科医たちのイニシアティヴにより、国民優生法の見直しが開始された。もともと断種法として構想された国民優生法の立案過程から産婦人科医は排除されており、「医学的理由による中絶まで監視されて、産婦人科医としての裁量が著しく制限されていた」。太田典礼ら社会党所属の衆議院議員が一九四七年に提出した「優生保護法案」は、社会的理由（経済的理由）、医学的理由、倫理的理由（強姦）、優生的理由による中絶を認めようとするものであった。「不良な子孫の出生を防」ぐことを目的として明記するこの法案は審議未了となったが、翌年、超党派の議員によって提出された「優生保護法案」は、可決成立した。

松原洋子によれば、厚生大臣の芦田均（当時）は、「民族復興、文化国家建設という敗戦後のスローガンと優生学の推進を結びつけていた。そうして国民優生法を封建的色彩の強い生ぬるいものと決めつけ、優生法の強化の必要性を示唆したのである。実際に、四八年に制定された優生保護法では、国民優生法よりも優生対策が強化された(14)」。

○優生保護法（一九五二年改正）

第一条　この法律は、優生上の見地から不良な子孫の出生を防止するとともに、母性の生命健康を保護することを目的とする。

第三条①　医師は、左の各号の一に該当する者に対して、本人の同意並びに配偶者……があるときはその同意を得て、優生手術を行うことができる。

一　本人若しくは配偶者が遺伝性精神病質、遺伝性身体疾患若しくは遺伝性奇形を有し、又は配偶者が精神病若しくは精神薄弱を有しているもの

二　本人又は配偶者の四親等以内の血族関係にある者が、遺伝性精神病、遺伝性精神薄弱、遺伝性精神病質、遺伝性身体疾患又は遺伝性奇形を有しているもの

三　本人又は配偶者が、癩疾患に罹り、且つ子孫にこれが伝染する虞れのあるもの

四　妊娠又は分娩が、母体の生命に危険を及ぼす虞れのあるもの

五　現に数人の子を有し、且つ、分娩ごとに、母体の健康を著しく低下する虞れのあるもの

第一四条①　都道府県の区域を単位として設立された社団法人たる医師会の指定する医師……は、左の各号の一に該当する者に対して、本人及び配偶者の同意を得て、人工妊娠中絶を行うことができる。

一　本人又は配偶者が精神病、精神薄弱、精神病質、遺伝性身体疾患又は遺伝性奇形を有しているもの

二　本人又は配偶者の四親等以内の血族関係にある者が遺伝性精神病、遺伝性精神薄弱、遺伝性精神病質、遺伝性身体疾患又は遺伝性奇形を有しているもの

三　本人又は配偶者が癩疾患に罹っているもの

四　妊娠の継続又は分娩が身体的又は経済的理由により母体の健康を著しく害する虞れのあるもの

五　暴行若しくは脅迫によって又は抵抗若しくは拒絶することができない間に姦淫されて妊娠したもの

戦時中は、人口増加と「逆淘汰」防止のために、政府は避妊の普及や中絶を厳しく取り締まっていた。しかし、敗戦後はGHQの民主化政策のもとで、政府側も産児調節を個人の自由として容認することになった。「逆淘汰」をもたらす恐れがある産児調節の普及を許すからには、優生政策を強化するしかない、というのが多くの人口政策関係者の考えであった。……当時の日本は「健全」な子孫をもたらすはずだった多くの若者たちを戦争で失う一方、社会は疲弊と混乱をきわめ、「不良な子孫」を生み出す危険に満ちているようにみえた。こうした敗戦後に特有の「人口資質低下問題」もまた、優生政策強化論の根拠のひとつとなった(15)。

優生保護法第三条は前記のように一九五二年に改正されたが、その理由は、「知能的にすぐれた階層」が産児調節を行なう結果、「知能的に逆淘汰の起るおそれ」が強まり、「精神病」や「精神薄弱」を対象とした不妊手術の規定が求められたことによる。一九六〇年に国民所得倍増計画を決定した政府は、その前提となる高度経済成

長を実現するための推進力として人的能力の開発と人口資質向上を重視した。実際、一九六二年に発表された、厚生省人口問題審議会「人口資質向上対策に関する決議」は、「人口構成において、欠陥者の比率を減らし、優秀者の比率を増すよう配慮」することが要請されているとして、その「対策」の一つに、「国民の遺伝素質の向上」すなわち「長期計画として劣悪素質が子孫に伝わるのを排除し、優秀素質が民族中に繁栄する方途を講じ（ること）」を挙げている。

一九六〇年代、高度経済成長は実現するものの、水俣病・イタイイタイ病・慢性砒素中毒症などが次々と発生し、日本各地で公害反対運動が高揚した。サリドマイドの薬害による先天性四肢障害児の誕生という衝撃もあり、一九七一年に「心身障害研究事業」を発足させた厚生省は、そのプロジェクトの研究対象として「先天異常モニタリング・システム」「先天異常疾患のマス・スクリーニング」「羊水検査や胎児採血などの出生前診断技術」などを列挙した。また、七四年、日本学術会議生物科学研究連絡委員会は人類遺伝学会と合同で、「人類遺伝学将来計画」を作成したが、そこでは「国民の福祉に貢献するための具体的対策」として「新生児スクリーニング」が挙げられている。[16]

障害児の「発生予防」は福祉コスト削減のために強く求められたが、それは催奇性物質の除去など環境改善によって障害の発生を予防する「一次予防」と、中絶等によって障害児の出生を妨げる「二次予防」から成る。これらの「研究」や「対策」では、「一次予防」と「二次予防」をあわせた総合的な「発生予防」の実現が目指されたのである。[17]「人類遺伝学将来計画」には、「……深刻な問題は、個々の症例に対する医療水準が向上した結果、かつては自然淘汰によって集団から除かれていた有害遺伝子が子孫に伝えられ、遺伝子プールにおけるその頻度が上昇する機会が多くなったことである」という認識が示されている。「逆淘汰」をもたらす戦争のみでなく、平時における医療水準の向上も、自然淘汰によって「劣死」すべき「無価値者」ないし「反価値者」を雑草のように滋蔓させてしまうという「劣生」の事実が、国家によって憂慮されているわけである。かくして、環境汚染の悪化という憂うべきことと医療水準の向上という好ましいことが逆説的に絡み合いながら、「優生思想＝優生学」の重要性を説く論者に一見きわめて強力な科学的論拠を提供することになる。

一九七〇年代に、「優生思想＝優生学」がタブーでなかったことは、次のような高等学校「保健体育」教科書の記述からも明らかである。最初に引用するのは一九七一年版（一橋出版刊）であり、次に引用するのは一九七九年版（講談社刊）である。

> 国民の遺伝的素質を改善し向上させること、すなわち、次の世代の国民に、肉体的にも精神的にもよりすぐれた民族的素質を伝えてゆくことが国民優生である。わが国では一九四八年に優生保護法が制定され、とくに悪質な遺伝性疾患が伝えられることを防止するため、精神分裂病・そううつ病・全色盲・血友病・遺伝性奇形などの遺伝病を有する場合や、出産により母体に危険がある場合には優生手術や人工妊娠中絶が実施できるようになった。……国民の素質を向上させるという優生結婚の立場から、結婚をするにあたって、みずからの家系の遺伝病患者の有無を確かめるとともに、相手の家系についてもよく確認することが重要である。家系の調査範囲は、両親・兄弟姉妹はもとより、祖父母やいとこまでおよぶことが望ましい。(18)

> われわれの子孫に不良な遺伝子を残さないようにすることを優生という。国でも優生の問題を重視し、その対策として一九四八年に優生保護法を制定し、優生上問題になる疾病のある場合には妊娠中絶や優生手術を認めている。このようにして、母体の生命・健康を保護するとともに、国民全体の遺伝素質を改善し、向上させるために、国民の優生に力

をそそいでいる。(19)

たしかに、高等学校の保健体育では「母子衛生・家族計画・国民優生」あるいは「結婚と優生」について指導することが求められていたが、とくに前者の教科書における一文は、かつての『結婚十訓』を想起させる、露骨な差別的記述である。それが「いとこまでの家系調査をのぞましい」と記しているのは、優生保護法が「四親等以内の血族関係にある者」を問題にしているからである。部落差別については厳しい糾弾がなされるであろう、そして政府や地方公共団体そして人権団体もそれを非難するであろう家系調査を、優生結婚の観点から国家権力が強く奨励し、かつ、当時の障害者団体もその記述をまったくと言っていいほど問題視することはなかったのである。先天性身体障害者や精神障害者の基本的人権を侵害する「優生思想＝優生学」は、その第一四条で「法の下の平等」を宣言する日本国憲法の下でも、堂々と生き残ったのである。

ノーベル生理学・医学賞を受けたＡ・カレルの著書『人間　この未知なるもの』（一九三五年）はその末尾近くで次のように論じている。(20)

きわめて多数の欠陥者と犯罪者の問題が解決されないままである。彼らは、正常な状態にとどまっている一般人にとって、非常に大きな負担となっている。……刑務所と精神病院を維持し、大衆を悪党と精神異常者から守るために、巨額の金が必要とされる。われわれは、なぜこの役にたたないばかりか害のある人間を、保護しておかねばならないのか？異常者は正常者の発達を妨げる。……犯罪と精神異常は、人間に関する一層深い知識、優生学、教育と社会環境の改変によってのみ防止できる。……殺人を犯した者、自動拳銃や機関銃で武装して強盗を働いた者、子供を誘拐した者、貧しい人からその貯えを奪った者、重大な事柄で大衆を誤った方向へ導いた者などは、人道的かつ経済的に、適当な毒ガスの設備をそなえた小さな安楽死用の機関で処置すべきである。犯罪行為で有罪となった精神異常者にも、同様の処置を施せばよいであろう。

カレルの『人間　この未知なるもの』の訳者である渡部昇一は、その著作を「私の恩書」とまで呼ぶ。「優生思想＝優生学」が障害者や病者の基本的人権を侵害しかねないという認識が広まったのは、皮肉なことに、カレルの著作を「私の恩書」と呼ぶ渡部のエッセイ「神聖な義務」（一九八〇年）が、A・ヒトラーの『わが闘争』を想起させたことを一つの契機とする。周知のように、ヒトラーは、『わが闘争』において、「欠陥のある人間が、同じように欠陥のある子孫を残すことを不可能にしてしまおうという要求は、最も明晰な理性の要求である」ゆえに、「肉体的にも精神的にも不健康で無価値なものは、その苦悩を自分の子供に伝えてはならない」と述べていたのである。[21] 渡部は、ヒトラーの思想を斥けつつ、カレルの優生学を支持できると考え、次のように述べている。[22]

「大声では言えないことだが」とドイツ人の医学生が私に言った。……だいたいの話の趣旨は次のようなものであった。「この前の対戦でドイツの強健な青年の多くが戦場で失われた。この大量の血液の損失は民族の運命にかかわるものであった。しかし西ドイツは敏速に復興し、ヨーロッパでも最も活力がある国である。その理由は東ドイツから大量の青少年が流れ込んでいることと、ヒトラーが遺伝的に欠陥のある者たちやジプシーを全部処理しておいてくれたためである」と。……〔ヒトラーの行為は〕非人道的なことでありナチスの犯罪の典型的なものだと思っていた。しかしこの非人道的犯罪の功績の面を考えているドイツ人がいること、そしてその数は必ずしも少なくないだろうと想定できること、またそれは公には言えないことになっていることなどをその時知ったのである。……ヒトラーとは逆の立場の人であるが、アレキシス・カレル……も、異常者や劣弱者が、ある比率以上に社会に存在すると、社会全体がおかしくなるのではないか、ということを指摘している。カレルは敬虔なキリスト教徒であったから、ヒトラーのように異常者や劣弱者を国家の手で一掃することには大反対である。しかし、悪質な犯罪者や、犯罪を繰返す異常者からは社会は断乎として守られなければならないとする。また劣悪な遺伝子があると自覚した人は、犠牲と克己の精神によって自発的にその遺伝子を残さないようにすべきであると強くすすめる。……生活保護家庭である作家の大西巨人氏の家庭で、一ヶ月の医療扶助費が一千五百万円だというのである。しかも同氏は家賃七万円の借家に住み、公営住宅への移転も拒否しているとのこと。……血友病の子供を持つということは大変に不幸なことである。今のところ不治の病気だという。しかし遺伝性であることがわかったら、第二子はあきらめるというのが多くの人の取っている道である。大西氏は敢えて次の子供を持ったのである。そのお子さんも血友病でテンカン症状があると報じられている。既に生まれた子供のために、一月千五百万円もの治療費を税金から使うというのは、日本の富裕度と文明度を示すものとして、むしろ慶祝すべきことがらである。既に生まれた生命は神の意志であり、その生命の尊さは、常人と変らない、というのが私の生命観である。しかし未然に避けうるものは避けるようにするのは、理性のある人間としての社会に対する神聖な義務である。現在では治癒不可能な悪性の遺伝病をもつ子供を作るような試みは慎んだ方が人間の尊厳にふさわしいものだと思う。……

長々と引用したが、その理由はこの文章が様々な意味で示唆的であることと、断片的な引用は誤解を招くおそれがあるためである。

木田盈四郎は、「カレルが活躍した時代は、ヒトラーとほぼ同時代で、そのころヨーロッパでは〈遺伝決定的人間観〉や〈生物学至上主義的世界観〉が常識となっていた。高い知能の人間を得たいならば、良質の生殖細胞を得るために結婚の相手を選ぶこと、また〈悪い遺伝子〉を排除するためには断種による方法がよいと一般に信じられていて、ただ、その方法が、ヒトラーのように国家権力によるのか、自由意志によるのかの論議が分かれていた時代であった。渡部氏は、カレルの本を訳しているうちに、時代錯誤におちいったようだ」と指摘している。(23)

この「時代錯誤におちいった」渡部の主張は、「ヒトラー・ナチズム礼讃」「劣弱者の切り捨ての奨励」「障害者の抹殺・否定」であるとして、名指しで批判された大西巨人自身や「青い芝の会」から厳しく指弾されたが、それはこれまで隠蔽されていた「優生思想＝優生学」の人権侵害や差別との深い関わりを白日の下に晒すことになったのである。(24)木田も指摘するように、渡部の文章には様々な「基本的な誤認」があり、「無責任」なものであるが、しかし、それが前記の「保健体育」教科書と共通する思想に基づいていることも否定できない。経済的観点から障害児の「発生予防」を目指すことは、国家の政策でもあったのである。だからこそ、渡部の「神聖な義務」が社会問題となっても、「優生思想＝優生学」は更に生き残るのである。例えば、一九八八年の時点で、分子進化の中立説で著名な集団遺伝学者の木村資生は次のように論じている。(25)

これら遺伝子突然変異または染色体異常は……、個体の生存にとって一般に不利であるため、過去における長い人類進化の過程では、自然淘汰による除去と突然変異による新生とが釣り合う状態で集団中に低い頻度で保たれてきた。しかし、医学の進歩によってこれら突然変異による異常は表現型に次第に治癒されるようになるであろう。……このようなことは人道上喜ばしいことであるが、突然変異遺伝子が次代に伝えられるという点で優生的には大きな問題を含んでいる。……もっと重大なのは突然変異全体の問題であろう。すなわち、過去には有害だった遺伝子の大多数が医学の進歩により淘汰に中立になり、突然変異圧の下で中立進化を行ない集団中に固定するようになる問題である。……生物としてのヒトが、あらゆる人間存在の根底であり、これが受精卵核中に存在する遺伝的命令文の翻訳された形であることを考えると、命令文の退化を許すことは、究極的には人類の退化をひきおこすことになろう。……人類が知能や労力や物的な資源の大部分を、いろいろな表現型対策に使うかわりに、より建設的、発展的な事業を使うためにはどうしても優生的な措置が必要だと思われる。……〔優生には、消極的な面と積極的な面があるが〕現実に有効なのは、平均より多くの有害遺伝子をもった人が、なんらかの形で子どもの数を制限するか、あるいは有害突然変異遺伝子をもっていることが分かっている受精卵を、発育の初期に除去するかのどちらかになると思われる。とくに染色体異常を含む受精卵を発育させないのは、その個体自身にとっても社会全体にとっても、好ましいことと考えられる。ごく最近になって、いわゆる羊水検査の方法によって、染色体異常を出生前に検出し、妊娠中絶によって除去することができるようになったのは、明るいニュースであろう。アメリカの遺伝学者ベントリー・グラス……は「健康で生まれることは、各人が教育を受ける権利をもつと同じように、ひとつの基本的人権と考えられるときがくるであろう」と言っている。

健康である（健康に生まれる）ことは、「君の義務である」（ヒトラー）という言説と、「君の権利である」（グラス）という言説は一見正反対のように見えるが、ともに「優生思想＝優生学」を健康である（健康に生まれる）ために利用することを肯定している点で通底しているのである。実際、Ｒ・ニクソンの時代に、アメリカの一七州で制定された鎌型血球病のスクリーニング法が、ナチズムに酷似した人種差別的な優生政策を反映したものであるとして、厳しく批判されたことが想起されなくてはならないであろう。

二　環境をめぐって――人間疎外の歴史②

既述のように、「優生思想＝優生学」からする先天性身体障害児の「発生予防」では、催奇性物質の除去によって障害の発生を予防する「一次予防」が重視されていたが、このことは「優生」の問題地平と「環境」のそれとが融合しうることを物語っている。

この観点から、ダウン症の娘をもつ生物学者の最首悟が、「公害反対運動（環境保護運動）と障害者運動はどこで共通の根をもちうるかという問題」を提起していることが注目される。[26] すなわち、最首は、環境ホルモンの生殖に与える危険性やダイオキシン等の環境汚染物質の催奇形性が喧伝される以前から、いわゆる公害反対運動（環境保護運動）は、「（五体満足でありたい、いやあった筈だという思いに支えられているゆえに）心身ともに健康な人間像を基準」としているのに対して、障害者運動は、「障害者は〝生きるに値する〟人間であることを主張する運動」＝「障害者解放運動」であるべきであるが、「（公害運動が公害をなくす運動であることから誤って類推されて）障害者をなくす運動」と捉えられてしまう可能性があることに注意を喚起していた。この公害反対運動と障害者解放運動の緊張関係は、環境保護に関心をもつ「健常者」＝「有利な立場の多数者」が、先天性身体障害者にとって「悪意なき権力者」となりうることを意味している。例えば、栗原彬は、多数者の主観的な善意が権力志向に転じていく現象に注目し、次のように言う。[27] 今日の市民運動で生命に関わりのないものはほとんどないが、「（反原発運動・ゴルフ場建設反対運動・反農薬運動・食品添加物や合成洗剤の追放運動などは）いずれも生命の安全を求める運動であり、しばしば反対の理由として『奇形が生まれる』とか『障害が発生しやすい』ことが『産む性』の立場からあげられる」けれども、それは、「その運動に障害児が加わっていれば、あなたは本当は生まれない方がよかった、生まれてきてはいけない存在だったのだ、と親や仲間の市民たちから告げられたに等しい」と。この心やさしい市民たちが先天性身体障害者にとっては自分を排除する権力者になる危険性は、柴谷篤弘が指摘する、「障害の原因を身体的な困難にしぼり、その生成の原因を環境汚染にもとめる、一方的な視点のもつ危険性」と正確に対応する。(28) つまり、「(障害者が苦しむ社会的な差別は、障害者の排除・除去を暗々裡の同意事項としているゆえに) 遺伝的障害の原因となる突然変異や、後天的障害の原因となる環境汚染をとりのぞき、それから身を護ろうとする、環境(保護)運動、農と食の運動、反原発・反核平和運動は、手ばなしで放置すれば、障害者差別運動となりかねない」のである。したがって、有吉の『複合汚染』にも明確に見出される多数者の善意の環境保護運動が障害者差別運動に転化することを「手ばなしで放置しない」ために、栗原は、環境基本法や環境保護に関わる市民運動の「理念や目的を社会的ハンディキャップを負っている人々や少数者の視座から問い直す」ことの重要性を強調するのだ。

○環境基本法

第一条　この法律は、環境の保全について、基本理念を定め、……環境の保全に関する施策を総合的かつ計画的に推進し、もって現在及び将来の国民の健康で文化的な生活の確保に寄与するとともに人類の福祉に貢献することを目的とする。

第三条　環境の保全は、環境を健全で恵み豊かなものとして維持することが人間の健康で文化的な生活に欠くことのできないものであること及び生態系が微妙な均衡を保つことによって成り立っており人類の存続の基盤である限りある環境が、人間の活動による環境への負荷によって損なわれるおそれが生じてきていることにかんがみ、現在及び将来の世代の人間が健全で恵み豊かな環境の恵沢を享受するとともに人類の存続の基盤である環境が将来にわたって維持されるように適切に行われなければならない。

既述の二冊の高等学校「保健体育」教科書が、「次の世代の国民に、肉体的にも精神的にもよりすぐれた民族的素質を伝えてゆくこと……」および「われわれの子孫に不良な遺伝子を残さないようにすること……」と記していた事実からも明らかなように、「優生」は、Ⅱ系列の「われわれ＝われらⅡ」―「かれらⅡⓑ」関係に定位している。また、環境基本法が「将来の国民の健康で文化的な生活の確保に寄与する……」および「将来の世代の人間が健全で恵み豊かな環境の恵沢を享受する……」としている事実から確認できるように、「環境」も、Ⅱ系列の「われわれ＝われらⅡ」―「かれらⅡⓑ」関係に定位している。そして、両者は、「かれらⅡⓑ」＝将来世代に属する人間の中に「生まれて来てはならない存在」＝「かれらⅡⓑ」が含まれている点で共通している。すなわち、桑子敏雄が「ひとびとの不安感を刺激する」と言う先天性身体障害者は、優生保護の観点から「(有害遺伝子をもつゆえに) 生まれて来てはならない存在」であると同時に、環境保護の観点から「(環境汚染のバロメーターであるゆえに) 生まれて来てはならない存在」なのである。

優生思想家の池田林儀は、遺伝のみに重点を置く狭義の優生学と並んで、社会秩序や教育などの環境面を重視するいわゆる優境学をも含んだ広義の優生学の重要性を主張した[29]。優境学は、保健・衛生・予防医学・体操・精神修養などを主題とするが、もし池田が様々な地球環境問題の重要性を認識しうる立場にいたならば、その主題に「地球環境保全」を含めたであろうことは十分に考えられるのである。優境学のような「優生」と「環境」の結びつきが、「かれらⅡⓑ」＝将来世代に属する人間の中に「生まれて来てはならない存在」＝「かれらⅡⓑⓑ」をつくり出すことは、稲場紀久雄編『環境ホルモンと経済社会』からも確認される[30]。稲場らは、四肢に様々な先天性障害をもつ奇形ザルの写真を数多く示すことで環境ホルモンがもつ人間にとっての危険性を鋭く警告する。そして、その「まとめ」では、先天性四肢障害児父母の会が出したパンフレットの一文「今こそ――この子供たちに深いまなざしを――手足の奇形はサルだけの問題ではない――私たちは恐れます。悲しみを背負った子供たちが今以上に増えることを……」を紹介した上で、一九八五年に刊行された絵本『さっちゃんのまほうのて』[31]から次のような箇所を引用するのである。

「おかあさん　さちこのては　どうして　みんなとちがうの?／どうして　みんなみたいに　ゆびがないの?　どうしてなの」／お母さんは　胸がいっぱいになって、さっちゃんをギュッとだきしめて説明します。でも、さっちゃんは、お母さんの説明の後でこう尋ねるのです。／「しょうがくせいに　なったら、さっちゃんのゆび、みんなみたいに　はえてくる?」／お母さんは、思い切って答えます。でもさっちゃんは納得できません。／「いやだ、いやだ、こんなていやだ」。

そして、「お母さんの、そしてさっちゃんの悲しみが伝わってきませんか」と読者に問いかけるのである。ここには、まさに「悲しみを背負った子供たちが今以上に増えることへの恐れ」に共鳴する視座から、先天性身体障害者を「環境汚染のバロメーター」＝「生まれて来てはならない存在」と見なす善意の科学者・市民の姿が確認されよう。有吉佐和子の『複合汚染』で紹介された吉武輝子の演説も、先天性身体障害者を環境汚染のバロメーターと見なすものであった。先天性四肢障害児父母の会のメンバーとも親しい福本英子は、先天異常モニタリング・センターの所長（当時）を務めるカナダ人の遺伝学者J・ミラーが「サーベイランス・システム」を「新しい奇形の出現または既にある奇形の増加を指標にして、環境に導入された催奇形物質を素早く発見し、警報を発するための監視システム」と定義づけたことを示した上で、日本の「先天異常モニタリング・システム」が、障害児発生の「二次予防」を重視するものの、環境汚染と関わる「一次予防」が注目されていないことに不満を表明している。「環境はきれいにぬけ落ちているのである」[32]——このように嘆く福本にとって、先天性身体障害者は有効かつ適切な「一次予防」をするための貴重な環境汚染のバロメーターなのである。

ところが、『さっちゃんのまほうのて』の著者である野辺明子は、一時は福本と協力関係にあったが、後に先天性身体障害者を環境汚染のバロメーターとみることの危険性に気づき、一九九六年の時点で、次のように反省している。[33]

環境保護グループや消費者グループを中心とする「いのちと暮らしを守る」運動の中で時に語られたのが「先天異常児や奇形児が生まれると大変」という危機感であった。合成洗剤に催奇形性が、原発が一度事故を起こせば流産・死産・奇形児が急増、農作物自由化に伴うポスト・ハーベストでこれだけの健康被害が、といった〝正義の告発〟が時に障害者を社会から排除する力となって機能することに気づいたのも障害者たちであった。障害児が生まれたらどうしよう……、という一般消費者の漠然とした不安感をあおることで環境保護や食品や農作物の保護を訴えるのは、結局のところ障害者の存在そのものを忌避し否定する発想からきているのである。……環境汚染のバロメーターや、汚染のつけのサンプルとして無神経に引き合いに出されるのはいやだ、私は私の手が好きだ、と父母の会で最初に発言したのは小学生の少女であった。親たちが先天性四肢障害の問題を一般社会にアピールするために全国各地で「奇形ザル」の写真展を開催していた時である。「人類への警告」の統一テーマでニホンザルに急増している手足の欠損の現象と子どもたちの現実を訴えようとシンポジウムや写真展を開き、その会場にサルと子どもたちの写真を展示したことへの子どもたちからの抗議だった。「異常児」だとか「かわいそうな子」と他人から言われるのはいやだ、という子どもの言葉に私はハッとした。問題提起を急ぐあまり、みんなとはちがう形の手や足であっても一人のかわいい子どもとして存在している彼らへの配慮を欠いた運動を親たちはしてしまったからである。

「私は私の手が好きだ」と語る一人の少女の訴え。それは、身体の奇形を人格の欠陥の表われと見る「生―政治」上の否定的障害者観――野辺は「たまたま絶対的多数の人間が五本の指の手足をしているために、それが〝正常〟とされているにすぎません。しかし残念なことに五本以外の指の手や足はあたかも怪獣のそれかのように異常視され、蔑視されてきました。たまたまそういう特徴のある体をもった人間は〝かたわ〟だとか〝不具〟だといわれ、人格までが貶しめられてきた歴史があり、それそこが私たちを取り巻く社会なのです」と言う(34)――と「有利な立場の多数者」による環境保護のための〝正義の告発〟の結合が、障害者の存在そのものの否定へと至ることを鋭くついているのである。

環境基本法がⅡ系列の「われわれ＝われらⅡ」―「かれらⅡⓑ」関係に定位している以上、その「かれらⅡⓑ」＝将来世代に属する人間からこの少女のような存在を「かれらⅡⓑⓑ」として排除することのないように、環境基本法の理念そのものを、この少女の視座から問い直す必要があるのである。

これまであまり注目されずにきた「優生」と「環境」の結びつきを明らかにしたのは、R・カショーリ＝A・

ガスパリの著書『環境活動家たちの嘘』である。[35] 環境問題の中で最重要なものの一つは、P・R・エーリックの言う「人口爆弾」が爆発すること、すなわち地球環境破壊の要因となるに至ったアジア・アフリカ諸国などにおける人口の爆発的増加である。[36] そのため、M・サンガーが唱えた産児制限が「優生」と「環境」の両面から求められたのである。サンガーは、「ウサギのように殖える貧民街の住人たちが自分たちの居住区や国から溢れ出て、社会のヨリ優れた人間たちに病気や劣等な遺伝子をうつす」危険性に警告を発したが、ここで言う「貧民街の住人」を「アジア・アフリカの有色人種」、「ヨリ優れた人間」を「欧米の白人種」に読み替えることは容易である。G・ハーディンの有名な「救急ボート倫理」――「アメリカ合衆国」＝「(適当な人員が乗船している) 救命ボート①」と「アジア・アフリカ諸国」＝「(定員オーバーの人員で大変に混み合っている) 救命ボート②」がある場合、「救命ボート②」から転落して溺れながら「救命ボート①」に乗船することを願っている人々を、「アメリカ合衆国」＝「救命ボート①」は拒否することができるという倫理――は、その読み替えが可能なことを証明している。[37]

カショーリ＝ガスパリによれば、優生運動と環境保護運動が結合する理由は、「人種改良」と「資源の有限性」という観点から両者が目標を共有しているからである。反グローバリズムの論客スーザン・ジョージが仮想的に描いた、アジア・アフリカ諸国の「悪質で余分な人々」を減らすことを目標とする『ルガノ秘密報告』[38] にディープ・エコロジストの見解が引用されていることが示唆するように、アメリカ家族計画連盟などの家族計画団体とシエラ・クラブなどの環境保護団体は、優生思想を背景に連携して人口増加抑止を働きかけることになる。

ここから、環境思想家の多くが「人間嫌い」である理由を説明することができる。M・ブクチンによれば、環境破壊の様々な事例を展示するニューヨーク自然史博物館の環境問題のコーナーには、「地球上で最も恐ろしい動物」という説明板が置かれていた。そこには大型の鏡のみが据えられていたが、入館者が鏡に映る自分の姿を覗き込むことで「地球上で最も恐ろしい動物」＝「人間」を確認できるという仕掛けになっていたのである。[39]ここから、「植物や動物を救うために人類は完全に消滅しなければならない」と主張する「自発的人類滅亡運動」までの距離は遠くない。

また、「ガイア仮説」で有名なJ・ラヴロックは、「環境にまつわる問題の根本は、人口の増加に対する制約が欠落していたことにある」という観点から「地球上の人間たちは、ある意味で癌細胞のような病原体となってしまった」と語り、反グローバリズムの思想史学者であるJ・グレーは、「人類はあまりに殖えすぎて、地球にとって人類の存在自体が〝ヒト蔓延病〟という病気になってしまった」とすら述べているのである。環境問題に関心の深い英国のエジンバラ公フィリップも、「もし生まれ変わることができるなら、致命的なウィルスになって人口過剰を解消したい」とまで語っている。[40]

実際、致命的なウィルスへの期待は、著名な環境思想家によっても表明されている。例えば、A・スロピーは『アース・ファースト！』に寄稿した論文で、「この惑星上に多様性を持ったエコシステムが存続できるという望みが本当にあるとすれば、それは唯一人間の数が大幅に減少する場合である、ということを私は自明な公理であると考える。もしエイズの流行がないならば、ラディカルな環境主義者はエイズを発明しなければならないだろう」と記しているのである。二〇世紀の初め、優生思想家のJ・B・ヘイクラフトは、「伝染病とアルコールの害は、劣等者たちを除去するための有益な選択要因である」と述べ、「結核菌はわれわれ人類の友である」とまで極言していた。海野幸徳も、逆淘汰をもたらす戦争による選択と異なり、病気による選択は「人間にとって有益な淘汰である」と論じていたのである。前記の『ルガノ秘密報告』は、地球環境悪化の原因となる人口増加を食い止めるための「恩恵としての災い」として、征服・戦争・飢饉・疾病を挙げている。とくに最後の疾病については、「人口削減手段として数多くの利点」をもつ結核の復権や、「主に『南』において死亡率の上昇に並外れた貢献」をなしつつあるエイズの流行が肯定的に言及されている。いわく、

私たちは、エイズは人口削減戦略のカギを握るだけでなく、〈生―政治〉の焦点を、所定の住民の統計的な幸福から、望ましくない下層階級の排除へとシフトさせていく上でも、重要な要因になると考えている。「統治者」は下層階級に属する個々人の身体などにかかずらう必要などない。ほかでもない彼（女）らの性欲が、もっとも費用対効果の高い方法で彼（女）らに死刑を宣告してくれるのだ。……最下層の人々に対する同情は、マザー・テレサが示したように確かに美徳かもしれない。だが、それは、あくまでヒロイックな行為にすぎない。幸い、政治家と名のつく人間は、ほとんど誰もヒーローになろうなどとは思ってもいないのである。

この仮想された『ルガノ秘密報告』の文章を媒介として、結核を味方と見なしたヘイクラフトの優生思想は、エイズを味方と考えたスロピーの環境思想と容易に接合してしまうのである(41)。ヘイクラフトにとってもスロピーにとっても、結核やエイズは「災い」であるかもしれないが、「出来の悪い」人間の人口増加を憂える観点からは同時に「恩恵」でもあるわけである。それゆえ、環境倫理学の唱える地球全体主義の主張には、「人間嫌い」という重大な落とし穴があった。そして、現在、エイズに最も苦しめられているのは、貧しいアジア・アフリカ諸国の人々である。

人口増加問題に関する悲観論者の代表であるエーリックらと明確に対立する楽観論者のカショーリ＝ガスパリ

は、マラリアについても次のように指摘する。「（ＤＤＴを禁止すればマラリアの蔓延などで大量の死者が出るかもしれないが）人間はあまりに多すぎるから、もっと少なくなるべきであるゆえに、ＤＤＴ禁止はちょうど都合がよいのだ」云々と環境思想家のCh・ウースターは語っている。それに対して、人種平等会議のＮ・イニスは、「（ＤＤＴ禁止はマラリアで苦しむ人々を見捨ててしまうことになるから）人間の生命よりもウィルス（細菌・原虫）の生命のほうが大事にしているのではないかと、思ってしまう」と抗議している。ＤＤＴを禁止していわゆる「沈黙の春」が訪れることを防止すべきなのか、それともＤＤＴを使用してハマダラ蚊を駆除しマラリアで死亡する人々を減少させるべきなのか、をめぐって、環境思想家と人種平等会議の思想家が真正面から対立している事実は象徴的な意味をもつ。エイズの場合と同様、マラリアで苦しめられるのも、白人に差別され続けてきたアジア・アフリカ諸国の人々なのだから。世界自然保護基金（ＷＷＦ）は、さすがにエイズウィルス・結核菌・マラリア原虫を「味方」あるいは「恩恵」とまで呼ぶことはないが、それでも「劣っている」人々の人口を削減することが必要であると明言している。[42]

野生動物に大きな関心があるといいながら、世界自然保護基金（ＷＷＦ）は人口増加を抑制するためのプロパガンダに傾注してきた。ＷＷＦが「ＷＷＦの歴史で最も重要な人物の一人」と認めるＪ・ハクスリー卿は一九四〇年には安楽死協会の理事を、一九六九年から一九七〇年までは人工妊娠中絶法改正協会の副会長をつとめた人物だ。人口増加に対して強迫観念にも似た危機感を抱き、「現代の最も深刻な問題」だと公言していたハクスリーは選択的妊娠・出産の必要性を主張していた。一九三七年から一九四四年まではイギリスの優生学協会の副会長をつとめ、設立メンバーの一人としてＷＷＦを立ち上げた一九六一年には優生学協会の会長だった。ＷＷＦにとって、人口増加はつねに最大の環境問題だった。

「優生」と「環境」が結びついた地点から、「生まれて来てはならない存在」として人工妊娠中絶の対象とされるのは、欧米の白色人種に対して「劣っている」アジア・アフリカの有色人種であり、健常者に対して「劣っている」先天性身体障害者であることは自明である。スロピーやウースターらの思想がしばしばエコ・ファシズムと呼ばれることも、納得できよう。

バチカン教皇庁のスポークスマンと言うべきカショーリ＝ガスパリと同様、人工妊娠中絶に批判的なカトリックのJ・ヨンパルトは、「プロ・チョイス」ではなく「プロ・ライフ」の立場を明確に支持しつつ、優生保護法について次のように論じる。(43)「人間の尊厳を基準にしないで、生まれてくる子供をその健康状態によって差別する法律」である優生保護法は、「優生上の見地から不良な子孫の出生を防止する（ことを）目的とする」と明記している。したがって、「（優生保護法の）目的に潜んでいる価値観は、生まれてくる子供の中には、『不良な子孫』と、そうでない、すなわち『健康な子孫』があるという事実をもとにして、後者には生まれる権利が認められるが、前者には認められないというものであり、これを毀滅するために『合法的な』手段が与えられているのである。その手段をとるかどうかは国民に任せられており、この点でナチ時代のドイツにあった同種の法律とは異なっているが（ナチ時代には、このような生命は国家権力によって強制的に毀滅された）、優生保護法の目的は同様の価値観を前提にするもの」と言える、と。

優生保護法は、「カリフォルニア州断種法（一九一七年）→ナチス断種法（一九三三年）→国民優生法（一九四〇年）→優生保護法（一九四八年）」という継承関係を有するが、優生思想とファシズムの関係をとくに重視する藤野豊は次のように指摘する。

優生思想はナショナリズムと表裏一体の関係にある。したがって、ナショナリズムの持つ排他性が極度に高まったファシズム国家では、政策の多方面に反映した。戦後の占領下、復興を急ぐナショナリズムは優生思想の存在を許容した。そして、戦後の優生思想はさらに「母性保護」とか「生殖操作」という格好の隠れ蓑を得た。「戦後民主主義」は女性の「母性」には寛容であったが、病者・障害者には厳しかったのである。その厳しさの底流に、ナチズムや日本ファシズムにおいて明確にされた〝生存に値する生命〟と〝生存に値しない生命〟という価値判断がある。[44]

ここで、「Ｔ４作戦」を展開したナチスの宣伝相Ｐ・Ｊ・ゲッベルスが、障害者の安楽死についての「最良のプロパガンダは間接的に機能する」と考えて、「耳も聞こえず、話もできず、白痴になったハナでは絶対いや」という映画の登場人物である一女性（ハナ）の訴えをかりて「（多発性硬化症に罹った）ハナの自己決定を反転させるかたちで、自分たちの実施している安楽死計画を正当化すること」を試みた事実を想起しよう。市野川容孝の示唆するように、「生―権力」による「死の中への廃棄」すなわち「生命を死という重力へ投げ返す」仕方は「自然なかたち」で実行されなければならず、個人の自己決定が「身体／生命を語る一つの重要な文法」になってしまっている現在、障害者差別の枠組がもたらす言説空間から逃れられない母親に、「出生前診断」および「選択的人工妊娠中絶」の責任が「自己決定権」という「自然」ないし「常識」の名によって、「有利な立場の多数者」にとって最も都合のよい反転されたかたちで負わされる現実が存在している。[45] だからこそ、鵜飼哲は、「ナチズムの悪」ということが語られるが、「ナチスの発明したテクニックは、戦後ぜんぶが日本社会で使われている」と指摘しているのだ。(46)

それゆえ、市野川も、「優生」とファシズムの関連を強調する藤野とは異なり、「ヒトラーと結びつけられるとき、優生学は自動的に戦争、人種差別、そして国家主義といったものとの観念連合に入れられてきたが、この観念連合そのものが実は優生学の正確な理解を妨げてきた」と強調し、スイスの精神科医A・フォーレルが、反戦・平和の立場から、「戦争を行なう国民のうち健康な男性が戦場で死ぬよう定められ、一三〇〇万人の死者という途方もない血の犠牲が払われた一方で、戦闘の役にも立たず、したがって生殖にも不適切な人間は、性的な競争も全くなしに故郷にとどまった」と論じていることに注意を促している。すなわち、フォーレルは、いわゆる富国強兵を目指した優生学者の永井潜が敗戦後に示した曖昧な態度とは異なり、確信的な平和主義者としての明確な意思から、「戦争というものは、兵役検査によって選りすぐられた健康な男性を大量に死に追いやる一方で、戦闘の役にも立たない『無価値者』の人口比率を逆に高めるだけのもの、すなわち『淘汰』ではなく『逆淘汰』をもたらすものだ」という論拠を、彼の戦争反対の議論に援用したのである。(47)

このことは、日本国憲法の下でも、「優生」がタブーとされていなかった事情を説明する。市野川は、一九九六年まで効力を有していたガイドライン「優生保護法の施行について」から、「審査を用件とする優生手術（＝医師の申請にもとづき、その可否を都道府県の優生保護審査会が決定する不妊手術）は、本人の意思に反してもこれを行うことができるものであること。……この場合に許される強制の方法は……真にやむを得ない限度において身体の拘束、麻酔薬施用又は欺罔等の手段を用いることも許される場合があると解しても差し支えないこと」という一節を引用した上で、現実に、「お腹の病気」と偽って、「本人の同意もなしに不妊手術がおこなわれていた」ことを強調している。藤野豊は、「『優生保護法』のもと、母体保護の面に隠されて病者・障害者への断種は継続された」が、そのことは戦後民主主義が「女性の『母性』には寛容であったが、病者・障害者には厳しかった」ことを意味すると指摘したが、市野川はヨリ率直に、「優生政策は憲法第九条と何ら矛盾しないばかりか、むしろそれと密接に連動しながら本格化していったとさえ言えるであろう」と論じているのである(49)。

遺伝子改造を試みる新優生学が登場するに至った現在(50)だからこそ、そして地球環境保護の必要が声高に唱えられるに至った現在だからこそ、ファシズムとエコ・ファシズムが結合することの誘惑に抗して、米本昌平の指摘するように、「病者が病者として生きる権利」や「障害者が障害者であり続ける権利」が基本的人権として確立されなければならないのである(51)。ここで注目されるのは、日本ダウン症協会編『ようこそダウン症の赤ちゃん』で「生きる幸せは百人百色である」というメッセージが示され(52)、サリドマイド児の会のアンケート調査で「六〇％のサリドマイド児が、自分が不自由だとも、自分を障害者だとも思っていない」事実が明らかとなったことである(52)。サリドマイド児の多くも、「私は私の手が好きだ」と語っているのである。

先天性身体障害者や知的障害者が深刻な疎外状況＝人権侵害状況に置かれていた原因の一つは、「優生」と「環境」をめぐるコミュニケーションの「歪み」にあったのである。

三　コミュニケーションの「歪み」の諸相

〈明晰性要件〉違反

環境基本法は、同法に言う「環境の保全」が、「『（優生上の見地から先天性身体障害者等の不良な子孫が生まれて来ないような）良好な環境の保全』を意味する」のか、それとも「『（先天性身体障害者等も可能な限り健常者と同様に恵み豊かな恵沢を享受できるような）良好な環境の保全』を意味する」のか、つまり「健康で文化的な生活の確保」が図られるべき「現在および将来の国民」に、「先天性身体障害者等は含まれない」のか、それとも「先天性身体障害者等も含まれる」のか明らかでないから、「明晰性要件」違反である。

〈服従可能性要件〉違反

優生保護法は、「（生まれる権利が認められない）先天性身体障害者等の不良な人間」と「（生まれる権利が認められる）身体的・精神的に健康な人間」を差別する価値前提をもつゆえに、現実に生存・生活している先天性身体障害者等に、「あなたは法律に言う出生が防止されるべき『不良な』存在であるから『本当は生まれて来ない方がよかった』あるいは『本当は生まれて来てはいけない存在だった』」と日本政府が宣言するものであるから、先天性障害者等にとって、「服従可能性要件」違反である。

〈態度随伴条件〉違反

日本国憲法第一四条に関して「すべての国民は差別されないことを宣言する」という自己の行為を拘束する言語行為の遂行について、日本政府は優生保護法を長く改廃せずにきたゆえに、「『障害者差別の禁止を宣言する』という言語行為の遂行者は、差別を禁止する意図や考えを実際にもっていなければならない」という「態度随伴条件」に違反しているし、「当該言語行為の遂行者は、その後も引き続き、その『禁止宣言』に合致した行動をとらなければならない」という「履行条件」をも充たしていない。

〈ズ　レ〉

環境基本法は、「明晰性要件」違反であったが、その明示命題は「現在および将来の人間が健全で恵み豊かな環境の恵沢を享受するとともに人類の存続の基盤である環境が将来にわたって維持されなければならない」という何人も反対することができない美しい理念であると言えよう。しかし、優生保護法の価値前提と関連づけるならばその明示命題は背後に退き、逆に厚生省のすすめる「先天異常モニタリングに関する研究」等を媒介として、「（先天性身体障害児等の不良な子孫が出生することのないように）良き環境が将来にわたって維持されなければならない」という黙示命題が（とくに聞き手である先天性身体障害者等に対して）前面に表われることになった。かくして、環境基本法に関して、これまで日本政府（および健常者）が半ば無意識裡に有していたにもかかわらず、隠蔽されてきた先天性身体障害者等に対する差別的・抑圧的意図が顕在化するに至ったが、それは環境保護と先天性身体障害者等をめぐって「ズレ」が生じたことを意味する。この「ズレ」が「自己欺瞞」を生むこと、すなわち「環境保護運動に携わる人々の主観的善意が、先天性身体障害者等の排除という権力志向に転じていくこと」を断ち切るために、「障害者でいる権利」や「病者である権利」を承認した上で、「環境保護法や環境保護運動の理念や目的を、先天性身体障害者等の社会的ハンディキャップを負っている人々の視座から問い直すことが求められている」のである。

（１）有吉佐和子『複合汚染・上』（新潮社、一九七五年）二七頁以下。
（２）住吉雅美「差別をめぐる法思想」竹下賢ほか編『トピック・法思想』（法律文化社、二〇〇〇年）所収八頁。「奇型学＝怪物学」のルーツとなったアリストテレスの思想については、松尾智『歴史と文化に見る身体障害者』（明石書店、二〇〇〇年）

九六頁以下、アリストテレスの「本質主義」を否定したJ・ロックの「奇型学＝怪物学」については、菅野盾樹『我、ものに逢う』（新曜社、一九八三年）第七章、同『いのちの接近法』（新曜社、一九九五年）二三頁以下が詳しい。

（3）市野川容孝「優生思想の系譜」石川准ほか編『障害学への招待』（明石書店、一九九三年）所収一二七頁。なお、米本昌平ほか『優生学と人間社会』（講談社、二〇〇〇年）も参照。

（4）桑子敏雄「環境的公共性の理念形成」佐々木毅ほか編『公共哲学9・地球環境と公共性』（東京大学出版会、二〇〇二年）二八三頁以下。

（5）福沢諭吉の優生思想については、鈴木善次『日本の優生学』（三共出版、一九八三年）二七頁以下。

（6）同右書・三二頁以下。

（7）E・クレー『第三帝国と安楽死』松下正明監訳（批評社、一九九九年）一三頁以下、K. Nowak, *"Euthanasie" und Sterilisierung im "Dritten Reich"*. 2. Aufl. Vandenhoeck, 1980, S. 19–21. なお、D・J・ケヴルズ「優生学の名のもとに」西俣総平訳（朝日新聞社、一九九三年）、B・アップルヤード『優生学の復活』山下篤子訳（毎日新聞社、一九九九年）、鈴木善次「進化思想と優生学」柴谷篤弘ほか編『講座・進化2』（東京大学出版会、一九九一年）所収も参照。

（8）小畑清剛『近代日本とマイノリティの〈生―政治学〉』（ナカニシヤ出版、二〇〇七年）第一章参照。

（9）（10）後藤龍吉や池田林儀の優生思想については、藤野豊『日本ファシズムと優生思想』（かもがわ出版、一九九八年）参照。

（11）藤目ゆき『性の歴史学』（不二出版、一九九七年）参照。

（12）生瀬克己『「障害」にころされた人びと』（千書房、一九九三年）三二頁。

（13）若桑みどり『戦争がつくる女性像』（筑摩書房、二〇〇〇年）七七頁以下。

（14）松原洋子「日本――戦後の優生保護法という名の断種法」米本ほか・注（3）一六九頁以下。

（15）同右論文・一八八頁。

（16）同右論文・一九四頁以下。

（17）福本英子『危機の遺伝子』（技術と人間、一九八二年）一八〇頁以下。

（18）松原・注（14）二〇六－二〇七頁。

（19）木田盈四郎『先天異常の医学』（中央公論社、一九八二年）二〇四頁。国立遺伝研究員を経て、東京医科歯科大学教授となった田中克己は、『結婚の遺伝学』（講談社、一九六八年）において、「婚約を前にして、相手方の先祖や親類をどの範囲まで調査すればよいか、という質問をしばしば受ける。もちろん、できるだけ広い範囲にわたって、くわしく調べるのに越したことはない。くわしければくわしいほど、見落としの危険は小さくなる。……せめて親、きょうだい、祖父母、おじ・おば、おい・めいまではぜひ調べたいものである。この範囲になにか気がかりな異常でも見つかったならば、さらに調査の手をひろげることにする。……世の中には、結婚の相手方のおもわくを考えて、調査をためらう人が少なくないが、これはとんでもない間違いである。イヌを飼うときでさえ、血統書のついた、ゆいしょ正しいものを手に入れる人が多い。まして一生涯をともにし、子孫にとって共通の先祖となるべき配偶者をきめるときに、調査をロクにしないというのでは、かえって相手に失礼になると、私は思う。少しも遠慮する必要はないのである」と語っている。教科書の記述の背景には、田中のような遺伝学者の見解が反映されている。

(20)　A・カレル『人間　この未知なるもの』渡部昇一訳（三笠書房、一九八〇年）第八章。
(21)　A・ヒトラー『わが闘争』平野一郎ほか訳（黎明書房、一九六一年）四二頁以下。
(22)　渡部昇一「古語俗解19・神聖な義務」『週刊文春』一九八〇年十月二日号所収。
(23)　木田・注(19)一九九－二〇〇頁。
(24)　大西巨人『大西巨人文選3・錯節』（みすず書房、一九九六年）一五一頁以下。
(25)　木村資生『生物進化を考える』（岩波書店、一九八八年）二七〇頁以下。
(26)　最首悟『生あるものは皆この海に染まり』（新曜社、一九八四年）七五頁以下。
(27)　栗原彬『人生のドラマトゥルギー』（岩波書店、一九八四年）一五二頁。
(28)　柴谷篤弘『反差別論』（明石書店、一九八九年）一六二頁。
(29)　鈴木・注(5)一一四頁以下。
(30)　稲場紀久雄編『環境ホルモンと経済社会』（法律文化社、一九九九年）参照。
(31)　野辺明子ほか『さっちゃんのまほうのて』（偕成社、一九八五年）。
(32)　福本・注(17)一九四頁。
(33)・(34)　野辺明子「障害をめぐる差別構造」栗原彬編『講座・差別の社会学2・日本社会の差別構造』（弘文堂、一九九六年）所収二六五頁以下。身体の奇形と人格の欠陥を等置する否定的障害者観は、女風呂の「のぞき」を犯した「出歯亀」についての次のような言説からも確認される。「出歯亀事件に際して、各種の新聞記事が亀太郎をどう伝えているかを見ると、彼の身体的特徴に不自然なほど大きな興味を示しているのがわかる。そして、それは、彼が『凶悪な面相』をしていたということに集中し、『出歯』はその重要な一部をなしている。……〔一九〇九年四月六日付けの読売新聞の記事では〕ご丁寧に『赤い唇から二枚の黄ばんだ歯が』というところをゴシック体にして強調している。まさに、モンスターである。……出歯亀は異常者そのものであり、そのことは彼の奇形によって決定づけられる」。ヨコタ村上孝之『性のプロトコル』（新曜社、一九九七年）一五二－一五三頁。読売新聞の報道に否定的障害者観が反映していることは明白であるが、その記事について「まさに、モンスターである」とか「彼の奇形によって決定づけられる」云々と分析しているヨコタ村上の視線も否定的障害者観を受容することに、それほど抵抗しているとは思われない。「出歯」はたしかに身体的特徴の一つではあるが、「奇形」ではない。それをC・ロンブローゾやR・クラフト＝エービングと関連づけながら「奇形」とか「モンスター」とかいうような負の価値を帯びた言葉で解説しているところに、ヨコタ村上が無意識裡に否定的障害者観を受容してしまっている証拠がある。また、最近注目を集めつつある、「国家悪」を告発した思想家の大熊信行に、サリドマイド児との関係で明確に否定的障害者観が見られることについて、小畑清剛『法の道徳性』（勁草書房、二〇〇〇年）を参照。ヨコタ村上や大熊によれば、「犯罪者」や「変態性欲者」という「人格的（道徳的）にアブノーマルなもの＝異例」は、「先天性身体障害者」＝「奇形」＝「身体的にアブノーマルなもの＝異例」であるから、まさに「怪物」＝「モンスター」そのものであるという観念連合が成立するのは当然なのである。そのような「怪物」＝「モンスター」は、もちろん「生まれて来てはいけない存在」であるが、そのような価値判断を、「悪意なき権力者」となった環境保護運動に携わる善意の市民たちが支えてしまうのである。

(35) R・カショーリ＝A・ガスパリ『環境活動家のウソ八百』草皆伸子訳（洋泉社、二〇〇八年）。

(36) P. Ehrlich, *The Population Bomb*, Ballantine, 1968.

(37) G. Hardin, Living on a Lifeboat, *BioScience* 24.

(38) S・ジョージ『ルガノ秘密報告　グローバル市場経済生き残り戦略』毛利良一ほか訳（朝日新聞社、二〇〇〇年）。

(39) M・ブクチン『エコロジーと社会』戸田清ほか訳（白水社、一九九六年）三〇頁。

(40) J・ラヴロック『ガイアの復讐』竹村健一訳（中央公論新社、二〇〇六年）二一九頁以下、カショーリ＝ガスパリ・注(35)二一〇頁以下。

(41) A・スロピーに関して、C・マーチャント『ラディカル・エコロジー』川本隆史ほか訳（産業図書、一九九四年）二三七頁。なお、ジョージ・注(38)一二二頁以下も参照。
(42) カショーリ＝ガスパリ・注(35)二四八頁。
(43) J・ヨンパルト『刑法の七不思議』(成文堂、一九八七年)二一三頁。
(44) 藤野・注(9)四五九頁。
(45) 市野川容孝『身体／生命』(岩波書店、二〇〇〇年)一一七頁。
(46) 鵜飼哲『償いのアルケオロジー』(河出書房新社、一九九七年)一三〇頁。
(47) 市野川容孝「汚名に塗れた人々」『みすず』四四九号所収一四頁以下。
(48) 藤野・注(9)。
(49) 市野川・注(47)。
(50) 金森修『遺伝子改造』(勁草書房、二〇〇五年)、桜井進『リベラル優生主義と正義』(ナカニシヤ出版、二〇〇七年)参照。
(51) 米本昌平『遺伝管理社会』(弘文堂、一九八九年)。
(52) 日本ダウン症協会『ようこそダウン症の赤ちゃん』(三省堂、一九九九年)。
(53) 大野智也『障害者は、いま』(岩波書店、一九八八年)二一頁。

第8章　ハンセン病患者——「愛国心」をめぐるコミュニケーションの「ズレ」による人間疎外

島比呂志は、一九八〇年に刊行した『奇妙な国』において、次のように記している。(1)

あなたがたは、面積が四十ヘクタールで人口が千余人という、まったく玩具のような小国が、日本列島に存在していることをご存じだろうか。……一国を形成する以上は、厳とした国境があり、出入国管理令に依らざればみだりに出入国はできないし、また憲法や建国の精神というものもあって、国民生活に秩序があることも一般の国家と変わらない。ただ変わるところは、どのような国、つまり資本主義の国にしろ社会主義の国にしろ、すべての国がその目標を発展ということに置いているのに反して、この国では滅亡こそが国家唯一の大理想だということだ。

ハンセン病（元）患者の島比呂志が「奇妙な国」に喩えたのは国立癩療養所である。そして、その「奇妙な国」の国家唯一の大理想である「滅亡」は、その国民の「愛国心」に訴えかけて実現が企てられ続けてきたのである。

一　愛国心をめぐって——人間疎外の歴史

「奇妙な国」＝国立癩療養所に強制隔離される以前、ハンセン病患者たちは、いわゆる「浮浪癩」として日本各地を彷徨していた。その「浮浪癩」と呼ばれた人々が中世から明治時代にかけて多く集合することで有名な場所は、熊本本妙寺（清正公）、金刀比羅宮（香川県）、湊川神社（神戸）、布引の瀧（神戸）、池上本門寺（東京）、浅草寺（東京）、草津温泉、白旗神社（群馬県）などであった。(2)この中で、例えば、彼自身がハンセン病であったという言い伝えの残る加藤清正の菩提寺である本妙寺の集落は、「ハンセン病患者のほかに、様々な理由で共同体を出なければならなかった人たちも行き着いて、ゆるやかな村をつくり、そこには共同に生きるルールのようなもの」が生まれており、「ハンセン病患者がそこで癒される場所だった」といわれる。(3)

しかし、本妙寺が『法華経』を捧持する日蓮宗の寺院であったことは見逃してはならないだろう。『法華経』には、次のような注目すべき一文が存在する。(4)「若し人ありて、これを軽しめ毀りて『汝は狂人なるのみ、空しくこの行を作して終に獲る所なからん』と言わば、かくの如き罪の報は、当に世世に眼なかるべし。若しこれを供養し讃歎する者あらば、当に今世において現の果報を得べし。若し復、この経を受持する者を見て、その過悪を出さば、若しくは実にもあれ、若しくは不実にもあれ、この人は現世に白癩の病を得ん。若しこれを軽笑せば、当に世世に牙・歯は疎き欠げ、醜き唇、平める鼻ありて、手脚は繚れ戻り、眼目は角睞み、身体は臭く穢く、悪しき瘡の膿血あり、水腹・短気、諸の悪しき重病あるべし」——『法華経普賢菩薩勧発品』より。

これは、ハンセン病の症状の記述として「古代から中世にかけて出版されたどの医書に比較してもひけを取らない、優れたものである」と評されているが、⑸その記述のもつ生なましいリアリティゆえに、「浮浪癩」と呼ばれた人々は、中世から近代にかけて『法華経』を捧持する日蓮宗の寺院に多く集まってきたのである。それは、『法華経』を謗った「現報」として「癩」に罹患した（とされる）のであるから、逆に『法華経』を深く信仰・礼讃すれば「癩」も軽快するであろうという悲しき信念によるものであった。したがって、「仏教の因果応報思想はどの程度まで日本人の精神生活に浸透していたのか」という佐竹昭広の問いかけには、⑹少なくとも「乞食」をしながら本妙寺などに集まってきた「癩者」に関しては、「救癩の父」と称された光田健輔や東京帝国大学教授であった太田正雄（木下杢太郎）も認めるように、とりわけ『法華経』について「不幸なことにその魂の最深部まで」と答えなければならないだろう。

「浮浪癩」が本妙寺近辺に集住することの黙認から、一九〇七年に成立した法律「癩予防ニ関スル件」によって「ハンセン病患者」の隔離・取締りへと日本政府の政策が一八〇度転換したのは、いわゆる「内地雑居」の開始やハンナ・リデルおよびマリー・コールによる病院・療養所の設立そしてR・コッホ等による厳しい批判という様々な「外からの視線」が、「浮浪癩」を「日の丸の恥」と見るに至った政治家たちの「愛国心」を強く刺激したからであった。藤野豊によれば、「〔一八九九年〕、欧米列強との新条約が発効し、それまで欧米人が居住を居留地等に限定され、日本国内の旅行も制限されていたことが一変した……。この年から、欧米人も日本国内に自由に住み、国内を自由に旅行することが許された（内地雑居）。そうなれば、ハンセン病患者や『乞食』の姿が欧米人の目にも容易に入る。それは日清戦争に勝利し、列強と肩を並べていこうとする日本にとり、たいへんな国辱となる」⑺。

同年第一三回帝国議会衆議院議事録には、『ニューヨーク・トリビューン』紙の「〔癩患者が路傍を徘徊するのは〕

実に日本の国家的問題である。何となれば、この最も不運な人たちを放棄してこれを顧みないことは、国の名誉に関係があるからである」云々という記事が引用されている。(8) また、回春病院を設立したハンナ・リデルも、次のように回顧して、病院設立の動機を説明している。(9)

ある時、偶然にも、熊本市の付近に一つの寺があって、年々、たくさんの癩患者が地方からここへ巡礼に来るということを聞いた。〔その本妙寺を訪ねると〕かくもうるわしき桜樹の根本に坐して、見るも哀れなる病人が、わき目もふらずに、不断に『法華経』のお題目を唱えているではないか。……既に重態に陥っている病人が、声を限りに救いを呼んでいる。……調査の結果、この国においては癩患者を悲人と卑しみ、精神的にもまた物質的にも、救済および慰安の施設が整っていないことを発見したので、挺身、事に当たるの必要を感じ、ここに決心の臍を固めたのである。

本妙寺の集落が、はたして「(癩者が) 癒される場所」＝「親密圏」であったか、それとも「(癩者にとって) 悲惨な場所」＝「疎外圏」であったかを、問おうとは思わない。ここでは、近代化を西洋列強諸国に遅れて開始したために、「文明国 (一等国) としての名誉」の維持に関する「外からの視線」に明治政府が過敏とならざるをえなかったという事実のみを確認しておきたい。

「日本ハ武力ニ於テ世界ノ一等国ニナッテ居ルニ拘ハラズ、野蛮国デナケレバ現ハレナイトコロノ此癩病患者ガ是ノ如ク多数アッテ」云々と「国辱」の観点から審議された「癩予防ニ関スル件」(法律第十一号) は、一九〇七年に成立し、一九〇九年に施行された。一九〇八年、日本を訪問した細菌学の父R・コッホは、たまたま「癩予防ニ関スル件」の施行が延期中であることを知り、「日本では、〔癩の〕予防法が既に制定されたが、経費がないのでまだ実施されていないということであるが、当局は癩が全国に蔓延しているのを意に介さないのか、対策樹立が余りに緩慢ではないか。もし日本が今日のように、癩予防上何らの対策を立てずに経過すれば、遠からずしてこの極東の最良、最美の国はついに癩国と化してしまうのであろう」と厳しく政府の姿勢を批判した。[10] コレラ菌の発見者であるコッホの警告は、「癩」にはコレラと同様の危険性があるという誤った印象を強く与えることになった。

日清戦争に続く日露戦争にも勝利することによって帝国主義列強の一角への参入を果たした日本にとって、西欧諸国にほとんど存在しなかったハンセン病患者が三万人以上もいるという現実は、単なる「国辱」を超えて、富国強兵の観点からも国の死活に関わる問題以外のなにものでもなかった。まさに、光田健輔により推進されることになる徹底した強制収容・隔離政策は、こうした後進帝国主義国である日本の焦慮が生み出したものであったと言えよう。とりわけ、第一次世界大戦後に、「優生」の観点が（遺伝病ではないにかかわらず）ハンセン病対策にも導入され、単なる「日の丸の恥」という理由だけからではなく、日本民族の体力の質的向上を図るという軍事上の理由からも、ハンセン病患者そのものの撲滅を目的とした隔離の強化が政策的に求められたのである。[11]

東本願寺系の僧侶の本多慧孝は、「三十年を出ずして、我国の癩患者は死亡に依て、癩菌は全滅せらるゝであろう。是に於て日本人種は心身共に潔清なる者と云ふことが出来るのである」と語り、日本ＭＴＬ理事長の小林正金（当時）は、「日本を愛する人々よ。日本民族の拡張発展を要する今日より急なるはなきの秋、汚れたる民族を浄化するの方法を講ぜずして、之れを子孫と周囲の人に及ぼすことは思はざるの甚だしき此れに過ぎたることはありますまい」と述べている。このように仏教者もキリスト者も、「愛国心」の観点から「ハンセン病患者の撲滅」＝「民族浄化」を無条件的に肯定していたのである。[12]

病者への宗教者としての同情と病者への愛国者としての罵倒が決して矛盾するものでなかったことは、キリスト者の看護婦（当時）三上千代の次のような言葉からも明らかである。(13) 後にナイチンゲール賞を授与される三上は、『生きがいについて』の著者である神谷美恵子からも深く敬愛される存在であった。

美はしき日の本よ、桜咲く国よ、富士の霊峯に、大和魂に誇の多き我国、殊には、畏れ多くも、万世一系の皇統を頂く、世界に比類なき、神々しき我国に、生を受けた我々は、如何ばかり恵まれた国民でありませう。然し乍ら、茲に我らに、唯一の恥辱が残されてあります。それは「癩病の一等国」といふ、有難くない名称でよばれて、列国から侮辱されておる事があります。それは恰も盛装した婦人の顔面に、夥しい汚物が塗りつけられてある様な浅間しさで、これが未開野蛮の国ならば、さまで目障りにならぬでありませうが、如何せん、文明国といふ盛装の手前、実に嘆かはしい面汚しではありませんか。

「夥しい汚物」に喩えられたハンセン病患者そのものの撲滅を目的とした隔離の強化のために、発動された国家権力の実例を幾つか挙げておこう。まず、一九〇〇年代の初頭に山梨県の身延山久遠寺の山門近くに集まっていた十余名の「癩者」の乞食の家が不潔だとして警察と消防団が火をつけて焼き払った事例、次いで、一九一七年頃に東京の洲崎にあった一五名ほどの「癩者」を含む三十余名の乞食の集落を警官が年に三回ずつ小屋を焼き払い続けた事例、第三に、一九二二年三月の閑院宮来訪を間近にひかえた別府警察所がこの機会に「癩者」の取締りを徹底させるべく的ヶ浜の住民の一掃をはかって（正業をもち、正規に借地し、納税義務を果たしている者までも含めて）彼（女）らの住居を焼き払った的ヶ浜事件、最後に、既に一九二六年から一九三〇年にかけて八回にわたる「刈込み」を受けていた本妙寺の「癩集落」が、一九四〇年七月の熊本県警本部長の指揮下に行なわれた急襲によって一五七名が検挙され、家屋や横穴の住まいが破壊されて集落が完全に消滅させられた本妙寺事件――この本妙寺事件については、非癩者を除き、「癩者」のうち二六名が愛生園に、三一名が敬愛園に、四四名が光明園に、そして残りの最も不良性があると認められた三六名が草津の栗生楽泉園にそれぞれ送致されている。[14]

かくして、中世の「癩者」が「村の恥」として「癩疾は追放すべし」という「村の掟」によって「村」から追放されて「浮浪癩」=「乞食」とされた代わりに、[15]近世の「浮浪癩」=「乞食」は「国家の恥」=「日の丸の汚点」として、裁判なしで患者を処罰することを可能にした国立癩療養所患者懲戒検束規定や一九三一年に成立した（旧）癩予防法などの「国の掟」によって癩療養所という似而非「ユートピア」に強制隔離され続けるに至った。身延山・熊野本宮・本妙寺から愛生園・敬愛園・光明園・楽泉園への強制送致がそれを象徴するが、草津の栗生楽泉園には後に日本のアウシュヴィッツと呼ばれた悪名高い「特別病室」が設置されていたのである。[16]

「日の丸の汚点」という「国辱」意識と富国強兵政策を結びつけたのは、「愛国心」の観点から「民族浄化」を目指す優生思想であった。藤野豊も指摘するように、一九三三年以降、ナチスの「断種法」に強い影響を受け、日本でも「断種法」論議が活発化するに至ったが、本来、優生思想に基づき遺伝病のみを対象とすべき「断種法」がハンセン病をもその対象に取り込もうとした点にこそ、「隔離と断種とにより患者とその子孫を根絶やしにしようとする政策上の意図」が示されている。[17]ただし、「救癩の父」と呼ばれる光田健輔の指導の下、一九一五年に既に全生病院で最初の断種手術が行なわれていた。すなわち、光田は、「精液を通じての感染や新生児感染、それに加えて母体の妊娠出産による症状の進行を防ぐとして、病者への断種を必要な措置だと主張」したが、赤痢菌の発見者である志賀潔がハンセン病患者の断種を奨励する意見を述べていたのみならず、有力な優生運動の指導者であった後藤龍吉も光田の主張を強く支持したこともあり、「ハンセン病患者への断種手術は暗黙の了解事項となり、病者の子供を作らないことを徹底する」ために、独身者をも含めて、時には医師ではない職員の手すら借りて日常的に行なわれるようになっていた。[18] もっとも、花井卓造や牧野英一は「断種手術を第三者が告訴すれば傷害の罪となる」という見解を表明していたゆえに、光田は「告訴されれば私が刑務所に行くまでだ」と覚悟して手術にあたったと後に回顧している。[19] かくして、「断種法」論議は、医学者や法学者のみならず、優生思想の支持者にして「救癩」を揚げる日本MTLを結成した賀川豊彦などを含めて活発化していったが、その背景に歪んだ「愛国心」が存在する「断種法」肯定論に、藤野は、安楽死という名の下に「障害者や精神病者の存在を抹殺したナチズムに通じる論理」を見出すのである。[20]

一九三二年から一九三八年にかけて長島愛生園に医官として在職した小川正子は、光田健輔の命を受けてハンセン病患者の収容に携わったが、その患者収容・医療・啓蒙活動を記した『小島の春』は刊行と同時にベストセラーとなり、一世を風靡した。[21]「皇国心」＝「愛国心」を強く訴えながら、癩の恐ろしさと絶対隔離の必要性を説いて患者収容に奔走する小川の姿は、「救癩の天使」「白衣の戦士」などと称讃され、『小島の春』は映画化されるまでになった。憲法学者の宮沢俊義は、「著者〔小川〕の仕事は真の勇士のみのなし得る仕事である。その意味で著者はまさしく遠く支那戦線に活躍する皇軍の勇士に比されるべきものである」と評し、無教会派のキリスト者である南原繁も、『小島の春』から受けた感銘を、「恰も現在大陸に血塗れになつて戦つてゐる同胞と分野は異なれども、同じ祖国の為の雄々しい犠牲心を読む」と語って、その「尊い人類愛と道徳的勇気」を手放しで誉め讃えている。[22] しかし、「人類愛」と「祖国のために戦う皇軍の勇士の犠牲心」を等置することには矛盾があるも。小川の行為も、三上千代のそれと同様、「ハンセン病患者の撲滅」＝「民族浄化」を無条件的に肯定するものであった以上、それは南原の言うような真正の「人類愛」ではなく、「国辱」意識を反映する歪んだ「愛国心」に基づくものであった。

平時におけるハンセン病患者は、光田が「国父」として君臨する「奇妙な国」において終生隔離および断種を命じられて静かに「劣死」することを期待された。しかし、日本の戦線が中国のみならず、広くアジア・太平洋地域にまで拡大する中で、長島愛生園医官の早田皓は、「全国十二ヵ所に世界に比類なき病者の楽園を築き上げた、日の本の癩者達は、御恵みを遠く救われざる民草に及すべき大使命を負はされて居る。救癩挺身隊の出現こそ日の本の癩者に生れた幸を体得する日でなくて何であろう」と述べ、救癩挺身隊構想を熱く語った(23)。つまり、ハンセン病患者は、静かに「劣死」することを待つ者ではなく、戦争の勝利のために統制運用されるべき人的資源として救癩挺身隊の一員となり、「愛国心」をもって皇国に奉公することが求められたのである。貴族院議員の下村海南も、一九四三年、この構想を支持して次のように述べた(24)。「現に収容されている数多い中から軽症な患者の南方救癩に進出する事が考へられる。今日は万人あげて平時の何倍も奉公に活動せねばならぬ時である。恐らく患者の諸君は、奉公の道に恵まれず、気づらく傷心して居られた事と思ふ。……共に南方に進出し、同病相憐む大慈悲心の流露により、二百万の不幸なる癩者の心からの救ひの友とならなければならぬ」と。

光田の下で書記を務めた宮川量も、「〔救癩挺身隊構想の根底には〕八紘一宇の理念さらには我等に尊い皇室の御仁慈がある。これを大東亜の病める兄弟姉妹に頒ち与へ、共に大恵に欲さしめたいものである」と記したが、それは救癩挺身隊構想が、「つれづれの友となりても慰めよ　行くことかたきわれにかはりて」と「癩者」への同情を詠んだ貞明皇太后の「御仁慈」に応えようとする、「愛国心」をもった病者の奉公への思いを巧みに運用・

動員することを目論んだ政策であることを証明している。しかし、この構想は戦局の悪化によって実現されずに終った[25]。

早田は、「日の本の癩者に生れた幸」を誇った。実際、昭和に甦った〝万葉歌人〟と称された明石海人は「みめぐみは言はまくかしこ日の本の　癩者に生れてわが悔むなし」という短歌を詠んでいる[26]。他方、救癩挺身隊などによって奉公することができなくなったハンセン病者たちには、「愛国心」の観点から「自決」という形で「劣死」することすら求められるようになった。藤本とし は次のように回想する[27]。

　だんだん戦争がすすんでいきますと、園内でも翼賛会ひと色になってしまいましてね。聖戦貫徹ということで、社会から軍部や情報部の人がたくさん入ってきて、滅私奉公をあおるものですから、患者の方もいくらかおかしくなってしまって……こんな非常時に不自由な病者ということで何もできないのは、ただの穀つぶしだから、自決することがいま残された最後の御奉公だなんてこと言いだす人も相当出てきまして……大変でした。

松木信も次のように回想している[28]。

　所長の隔離撲滅政策は、私の人間性そのものを奪おうとするものであった。創立記念日として毎月二八日に患者をグランドに集めて、「らいは文明国の恥、日の丸の汚点である。それゆえに隔離撲滅をしなければならない」と悲痛な調子で訴えた。隔離撲滅を最初に言ったのは光田健輔であった。……当時の所長たちはみな光田の隔離撲滅論に共鳴し、民族浄化の一大運動を起こしたのであった。万世一系の天皇陛下をいただく大和民族は世界に誇る神の民である。この民族にヨーロッパ文明国にないらい患者のいることは民族の恥であり、日の丸の汚点だったのである。

一九四〇年代となると、日本でも「超医療管理」体制が完成されかけたが、戦局の悪化に直面し、十分に機能しないまま敗戦を迎えた。しかし、癩予防法は存続した。それでは、いわゆる「八月革命」の後に、国家唯一の大理想を「滅亡」とする「奇妙な国」は、崩壊したのであろうか。徳永進は、一九四六年の冬に「逃走」した患者から、次のような事実を聞き書きしている(29)。

百八十日歩き続けて、山口から島根を歩いて、何か用があって米子の保健所に立ち寄ったんだ。そしたら「頼むから療養所に帰ってくれ」って言うんだ。歩いてじゃあかわいそうだというので、国鉄と交渉してくれたけど、客車には乗せんということだった。そして結局貨車にも乗せんということで、わし、愛生園まで歩いた。六日かかった。虫明から朝の職員の便船に乗って帰った。「帰ってきた」って言ったら、即、監房。これが二十一日間。もともと栄養失調でしょ。そこで監房に放り込まれて、放ったらかしだ。にぎり飯ひとつとジャガイモの小さいのが五個。患者で監房の係りの奴がな、「おい砂田さん、これ昼と夜、いっしょだで」って渡すわな。……この二十一日はほんとにこたえた。最後のころは何も覚えとらん。二十一日目に患者の代表と分館の職員が鍵を持ってあけに来た。「おいっ、出ろっ」って声をあげられても、分からんかった。うつ伏せで死んだようになっとったそうだ。……故郷に用があるのに外出の許可をくれんから逃走したまでだ。故郷に帰ることは悪いことか、何で監房に入れられにゃならん。わし言ってやったよ。「二十一日前の元通りの体にしてくれ！」って。「そしたらこんなところ出て行ってやる」って。死んでもええ、どうにでもなれって思っとったから、何でも言えた。

「奇妙な国」はまったく崩壊していなかったのである。その「奇妙な国」の国民である患者たちに「人間失格」の烙印を押す法律上の根拠が敗戦後も何も知らされていなかった事実について、「私が初めて『癩豫防法』とい

う小冊子を手にしたのは、一九四九年であった」と語る島比呂志は、次のように証言している。(30)

〔その小冊子の〕表紙には円の中に「極秘」と彫られた印判が押されていて、これをくれた職員は、「絶対誰にも見せないでください。約束できますか」と念を押した。当時一二〇〇名いたであろう入園者のなかで、『癩豫防法』を見た者はおろか、その存在すら知る者は少なかったのではなかろうか。このように患者たちは知らされることなく隔離され、あらゆる拘束を受けてきた。無断外出が見つかって監房に入れられることが、〔一九一六年に導入された〕「国立癩療養所患者懲戒検束規定」によるものだとは知らず、罰を受けていた。

米国で開発されたプロミンはハンセン病に驚異的な効果を示した。その結果は、一九四三年に初めて医学の文献に報告され、日本でも、一九四六年から東大皮膚科や多摩全生園において、試製した薬品が実験的に治療で用いられた。効果は極めて有望なもので、ハンセン病の「完治」への第一歩が踏み出された。(31)「完治」への道が着実に開かれつつあった中で、癩予防法改正問題が大きく浮上してくる直接のキッカケとなったのは、一九五一年に参議院で行なわれた「三園長証言」であった。そこで、戦前・戦中と同様、「強制隔離」と「皇民家族主義」を推進しようとする光田健輔は次のように証言した。(32)

未収容患者は〔厚生省は二千人残っていると言うが〕もっと余計にあるかも分かりません。……〔家族内感染を止まらせるには〕手錠でもはめてから捕まえて強制的に入れればいいのですけれども、ちょっと知識階級になりますと、何とかかんとか逃げるのです。……強制のもう少し強い法律にして頂かんと駄目だと思います。……治療も必要ですが、私どもはまずその幼児の感染を防ぐため、癩家族のステルザチョンということを勧めてやらす方がよろしいと思います。

……〔患者が逃亡するので〕逃亡罪という一つの体刑を科する……ことができれば、ほかの患者への警告にもなるのであるし、今度は刑務所もできたのでありますから、逃亡罪という罰則が一つほしいのであります。

かくして光田は、自己の権威によって確立した強制隔離政策の正当性を拒絶しかねないプロミン革命の「革命」性を否定するために「伝染性の強いハンセン病患者の強制収用を更に強化することの重要性および幼児感染を防止するための癩家族のステルザチョンの必要性」を証言し、また自己の権威によって維持されてきた癩療養所の皇民家族主義の正当性を打倒しかねない戦後民主主義革命の「革命」性を否定するために「民主主義を誤解している不心得な患者に対して所内治安を強化する必要性」を証言したのである。(33)

この光田証言にとくに強い衝撃を受けた全患協（全国ハンセン病患者協議会）が改悪阻止の行動を展開したにもかかわらず、日本でも既に石館守三の努力によって国産化に成功していた新薬プロミンによる治療で多数の無菌治癒例が発表されていた一九五三年に改正された（新）らい予防法においては、それまでの癩予防法（旧法）以上に強制隔離の可能性が強められてしまったのである。

○らい予防法

第一条　この法律は、らいを予防するとともに、らい患者の医療を行い、あわせてその福祉を図り、もって公共の福祉の増進を図ることを目的とする。

第三条　何人も、患者又は患者と親族関係にある者に対して、そのゆえをもって不当な差別的取扱をしてはならない。

第六条　都道府県知事は、らいを伝染させるおそれがある患者について、らい予防上必要があると認めるときは、当該患者又はその保護者に対し、国が設置するらい療養所……に入所し、又は入所させるよう勧奨することができる。
２　都道府県知事は、前項の勧奨を受けた者がその勧奨に応じないときは、患者又はその保護者に対し、期限を定めて、国立療養所に入所し、又は入所させることを命じることができる。
第一五条　入所患者は、左の各号に掲げる場合を除いては、国立療養所から外出してはならない。（略）
第一六条　入所患者は、療養に専念し、所内の紀律に従わなければならない。
２　所長は、入所患者が紀律に違反した場合において、所内の秩序を維持するために必要があると認めるときは、当該患者に対して、左の各号に掲げる処分を行うことができる。
一　戒告を与えること。
二　三十日をこえない期間を定めて、謹慎させること。

らい予防法（新法）の時代錯誤性について、大谷藤郎は次のように指摘する。らい予防法は、「ハンセン病が人から人へうつりやすい伝染病で流行し易く（実際はそうではない）、その流行から一般健康人を社会として守る、つまり『公共の福祉の増進を図る』という目的」において、ハンセン病患者に対して、「一貫して強制検診、強制入所、強制隔離という人身的拘束を推進するように規定しており、しかもいったん入所させた後、回復してからの退所や、社会復帰については一片の規定もなく、病気が治って社会に戻る場合（実際は治ってしまう）を考慮していない」のである。つまり、らい予防法は、「予防という名目でハンセン病と診断した患者を社会から除外して永久に葬り去るための患者撲滅の法律」と見ることができるのである。(34)

明治憲法下で制定された癩予防法と同様、日本国憲法成立後に改正された、らい予防法もまた、「癩という病気を絶滅させるのは善だが、癩者や癩家族を絶滅させるのは罪悪である。なぜなら癩者や癩家族は人間だからである」という「単純明快な論理」（島比呂志）に立脚しなかったゆえに、「愛国心」の観点から「ハンセン病患者を断罪し、撲滅する法律」としての性格を払拭することはできなかった。藤野の指摘するように、「日本国憲法のもと、国民の基本的人権の尊重が自明の理となる状況下においてさえ、国立のハンセン病療養所内においては、人権の剥奪が続けられた」ことになるが、特効薬プロミンの普及によりハンセン病は完治する病気となり、「厚生省といえども、恐ろしい伝染病というイメージを一掃せざるを得なくなっていた」[35]が、それだけに一層らい予防法が永く存在し続けたという事実は「明らかな矛盾」と言わざるをえないのである[36]。

ハンセン病患者が深刻な疎外状況＝人権侵害状況に置かれていた原因の一つは、「愛国心」をめぐるコミュニケーションの「歪み」にあったのである。

二　コミュニケーションの「歪み」の諸相

〈公布要件〉違反

島比呂志が証言するように、「国立癩療養所に収容されている殆どすべての患者が、強制隔離され続けている法的根拠および些細な理由で独房に監禁される法的根拠を知らされていなかった」ゆえに、癩予防法および国立癩療養所患者懲戒検束規定は、「公布要件」違反である。

〈明晰性要件〉違反

らい予防法は、「ハンセン病患者から社会を守ることにより『公共の福祉』の増進を図ることを目的としている」のか、それとも「ハンセン病患者に医療を行なうことにより『患者個人の福祉』を図ることを目的としている」のか、つまり「『ハンセン病患者を撲滅』するためにハンセン病患者を国立癩療養所に強制隔離することにより人身拘束を推進し、社会復帰を事実上不可能にすることを目指す」のか、それとも「『ハンセン病を撲滅』するためにハンセン病に関する正しい知識を普及させて、患者又は患者と親族関係にある者に対する差別的取扱いを防止することを目指す」のか明らかでないから、「明晰性要件」違反である。

〈服従可能性要件〉違反

らい予防法は、ハンセン病患者の強制隔離を推進するものであるが、「癩という病気を絶滅させるのは善だが、癩者や癩家族を絶滅させるのは罪悪である」（島比呂志）という単純明快な論理に立脚することなく、国立癩療養所に入所した患者が回復してからの退所の規定が存在しないのみならず、病気治癒後の社会復帰について全く考慮されていない事実から明らかなように、人権を剥奪した上で「患者撲滅を図る法」であるから、ハンセン病患者にとって、「服従可能性要件」違反である。

〈態度随伴条件〉違反

日本国憲法第一四条に関して「すべての国民は差別されないことを宣言する」という自己の行為を拘束する言語行為の遂行について、日本政府はらい予防法を長く改廃せずにきたゆえに、「『ハンセン病患者差別の禁止を宣言する』という言語行為の遂行者は、差別を禁止する意図や考えを実際にもっていなければならない」という「態度随伴条件」に違反しているし、「当該言語行為の遂行者は、その後も引き続き、その『禁止宣言』に合致した行動をとらなければならない」という「履行条件」をも充たしていない。

〈ズ　レ〉

らい予防法は、「明晰性要件」違反であったが、その明示命題は「ハンセン病患者の医療を行ない、その患者の福祉を図るとともに、患者又は患者と親族関係にある者への差別を禁止する」という一見美しい理念であるといえよう。しかし、同法に無菌治癒者の社会復帰に関する規定が欠如している事実や出入国管理及び難民認定法および優生保護等に存在する「らい条項」との関連で明示命題は背後に退き、逆に「ハンセン病患者から社会を守るために、患者を強制隔離し続けると同時に、出入国管理及び難民認定法の『らい条項』を根拠に病者の入国を拒否し、かつ優生保護法の『らい条項』を根拠に患者に優生手術または人工妊娠中絶を施して病者の撲滅を図る」という黙示命題が（とくに聞き手であるハンセン病患者に対して）前面に表われることになった。かくして、これまで日本政府（および健常者）が潜在的に有していたにもかかわらず、水面下に隠蔽されてきたハンセン病患者に対する差別的・抑圧的意図が顕在化するに至った。すなわち、「らいを予防することをもって、公共の福祉の増進を図る」とともに「らい患者の医療を行い、その患者個人の福祉を図る」云々という、その「目的」を規定したらい予防法第一条の六十字あまりの文言の中に、既に「ズレ」が生じているのである。「患者の医療を行い、その患者個人の福祉を図る」という美しい理念は、「らいを予防することをもって、公共の福祉を図る」という文言によって失効させられ、「〈病気を阻止するのではなく〉ハンセン病を病んでいる弱い人間を社会的に撲滅し、抹殺してしまうというナチスばりの大罪」（大谷藤郎）へと変質する。抑圧・差別を禁止している筈の法律の条文の中に、抑圧的・差別的意図が潜んでいたのである。それゆえ、らい予防法は、とりわけ特効薬プロミンによる治療が確立された後は、「患者の撲滅つまり『愛国心』に支えられた『公共の福祉』(?)の実現を目指すという醜い現実を、『患者個人の福祉を図る』という美しい表現で隠蔽するイデオロギー」そのものとなったのである。

(1) 島比呂志『奇妙な国』(新教出版社、一九八〇年)四頁。
(2) 山本俊一『増補・日本らい史』(東京大学出版会、一九九三年)一六頁。
(3) 栗原彬「水俣病という身体」栗原ほか『内破する知』(東京大学出版会、二〇〇〇年)三八頁以下。
(4) 小畑清剛『近代日本とマイノリティの〈生—政治学〉』(ナカニシヤ出版、二〇〇七年)第二章。
(5) 山本・注(2)一七頁以下。
(6) 佐竹昭広『民話の思想』(平凡社、一九七三年)。
(7) 藤野豊『日本ファシズムと医療』(岩波書店、一九九三年)。
(8) 山本・注(2)五〇頁。
(9) 同右書・一七-一八頁。栗原彬と異なり、三宅一志『増補・差別者のボクに捧げる!』(晩聲社、一九九一年)六四頁は、本妙寺周辺の「癩部落」を「悪のルツボの観があった」と記している。
(10) 山本・注(2)七一-七二頁。
(11) 藤野・注(7)。
(12) 藤野豊『日本ファシズムと優生思想』(かもがわ出版、一九九八年)、同『「いのち」の近代史』(かもがわ出版、二〇〇一年)等参照。
(13) 荒井英子『ハンセン病とキリスト教』(岩波書店、一九九六年)一六頁以下。
(14) 藤野・注(7)五七頁以下、山本・注(2)一七一-一七二頁。
(15) 説経節の「しんとく丸」に、その「村の掟」が象徴的に表われている。小畑・注(4)八五頁以下。
(16) 山本・注(2)二一一頁以下。

(17) 藤野・注(7)二九二-二九三頁。
(18) 武田徹『「隔離」という病い』(講談社、一九九七年)四〇-四一頁。
(19) 光田健輔『愛生園日記』(毎日新聞社、一九五八年)七〇頁。
(20) 藤野・注(7)三九二頁以下、同『日本ファシズムと優生思想』四二七頁。
(21) 小川正子『復刻版・小島の春』(長崎出版、一九八一年)。
(22) 三宅・注(9)七五頁以下、荒井・注(13)八二頁以下。
(23)・(24)・(25) 藤野『「いのち」の近代史』四三七頁以下。
(26) 荒波力『よみがえる〝万葉歌人〟明石海人』(新潮社、二〇〇〇年)。
(27) 藤本とし『地面の底がぬけたんです』(思想の科学社、一九七四年)二九〇頁。
(28) 松木信『生まれたのは何のために』(教文館、一九九三年)三〇-三一頁。
(29) 徳永進『隔離』(岩波書店、二〇〇一年)七二-七三頁。
(30) 島比呂志『増補版・片居からの解放』(社会評論社、一九九六年)三〇-三一頁。
(31) 山本・注(2)、大谷藤郎『らい予防法廃止の歴史』(勁草書房、一九九六年)参照。
(32) 山本・注(2)二六八頁以下、大谷・注(31)一四一頁以下。
(33) 光田健輔の皇民家族主義については、武田・注(18)の分析を参照。ただし、天皇制には賛成できぬが、皇室の庇護がなかったら、……安楽死さえさせられかねなかったと思うと、身の毛もよだつ」という患者の回想もなされていることが注目される。三宅・注(9)二一八頁。
(34) 大谷・注(31)二一頁以下。
(35) 島・注(30)一一一頁。
(36) 藤野・注(7)二九四頁。

第9章　宗教的少数者——コミュニケーションの「ねじれ」が必要となる人間疎外

二〇〇一年八月一三日に強行された小泉純一郎首相（当時）の靖国神社参拝をめぐり、「国の宗教的活動を禁じた日本国憲法第二〇条に違反し、信教の自由を侵害された」として、九州や山口県などの宗教関係者、在日韓国・朝鮮人ら二一一人が原告となり、被告である国と小泉首相に一人につき一〇万円の慰謝料を求めた国家賠償請求訴訟の判決が、二〇〇四年四月七日、福岡地裁で言い渡された。亀川清長裁判長は、判決主文で「参拝は、原告らに対して信教を理由として不利益な取り扱いをしたりするものではなく、原告らの信教の自由を侵害したものではないゆえに、賠償の対象となる不法行為とはいえない」として原告の慰謝料請求を棄却する一方、判決理由では「内閣総理大臣の資格で行なわれた」と参拝の公的性格を認定した上で、「参拝は政教分離を定めた日本国憲法第二〇条三項が禁止する宗教活動に当たるゆえに違憲である」という判断を示した。判決理由にいわく、

なお、前記のとおり、当裁判所は、本判決につきその違憲性を判断しながらも、結論としては、本件参拝によって原告らの法律上保護された権利ないし利益が侵害されたということはできず、不法行為は成立しないとして原告らの請求

をいずれも棄却するものであり、あえて本件参拝の違憲性について判断したことに関しては異論もあり得るものとも考えられる。しかしながら、現行法の下においては、本件参拝のような憲法二〇条三項に反する行為がなされた場合であっても、その違憲性のみを訴訟において確認し、又は行政訴訟によって是正する途もなく、原告らとしても違憲性の確認を求めるための手段としては損害賠償請求訴訟の形を借りるほかなかったものである。一方で、靖国神社への参拝に関しては、前記認定のとおり、過去を振り返れば数十年前からその合憲性について取り沙汰され、「靖国神社法案」も断念され、歴代の内閣総理大臣も慎重な検討を重ねてきたものであり、元内閣総理大臣中曽根康弘の靖国神社参拝時の訴訟においては大阪高等裁判所の判決の中で、憲法二〇条三項所定の宗教的活動に該当する疑いが強く、同条項に違反する疑いがあることも指摘され、常に国民的議論が必要であることが認識されてきた。しかるに、本件参拝は、靖国神社参拝の合憲性について十分な議論も経ないままなされ、その後も靖国神社への参拝は繰り返されてきたものである。こうした事情にかんがみるとき、裁判所が違憲性についての判断を回避すれば、今後も同様の行為が繰り返される可能性が高いというべきであり、当裁判所は、本件参拝の違憲性を判断することを自らの責務と考え、前記のとおり判示するものである。

この判決について、哲学者の高橋哲哉は、「首相の靖国参拝に関してあえて憲法判断に踏み込み、明確な『違憲』判断を下した点において画期的であった」と高く評価している。(1) しかし他方、元裁判官の井上薫は、「裁判所は、判決のなかで、主文を言い渡し、理由（主文を導く説明）を付ける権限を有するが、蛇足（主文に影響しない判断）を付ける権限は有しない」という観点から、福岡地裁判決は、「空疎な決意表明」をしただけの「荒唐無稽」な「蛇足判決」である、と厳しく批判している。(2) この「蛇足判決」は、仙台高裁が下した「ねじれ判決」の「進化」したものと考えることもできるが、その「進化」は「法内在道徳」の観点からどのように評価できるのであろうか。

一　原告の「ねじれ」た意図？──人間疎外の歴史(i)

第二次世界大戦の敗戦後、一般の宗教法人と同様の組織となった靖国神社の在り方に不満をもつ日本遺族会は、同神社を国費により維持・運営される特殊な公法人として「国家護持」すべきことを決議し、そのための草の根運動を強化していった。その影響を受けて、地方議会は相次いで「靖国国家護持」を決議するに至り、遺族扶助料の増額・靖国神社への補助金交付等、遺族会の要求も認められていった。しかし、議員立法として発議された「靖国神社の国家護持」を定める「靖国神社法案」が一九六九年に他の宗教団体や野党の強い反対で審議未了となったため、遺族会等は天皇や閣僚による靖国神社公式参拝の実現を目指すことに運動方針を転換した。「津地鎮祭違憲訴訟」が提起されたのは、宮沢俊義の言う「神々の復活」現象が顕著になりつつあった、このような政治的・社会的背景においてであった。(3)

一九六五年一月一四日、三重県津市はその主催により津市体育館の起工式を行なった。この起工式は、神職主宰の下で、降神の儀・玉串奉奠など神社固有の儀式に則る地鎮祭として奉行され、神宮への謝礼・御供物代金等の儀式費用七六六三円が市の公金より支出された。

この地鎮祭に出席した同市市議会議員のSは、その公金支出は日本国憲法第二〇条および第八九条に違反するとして、地方自治法第二四二条の二（住民訴訟）に基づき、公金支出責任者たる津市長に対し、「右憲法の各条項……に違背し、違憲違法に支出した右金員を津市に損害補塡すること」および「議員として何ら信仰していない右の儀式に参加を強いられたため蒙った精神的苦痛に対し慰謝料として金五万円を支払うこと」を求める請求を行なった。

〇日本国憲法

第二〇条① 信教の自由は、何人に対してもこれを保障する。いかなる宗教団体も、国から特権を受け、又は政治上の権力を行使してはならない。

② 何人も、宗教上の行為、祝典、儀式又は行事に参加することを強制されない。

③ 国及びその機関は、宗教教育その他いかなる宗教的活動もしてはならない。

第八九条 公金その他の公の財産は、宗教上の組織若しくは団体の使用、便益若しくは維持のため、又は公の支配に属しない慈善、教育若しくは博愛の事業に対し、これを支出し、又はその利用に供してはならない。

第一審の津地裁は、一九六七年三月一六日、「本件起工式は宗教的行事というより習俗的行事である」として、原告の請求を棄却した。しかし、敗訴した原告の控訴を受けた名古屋高裁は、一九七一年五月一四日、地鎮祭に対し、神社神道の宗教性や政教分離原則の意義について詳細な検討を加えた上で、「本件地鎮祭の奉行は憲法二〇条三項の『宗教的活動』にあたり違憲なものであり、本件公金支出は違法な支出である」と判示して、原告勝訴の判決を下した。

この判決に対し、敗訴した被告は、「本件地鎮祭は社会の一般慣行として是認されている習俗的行事であって宗教的活動にあたらない」し、また「日本の政教分離は厳格主義と解すべきではない」などを理由として、最高裁に上告した。

最高裁は、一九七七年七月一三日、二審判決中の上告人敗訴部分を破棄自判し、被上告人Sの請求を棄却した。すなわち、最高裁判決は、（特定宗教と関連のある）私立学校の助成、文化財たる神社等の建築物維持のための補助、刑務所等における教誨活動などの具体例を挙げ、政教の完全分離は不可能・不合理であるとして、政教分離規定が制限可能な制度的保障の規定であることを前提に、「政教分離原則」の緩和を許容する限定分離説――分離の限界は「それぞれの国の社会的・文化的諸条件」に依存する、とされる――をとり、かつ、憲法第二〇条三項により禁止される「宗教的活動」についての判断基準として「当該行為の目的が宗教的意義をもち、その効果が宗教に対する援助、助長、促進又は圧迫、干渉になるような行為」であるか否かという「目的・効果基準」を採用したのである。その上で、「〔本件起工式は〕……その目的は建築着工に際し土地の平安堅固、工事の無事安全を願い、社会の一般的習慣に従った儀礼を行うという専ら世俗的なものと認められ、その効果は神道を援助、助長、促進し又は他の宗教を圧迫、干渉を加えるものとは認められないのであるから、憲法二〇条三項により禁止される宗教的活動にはあたらないと解するのが、相当である」と判示したのである。

この最高裁判決は、政教分離規定を「制度的保障の規定」として、つまり国民に主観的権利を保障するものとしてではなく、立法権に向けられた制度の保障――それは人権ではないから高度の制限を課すことができる――の規定として捉えて、厳格分離説を斥けた。しかし、基本的人権の保障を中核とする日本国憲法の下で、そもそも制度的保障という概念を採用しうるか否か、また仮に採用しうるとしても政教分離規定をそのように捉えることができるか否か、が憲法解釈学＝教義学上疑問視され[4]、さらに当該規定はハッキリと人権保障規定として捉えるべきだという学説も有力に唱えられている[5]。また、政教分離規定に、「目的・効果基準」を一般的に適用するとの妥当性についても憲法解釈学＝教義学上鋭い批判が提起されているが、法哲学＝探究学の観点から見て看過できないのは、判決が「目的・効果基準」を適用するに際して「当該行為の外形的側面のみにとらわれる」ことなく、「当該行為に対する一般人の宗教的評価」……等「諸般の事情を考慮し、社会通念に従って、客観的に判断しなければならない」と述べていることである。宗教的少数者の人権を重視した名古屋高裁判決と異なり、「一般人の宗教的評価」「一般人の意識」「一般人の宗教的関心」そして「社会通念」などが強調される最高裁判決で採用された「目的・効果基準」に基づいて判断しても、いわゆる「靖国神社法案」や内閣総理大臣等の靖国神社公式参拝は違憲である疑いが強いことは確かである。(6) しかし、「一般人の意識」や「社会通念」等を宗教的意義の有無・強弱を判断する基準として重視する考え方は、佐藤功が指摘するように、「戦没者の慰霊・顕彰などの行事についても、そのまま利用される可能性」があり、「一般人の意識」や「社会通念」を拠りどころにして「戦没者の慰霊や顕彰は宗教・宗派を超えた国民的・国家的課題であるとする主張」がなされる場合、本件判決は、その「有力な援護手段となりうる」のである。(7) このような佐藤の危惧は、一九八五年八月九日に提出された『閣僚の靖国神社参拝問題に関する懇談会報告書』（以下『報告書』と略す）が示されることにより、現実のものとなった。(8)

『報告書』は、「国民や遺族の多くは、戦後四〇年に当たる今日まで、靖国神社を、その沿革や規模から見て、依然として我が国における戦没者追悼の中心的施設であるとしており、したがって、同神社において、多数の戦没者に対して、国民を代表する立場にある者による追悼の途が講ぜられること、すなわち、内閣総理大臣その他の国務大臣が同神社に公式参拝することを望んでいるものと認められる」と指摘する。そして、「閣僚の靖国神社公式参拝の憲法適合性」に関して、「内閣総理大臣その他の国務大臣が靖国神社に公式参拝することについては、憲法二〇条及び八九条のいわゆる政教分離原則との関係が問題となる」ことを、一応、認める。そのうえで、「この政教分離に関する解釈等については、津地鎮祭事件に関する最高裁判所判決が参考になる」として、とくに同判決の憲法第二〇条三項の「宗教的活動」に関する判断を、肯定的に引用するのである。そして、『報告書』は、その最高裁判決から「憲法第二〇条三項によって禁止されない国及びその機関による宗教的活動又は宗教上の行為が存在し得ることは明らかである」と指摘するのだ。

かくして、『報告書』は、「公式参拝の憲法適合性に関する考え方」として、「一般に、戦没者に対する追悼それ自体は、必ずしも宗教的意義を持つものとは言えないであろうし、また、例えば、国家、社会のために功績のあった者について、その者の遺族、関係者が行う特定の宗教上の方式による葬儀・法要等に、内閣総理大臣等閣僚が公的な資格において参列しても、社会通念上別段問題とされていないという事実があることも考慮されるべきである」と述べ、「政府は、この際、大方の国民感情や遺族の心情をくみ、政教分離原則に関する憲法の規定の趣旨に反することなく、また、国民の多数により支持され、受け入れられる何らかの形で、内閣総理大臣その他の国務大臣の靖国神社への公式参拝を実施する方途を検討すべきであると考える」と結論づける。

奥平康弘は、この『報告書』に関して、それが「内閣総理大臣その他の国務大臣の靖国神社参拝の在り方について、憲法上の論点、国民意識とのかかわりなどを幅広く検討し、意見を述べる」ことを主題として規定している点を確認した上で、「憲法上の論点」と「国民意識ないし国民感情」とが同列に置かれていることに着目する。しかし、両者の同列並置はあくまで形式的なものである。『報告書』は、「国民や遺族の多くは……内閣総理大臣その他の国務大臣が同神社に公式参拝することを望んでいるものと認められる」という事実認定を行なうことによって、「憲法上の論点」よりも「国民感情」を強く前面に押し出している。すなわち、『報告書』は、最高裁判決が、憲法第二〇条三項で禁止される「宗教的活動」に特定の行為が該当するか否かを検討するに当たっては「……社会通念に従って客観的に判断すべきである」と述べていることを重視して、「憲法上の論点」を「国民意識＝国民感情」や「社会通念」によって実質的に支配させるのである。(9) つまり、Ⅱ系列（世代系列＝時間系列）の「われわれ」――「かれら」関係において「かれらⅡⓐ」によりプリコミットメントされていた憲法第二〇条が保障する信教の自由を、現在を生きる「われわれ＝われらⅡ」が有するとされる「社会通念」によって否定しようとするのである。この「社会通念」論によって、ありうる一切の異論を斥けた『報告書』が、次のような結論に到達するのは必然的である。すなわち、「以上の次第により、政府は、この際、大方の国民感情や遺族の心情をくみ、……国民の多数により支持され、受け入れられる何らかの形で、……内閣総理大臣〔ら〕の靖国神社への公式参拝を実施する方途を検討すべきであると考える」と。

奥平は、立憲主義による「自己拘束」を、「われわれ」の意思の反映を正当化根拠とする民主主義によって拒絶しようとする以上のような『報告書』の論理の展開を、次のように総括する。つまり、『報告書』は、「まず、『憲法上の論点』と『国民感情』とを並列におき、しかるのち最高裁のいわゆる『社会通念』を媒介とすることによって、『国民感情』こそが『憲法上の論点』を決定する要素であると見て、『国民感情』が望んでいるから合憲だ」という結論を導出するのである。(10)

中曽根康弘首相（当時）は、この『報告書』が提出された六日後、すなわち一九八五年八月一五日の終戦記念日に「内閣総理大臣」としての資格で靖国神社に公式参拝した。中曽根の提唱する「戦後政治の総決算」路線の一環であるこの公式参拝には、中華人民共和国や大韓民国などかつて日本の軍国主義により「侵略」されたアジア諸国から、強い懸念・不快感および鋭い批判が浴びせかけられた。国内でも、この公式参拝は、「政教分離条項」――「信教の自由」を保障する憲法第二〇条および「公の財産の支出又は利用の制限」に関する憲法第八九条を中核とする――を実質的に空洞化するものであるとして、厳しい批判を受けた。靖国神社に合祀されている関西在住の遺族六名が提起した大阪靖国公式参拝違憲訴訟は、まさにそのような危機感の具体的な表われであると言えよう。

このような複雑な政治的・社会的背景をもつ当該訴訟の一二回にわたる口頭弁論において主な争点として浮上してきたのは、以下の三つの論点である。①公式参拝は、憲法第二〇条三項が禁じる国の宗教的行為に当たるか否か。②憲法が定める政教分離原則に違反することは、直ちに国家賠償法上の違法となるか否か。③原告が主張する宗教的人格権（宗教的プライバシー権）――国家から干渉されずに近親者を追悼し、近親者の死を国家によって意味づけられない権利――は、法的な保護に値する権利といえるか否か。

大阪地裁は、一九八九年一一月九日、次のように判示して、原告らの請求を棄却した。すなわち、判決は、①および②の論点について、「原告らが本件公式参拝により具体的に信教を理由とする不利益な取扱いや宗教上の強制を受けたものでないことは明らかである」として、「原告らの信教の自由侵害の主張」は理由がない、とした。また、「原告らの言う精神的苦痛」は、「原告らに特有のもの」ではなく、「原告らと憲法解釈等を同じくする者にとり、共通のもの」であるとして、「このような原告らの感情は法律上慰謝料をもって救済すべき損害に当たらない」と述べた。③の論点について、判決は、「その権利（原告らが提起した宗教的人格権）は、実定法上の根拠を欠くのみならず、その内容が極めて個別的、主観的、抽象的なものであって、法律上の権利ないし法的利益として客観的に把握しうるような明確性を有せず、にわかに権利保護の対象として承認することはできない」として、「原告らの宗教的人格権侵害の主張は理由がない」とした。なお、「原告らの平和的生存権侵害の主張」についても、判決はほぼ同様の理由で斥けている。「法内在道徳」の観点から見て注目されるのは、裁判官が次のような内容の判決理由を示していることである。(11)

原告らは、いずれも第二次世界大戦でその父親等の親族を戦死等で失い、その親族が靖国神社に合祀されている遺族であるが、本件公式参拝により信教の自由、宗教的人格権（宗教的プライバシー権）および平和的生存権をそれぞれ侵害され、精神的苦痛を被ったとして、国賠法一条一項の規定に基づいて、被告国に対し精神的苦痛に対する慰謝料を請求している。……認定事実と本件弁論に現われた全資料によると、原告らが本件訴訟を提起した目的は、原告らの憲法解釈、宗教観ないし価値観に照らせば、本件公式参拝は靖国神社の国家護持を求めるなどわが国の戦前への回帰をもくろむ勢力に力を与えるものであって、現憲法の信教の自由の保障、政教分離原則、平和主義、基本的人権尊重主義等に反し許されない旨の判断を受けることにより、将来にわたり内閣総理大臣による靖国神社公式参拝が行われることを阻止するということにある。原告らが訴訟という形で本件公式参拝によりその主張の各権利等を侵害され、精神的苦痛を被ったとして慰謝料の支払いを求めたのは、原告らが裁判所においてその判断を受けるために選択した具体的な訴訟の形式に過ぎない。したがって、原告らが訴訟において本件公式参拝により被った、と主張する精神的苦痛なるものは、靖国神社に合祀されている原告らの親族と原告らとのかかわりにおける信教上の権利等を侵害されたことによる原告らに特有のものというより、むしろ、本件公式参拝が原告らの憲法解釈等に反して敢行されたことによる一種の不快感、焦燥感ないし憤りといったものであって、広く原告らと憲法解釈等を同じくする者にとり共通のものであることが認められる。そして、このような原告らの感情は法律上慰謝料をもって救済すべき損害に当たらないと解すべきであり、結局、本件訴訟は原告らの前記目的達成のための手段としては適切な方法ではなかったといわざるをえない。

戸松秀典によれば、現代型憲法訴訟はその「請求面」において、「閣僚による靖国神社公式参拝を攻撃するために（あるいは障害者等の廃止された在宅投票制度について問題提起するために）、損害賠償政策という手段がとられるから、個人の権利や利益への侵害を排除したり、損害の回復をする形をとりながら、憲法の理念や憲法上の価値を実現することが主眼になっているため、請求の形式面にとどまらないで、その背後にある狙いを目極める必要性」を生む点に特徴がある。(12)

典型的な現代型憲法訴訟である大阪靖国公式参拝違憲訴訟において、大阪地裁裁判官は、「請求の形式面」を「慰謝料の請求」、その「請求の背後にある狙い」を「裁判所において本件公式参拝が憲法違反として許されないものである旨の判断を受けることにより、将来にわたり内閣総理大臣による靖国神社公式参拝が行なわれることを阻止すること」とそれぞれ認定した上で、両者の不一致を理由に「本件の慰謝料請求訴訟は原告らの公式参拝阻止という目的達成のための手段としては適当な方法ではなかった」と結論づけた。宗教的人格権や平和的生存権に冷淡な態度を示した大阪地裁裁判官は、現代型憲法訴訟において「政治過程において自己の意思を表明し、それを国家の政策に反映させる道が閉ざされている宗教的少数者（や障害者）の権利・利益の保障という憲法の理念や憲法上の価値を実現することが目指されている」事実を正しく評価せず、むしろ「請求の形式面」＝「タテマエ」と「請求の背後にある狙い」＝「ホンネ」が相違する点に原告らの違憲訴訟を提起した戦略的意図の不純さを見出したと言えよう。

大阪地裁裁判官が、原告の遂行した「違憲訴訟を提起する」という法的言語行為に見出した「歪み」は、特定の政治的イデオロギーを強く帯びた発語媒介的目的を達成するための手段として原告が「訴訟」および「裁判官（の『原告の慰謝料請求を認容する』という判決）」を利用しようと意図したことを示しているから、このような「訴訟」や「裁判官（の下す判決）」の手段化は、「……すべての人格における人間性を、常に同時に目的として使い、けっして単に手段として使わないように行為せよ」というカントの「定言命法（2）」と明確に抵触するのみならず、J・N・シュクラーの言う「リーガリズム」の観点から厳しく批判されることになろう。[13] つまり、誇り高いプロフェッションである裁判官が意識的ないし無意識的に受け入れている「法内在的イデオロギー」であるリーガリズムは、「法」と「政治」とを切り離すべきことを主張するのみならず、中立的で客観的である（べき）「法」が特定の利害関心から超越した普遍的正義を目指すのに対して、様々に対立する利害関心から生み出される「政治」は効率・便宜・打算にしか目を向けないと考えるゆえに、不純で汚濁した「政治」は純粋で清潔な「法」より質的に劣ると考えるのである。それゆえ、原告らが意図した（と裁判官自身が考える）「訴訟」や「裁判官（の下す判決）」の特定の政治目的達成のための手段化は、「いかなる政治的利害関心からも超越して法的正義の実現を目指す」ことを使命と考える裁判官の有する職業的自尊心を深く傷つけてしまったと考えられる。

もちろん、「法内在道徳」であるリガリティ要件群が充足されることが、「法」と「政治」の峻別を前提とするリーガリズムが成立するための必要条件である。したがって、人間関係の垂直的次元に定位し、効率・便宜のみを問題とする「管理的指令」は、「法」ではなく、むしろ「政治」に属すると言うことができよう。もっとも、私人である原告の「違憲訴訟を提起する」という言語行為を、管理的指令と見なすことには異論が申し立てられるかもしれない。しかし、判決の論理からすれば、原告は、裁判官が「（原告勝訴の）判決を下す」という言語行為を遂行することによって特定の政治目的を実現するよう「指令」した、と考えることは可能である。既述のように、宗教的少数者にとっての実質的な管理的指令は、津地鎮祭違憲訴訟最高裁判決や「閣僚の靖国神社参拝問題に関する懇談会報告書」であるから、訴訟を手段として特定の政治目的を達成しようとした（とされる）原告の「指令」は、それらに対する「対抗的指令」であったと言うことも許されよう。

大阪靖国公式参拝違憲訴訟は、閣僚による靖国神社公式参拝を攻撃するために、損害賠償請求という手続がとられているから、それは「個人の権利や利害への侵害を排除したり、損害の回復をする形をとりながら、憲法の理念や憲法上の価値を実現することが主眼となる」現代型憲法訴訟の典型である。原告らは、裁判官が下すであろう判決の発語媒介効果を重視し、「請求の形式面」＝「明示命題」と「請求の背後にある狙い」＝「黙示命題」を意図的に「ねじれ」させたが、その「ねじれ」がコミュニケーションの「歪み」である以上、彼らは「法」と「政治」の切離を不可能にして、裁判において法的議論による「コミュニケーション的合理性」の実現を妨げてしまった――大阪地裁裁判官はそう考えたのである。

法的言語行為は、その「手続存在条件」についての「適切性」の基準が「慣習的＝コンベンショナル」ではなく「約定的＝コンベンショナル」となるゆえに、裁判官の下す判決の「適切性」の基準がその「判決を下す」という言語行為そのものにより創出・変更・確定されるという「自己関係性」と、裁判官にとっての有意味な聞き手が複数になる「複線性」という二つの特徴をもつ(14)。本件訴訟で、大阪地裁裁判官は、原告の「違憲訴訟を提起する」という「ねじれ」た（と裁判官自身が判断した）言語行為を「不適切」なものとする手続創出的（ないし手続内容確定的または変更的）という意味で自己関係的な法的言語行為を遂行したわけである。そして、このような「裁判制度の内部から裁判官が設計する法」によって、「請求の形式面」＝「明示命題」と「請求の背後にある狙い」＝「黙示命題」が「ねじれ」る現代型憲法訴訟の存在意義を否定するという判断が下され、司法審査制度は違憲判断消極主義を強化する方向へ自己組織化していったのである。

ところで、J・ハーバーマスは、オースティンによる発語内行為・発語内的効果と発語媒介行為・発語媒介効果の相違を基礎に、それに修正を加えて再構成し、了解志向的言語使用＝コミュニケーション的行為と成果志向的言語使用＝戦略的行為を区分した。そして、了解志向的言語使用の成果志向的言語使用への「本源性」を示すために、両者を区分する以下の四つの基準を提示した[15]。第一に、発語内行為は、話し手のコミュニケーション意図と話し手が実現を目指す発語内的効果が、語られたことの顕在的な意味から明らかになるゆえに、「自足的」ないし「自己同定的」である。それに対して、発語媒介行為は、話し手が実現を目指している発語媒介効果が、そのような顕在的な意味から明らかになることはなく、ただ話し手の意向について推測されるだけである。第二に、話し手が、発語内的効果を収めるための条件は、当該発語行為で用いられた行為遂行動詞の記述から導き出せるが、他方、話し手の遂行する発語媒介行為は、語られたことの意味を超えた効果を含みうるゆえに、発語媒介効果の記述は、その発語行為を超えた目的論的行為連関に準拠しなければならない。第三に、発語内的効果と発語行為との連関は、「慣習的＝コンベンショナル」に規制されている連関（＝内的連関）であるのに対して、発語媒介効果は語られたことにとって外的なままである。すなわち、発語内的効果は「慣習＝コンベンション」によって確定されるのに対して、発語媒介効果は偶然的な脈略に依存する。第四に、発語内的効果は、それが言表されることによってしか達成されえないのに対して、発語媒介効果は、話し手が成果を収めようとするのであれば気づかれてはならない。すなわち、了解志向的な発語内行為は公然と表出されるが、発語媒介効果が発語行為を用いて達成されるのは、当該発語行為が成果志向的な目的論的行為に「手段」として組み込まれる場合に限られる。しかも、目的論的に行為している話し手は、自己がその実現を目指す発語媒介的目的を漏らしてはならないゆえに、「発語媒介行為には、戦略的であることが隠されているという独特の非対称的な性格がそなわる」

ことになる。

かくして、発語内行為・発語内的効果つまり了解志向型言語使用＝コミュニケーション的行為には「本源的」というプラスの評価を示す特徴付けがなされるのに対し、発語媒介行為・発語媒介効果つまり成果志向型言語使用＝戦略的行為には「寄生的」というマイナスの価値を帯びた形容がなされるのである。それゆえ、「本源的」なコミュニケーション的行為は純粋で中立的な「法的」なもの、他方で「寄生的」な戦略的行為は不純で汚濁した「政治的」なものにそれぞれ対応することになる。不純で汚濁した政治的イデオロギーを強く帯びた「黙示命題」を秘匿し、「請求の形式面」＝「明示命題」と「請求の背後にある狙い」＝「黙示命題」を意図的に「ねじれ」させる現代型憲法訴訟を提起することは、ハーバーマスによれば、「寄生的」な成果志向的言語使用＝戦略的行為の典型となる。それゆえ、純粋で中立的な法的議論によってコミュニケーション的合理性を追求する立場からすれば、たとえ宗教的少数者の信教の自由を保障するためとはいえ、憲法上の価値を実現するという成果志向的な目的論的行為に「(『慰謝料を請求する』ことを形式的な『明示命題』とする) 違憲訴訟を提起する」という言語行為を「手段」として組み込むことは、「寄生的」つまり不純で汚濁した政治戦略的なものとしてキッパリと斥けられることになろう。しかし、それは、言語行為をもっぱら「慣習的＝コンベンショナル」な観点からしか見ることができないために、その「適切性」の基準が「約定的＝コンベンショナル」となる自己関係的な法的言語行為が現代型憲法訴訟の出現を可能にすることの必要性も重大性も認識できないハーバーマス理論の致命的な限界と考えるべきであろう。(16) ハーバーマスと同様、リーガリスティックなエートスをもつゆえに現代型憲法訴訟の意義を否定してしまった大阪地裁裁判官が、「違憲訴訟を提起する」という言語行為を遂行した原告のコミュニケーション意図の「不純さ」＝「不誠実さ」を厳しく指弾したということは、原告を含む宗教的少数者が、「請求の形式面」＝「明示命題」と「請求の背後にある狙い」＝「黙示命題」の「ねじれ」を敢えて生じさせる戦略的行為に頼らざるをえないほど深刻な疎外状況＝人権侵害状況に置かれていることに対して、「不利な立場の少数者」のための「人権保障の最後の砦」であるべき司法が違憲判断消極主義を強化する方向に自己組織化しているために、「応答可能性としての責任」を果たすことの重大さを必ずしも適切に理解できなくなっていることを雄弁に物語るものである。

二　コミュニケーションの「歪み」の諸相〈1〉

〈態度随伴条件〉違反

「違憲判決を提起する」という言語行為の遂行において、当該言語行為の遂行者である原告は、大阪地裁裁判官の見解（それが正しいかどうかは論じない）によれば、「（実際は）公式参拝が原告らの憲法解釈等に反して敢行されたことに対する不快感・焦燥感・憤りという感情」を有しているゆえに、「『（特定の政治的イデオロギーを強く帯びた）内閣総理大臣の靖国神社公式参拝阻止』の意図や考えでなく、『（純粋に法的な）慰謝料請求』の意図や考えを実際にもっていなければならない」という「態度随伴条件」を充たしていない。

〈ねじれ〉

大阪靖国公式参拝違憲訴訟に関して、大阪地裁裁判官の見解（それが正しいかどうかは論じない）に従えば、原告が遂行した「違憲訴訟を提起する」という言語行為が示す（単に形式的な）明示命題は、「中曽根首相（当時）

が行なった靖国神社公式参拝で信教の自由を侵害され、精神的苦痛を被ったので、国家賠償法一条一項の規定に基づいて、被告国に対して慰謝料を請求する」というものであり、当該言語行為が潜在的に含意している（実質的な重要性をもつ）黙示命題は、「裁判所において本件公式参拝が憲法違反として許されないものである旨の判断を受けることにより、将来にわたり内閣総理大臣による靖国神社公式参拝が行なわれることを阻止する」というものである。つまり、原告は、発語媒介行為の相の「靖国神社公式参拝を阻止する」という黙示命題を実現させることを実質的に意図しているにもかかわらずその意図を秘匿し、原告が前面に押し出した「慰謝料を請求する」という発語内行為の相の明示命題を示す意図は単に形式的な飾りにすぎないゆえに、ここに「ねじれ」というコミュニケーションの「歪み」が見出されるのである。

三　「ねじれ判決」と「蛇足判決」——人間疎外の歴史(ii)

大阪靖国公式参拝違憲訴訟大阪地裁判決と比較して興味深い論点を提示しるのは、第一章で既に多少言及しておいた岩手靖国違憲訴訟仙台高裁判決である。一九八七年三月五日に下された盛岡地裁判決が「行政追随の最低・最悪」の原告全面敗訴判決であっただけに、仙台高裁判決直前の原告らの緊張は著しく高まっていた。原告側弁護人の澤藤統一郎は、次のようなエピソードを紹介している。(17) 澤藤によれば、原告側は「抽選に外れて傍聴できない法廷外の〔原告〕支援者に第一報を知らせる『垂れ幕』として「勝訴」「一部勝訴」「不当判決」の三本を用意していた」が、判決を直前にして「『勝訴』か『敗訴』か、すっきりしないときはどうする」とか、「主文の判断と理由とが、ねじれることはないか」等の意見が出て、新たに「実質勝訴」の垂れ幕が急遽作成されたのである。そして判決が言い渡される。澤藤は言う。「どこまでいっても、キキャク、キキャクの言葉が空しく響くばかり、こちら側〔原告＝控訴人側〕の席にため息が聞こえ、重苦しい雰囲気がただよう。あちら側〔被告＝被控訴人側〕の席に目をやると、満面笑みで肩を聳やかすおもむき。弁護人が〔被告側〕支援者に指示を出している。早くも一人が廷外に走り出た。『全面勝訴』の垂れ幕を持って出たのだ」。

しかし、判決は被告側弁護人の言う「ねじれ判決」であった。主文朗読が終わって休廷となり、分厚い判決書と判決要旨を目で追っていた原告側弁護人は「実質勝訴だ」と喚声をあげる。原告側の「実質勝訴」の垂れ幕が弁護人から支援者の手に渡され、被告側の「全面勝訴」の垂れ幕を追ってマスコミのカメラの放列の中に飛びこんでいく。二本の「勝訴」垂れ幕の競演である。かくして、「法廷の雰囲気は完全に逆転した。裁判官の『〔靖国神社公式参拝は憲法に違反するという〕要旨』朗読が始まって、『勝訴』の被告側が苦虫を噛みつぶし、『敗訴』の原告が笑みを噛み殺した」のであった。井上二郎原告団長が「『主文で敗け、理由で勝つ』のが最高の勝ち方」と言うのと対照的に[18]、被告側支持者は、この「敗け」た方が「勝ち」を制した「ねじれ判決」は、「被告側の『上告封じ』をはかり、〔憲法第八一条で終審裁判所とされる〕最高裁による判断の機会を奪った上で、傍論のもつ違憲論の政治的効果を最大限に利用したのではないか、と疑われる」と指弾したのである[19]。

○日本国憲法

第三二条　何人も、裁判所において裁判を受ける権利を奪はれない。

第八一条　最高裁判所は、一切の法律、命令、規則又は処分が憲法に適合するかしないかを決定する権限を有する終審裁判所である。

「(形式)勝訴」した被告側の反発は強かった。岩手県議会議員自身は、当初、上告には消極的構えを見せていたものの、支援団体の上告要請声明等の圧力を受けて、仙台高裁に宛てて最高裁への上告状を提出した。この訴訟法学および判決例に背馳する(勝訴者である)被告の行動に対して、仙台高裁は「上告の法的利益」に関する意見書の提出を求めた。その意見書で、被告は、「判決理由中の憲法判断は判決そのものと見るべき」であり、「判決の社会的評価や影響力に照らしても、上告人に対して不利益な判決であるので上告の利益がある」とし、「(地方公共団体の機関又は職員の財務会計行為による損害の予防・是正・補塡という本来の目的を濫用して、原因行為の違法に名を借りた政策反対・政敵攻撃の手段として悪用されている)住民訴訟の場合は、判決の主文にかかわりなく、判決理由中の違憲判断についても当事者は上告の利益がある」が、「これは憲法第八一条の要請するところである」と主張した。仙台高裁第三民事部は、「上告人らに上告の利益を是認すべき理由は全く見当たらない」として「上告却下」の決定を下したが、県議らは、「形式的な上告の利益のみに依拠して上告を却下した決定は、憲法第八一条・同第三二条に違反する」として、最高裁に特別抗告に及んだ。

訴訟法学の「上告の利益」論の観点ではなく、裁判の紛争解決機能と政策形成機能の相違に着目する法的言語行為論の観点からすれば、「ねじれ判決」にコミュニケーションの「歪み」を見出す被告の主張は、かなりの説得力があると言わなければならないだろう。しかし、この被告の「ねじれ判決」批判を、もっぱら「(たとえ形式的ではあれ被告が勝訴して紛争が終結したことにこそ意味があると考える)紛争解決」の次元に照準を合わせる最高裁判所は、当然ながら受け入れることはなく、原告側の予想通りに、第二小法廷が「本件抗告を却下する」と言い渡すことにより、岩手靖国違憲訴訟は、その幕を完全に閉じたのである。[20]

「(形式)勝訴」後の被告側の一連の行動から確認されるのは、「ねじれ判決」への激しい憤りであり、「ねじれ」というコミュニケーションの「歪み」を何としても最高裁判所によって正させようとする強い執念である。それは、「ねじれ判決」を下した裁判官の戦略的意図を重視して、被告側が、その人権攻撃すらを行なったという事実からも明らかである。すなわち、「ねじれ判決を下す」という法的言語行為を遂行した裁判官が、純粋に法的な発語内行為の相のみならず、特定の政治的イデオロギーを強く帯びる発語媒介行為の相をも重視したことは、「(内閣総理大臣等による公式参拝の)直接的・顕在的影響のみならず、将来の間接的・潜在的動向をも考慮した」と明言している事実からも窺えるが、判決理由中のこの「(政治戦略的な)考慮」は、被告側からすれば、「法」と「政治」の峻別を前提とするリーガリスティックな法曹としての職業倫理違反を裁判官自身が不当にも犯すことを意味するのである。リアリズム法学の論客J・フランクらの強調するように「判決が法である」以上、被告側からすれば、この「ねじれ判決」という「法」は「法という名に値しない法」となると言えよう。[21]憲法訴訟を現代型憲法訴訟とするのは、大阪靖国公式参拝違憲訴訟からも明らかなように、原告の「違憲訴訟を提起する」という法的言語行為の遂行である。しかし、岩手靖国違憲訴訟は、糟谷忠男裁判長自身の遂行した「(ねじれ)判決を下す」という法的言語行為によって広義の現代型憲法訴訟となったのである。

しかし、この「態度随伴条件」違反とも密接に関連する「ねじれ」というコミュニケーションの「歪み」は、話し手のコミュニケーション意図の「不純さ」=「不誠実さ」に関わる「ズレ」という「歪み」がその「黙示命題」による「不利な立場の少数者」への差別・抑圧を帰結していたのと対照的に、それとは異質なカテゴリーに属する「不利な立場の少数者」、例えば宗教的少数者の信教の自由の保障について著しく違憲判断消極主義的な立場にたつ最高裁判所が原告の「違憲訴訟を提起する」という言語行為による正常なコミュニケーションの回路を閉ざしてしまうため、たとえ「黙示命題」という「ねじれ」た方向に迂回してでもその回路を結ぶことにより、深刻な疎外状況＝人権侵害状況に置かれている彼（女）らの「（内閣総理大臣の靖国神社公式参拝や地方議会における同公式参拝の実現を要望する議決案の可決等への）異議申し立て」に対する司法としての「応答可能性としての責任」を何とか果たすために、仙台高裁裁判官が選択した「必要悪」ないし「賢慮」と見なすことが可能である。

原告が「請求の形式面」＝「明示命題」と「請求の背後にある狙い」＝「黙示命題」の「ねじれ」を意図的に生み出させようとした典型的な現代型憲法訴訟である大阪靖国公式参拝違憲訴訟と異なり、本件判決は、仙台高裁裁判官自身が、「請求の形式面」＝「明示命題」と「請求の背後にある狙い」＝「黙示命題」の「ねじれ」を意図的に生じさせようとした戦略的行為の一種と考えることができる。それゆえ、現代型憲法訴訟の特殊形態と捉えることのできる岩手靖国違憲訴訟仙台高裁判決は、J・ハーバーマス理論からすれば、「寄生的」な成果志向的言語使用＝戦略的行為をその「賢慮」に基づいて敢えて遂行した裁判官自身が、純粋で中立的であるべき「法」と不純で汚濁した「政治」を不当に合体させることにより、法的議論によるコミュニケーション的合理性の実現を不可能にしてしまったことになる。したがって、「不利な立場の少数者」のための「人権保障の最後の砦」であるべき司法にとって、宗教的少数者のために「応答可能性としての責任」を果たすこととハーバーマスの言うコミュニケーション的合理性を実現することは両立できない相剋関係にある――そのように仙台高裁判決は雄弁に物語っているのである。

四　コミュニケーションの「歪み」の諸相〈2〉

〈態度随伴条件〉違反

「（原告敗訴の）判決を下す」という言語行為の遂行において、当該言語行為の遂行者である仙台高裁裁判官は、被告側の見解（それが正しいかどうかは論じない）によれば、「被告を（形式）勝訴させることにより上告不能を強いて、判決理由で示した内閣総理大臣等の公式参拝が違憲であるという判断を確定させるという意図」を有しているゆえに、『内閣総理大臣等の靖国神社公式参拝についての違憲宣言』の意図や考えでなく、『靖国神社公式参拝の実現を要望する趣旨の議決案を議員らが可決したこと等は違法ではないことを示す』意図や考えを実際にもっていなければならない」という「態度随伴条件」を充たしていない。

〈ねじれ〉

岩手靖国違憲訴訟に関して、（形式）勝訴した被告側の見解（それが正しいかどうかは論じない）に従えば、仙台高裁裁判官が遂行した「（原告敗訴の）判決を下す」という言語行為が示す（単に形式的な）明示命題は、「岩手県議会が、内閣総理大臣等の靖国神社公式参拝を要望する趣旨の議決案を可決し、その議決事項を印刷し、内閣総理大臣に提出したことは、当時においては、議員としての見識に反し、相当の根拠と合理性を欠いていたものとは認められないから、本件議決が違法であることをもって議員としての表決が直ちに違法であるとは言えないゆえに、原告の損害賠償請求を棄却する」というものであり、当該言語行為が潜在的に含意している（実質的な重要性をもつ）黙示命題は、「内閣総理大臣等による靖国神社公式参拝は憲法違反であることを判決理由で宣言し、かつ、被告の（形式的な）勝訴判決を下して、その宣言内容に満足できない被告に上告不能を強いることにより、内閣総理大臣等の靖国神社公式参拝は違憲であるという自己の判断を最高裁判所によって覆されることを回避させる」というものである。原告の遂行した「違憲判決を提起する」という言語行為の「ねじれ」を裁判官が批判した大阪地裁判決とは対照的に、本判決で仙台高裁裁判官は、発語媒介行為の相の「内閣総理大臣等の靖国神社公式参拝の違憲宣言を確定させる」という黙示命題を実現させることを実質的に意図しているにもかかわらずその意図を秘匿し、裁判官が前面に押し出した発語内行為の相の「原告の損害賠償請求を棄却する」という明示命題を示す意図は単に形式的な飾りにすぎないから、被告側からすれば、「（靖国神社公式参拝は違憲であるから被告の行為は違法であるゆえに）原告の損害賠償請求を認容する」という被告の上告可能な全面敗訴判決が下される場合よりも、この「ねじれ」判決を下した裁判官のコミュニケーション意図の「不純さ」＝「卑劣さ」こそがヨリ厳しく非難されなければならないのである。

中曽根康弘元首相の後に、いわば確信犯的に繰り返し靖国神社参拝を行なったのは小泉純一郎首相（当時）である。福岡靖国参拝違憲訴訟は、既述のように、二〇〇一年八月一三日に強行された小泉首相の靖国神社参拝をめぐり、「国の宗教的活動を禁じた日本国憲法第二〇条に違反し、信教の自由を侵害された」として、九州や山口県などの宗教関係者、在日韓国・朝鮮人ら二一一人が原告となり、被告である国と小泉首相に慰謝料を求めた国家賠償請求訴訟である。福岡地裁の亀川清長裁判長は、原告の損害賠償請求を棄却する一方、判決理由では「首相の参拝は憲法第二〇条三項に反するゆえに違憲である」という判断を下したのである。すなわち、判決は、靖国神社の沿革・歴史、戦前・戦中に国家神道が果たした役割、戦後の靖国神社の性格、中曽根元首相らによる参拝の経緯と態様、いわゆる「靖国神社法案」の性格などにまで言及し、小泉首相の参拝について総合的に検証したのである。判決によれば、小泉首相は、①公用車で靖国神社へ行き、②秘書官を随伴させ、③あえて「内閣総理大臣小泉純一郎」と肩書きを付して記帳し、④「内閣総理大臣小泉純一郎」の名札をつけた献花をし、⑤参拝に先立ち、福田康夫内閣官房長官（当時）に「小泉内閣総理大臣の談話」を発表させ、⑥参拝後に、公的参拝であることを明確に否定しなかった、という諸事情から判断すれば、小泉首相の参拝は「職務行為」と認定されるのである。そして、「大日本帝国憲法第二八条の信教の自由は、国家神道に事実上の国教的地位を与えるものであり、不完全であった」旨を述べた上で、「（旧憲法下で信仰強制・宗教弾圧が行なわれた反省から）日本国憲法での信教の自由の保障は無条件なものとなった」と指摘した。ここで、政教分離原則は信教の自由の保障をヨリ確実にするため設けられたとの認識が示されたのである。

神道の教義を広め・春秋の例大祭や合祀祭のような宗教儀式を行ない・信者の教化育成をすることを主たる目的とし・拝殿や本殿等という礼拝施設を備える憲法上の宗教団体である靖国神社への小泉首相の職務行為としての参拝は、「靖国神社に合祀されている戦没者の追悼を主な目的とするものであっても、宗教とのかかわり合いをもつ」ものであり、「本件参拝が、（小泉の）将来においても継続的に参拝する強い意思に基づいてなしたものであること、本件参拝直後の終戦記念日には、前年の二倍以上の参拝者が靖国神社に参拝し、閉門時間が一時間延長されたことなどからすれば、本件参拝によって神道の教義を広める宗教施設である靖国神社を援助、助長、促進するような効果をもたらしたというべきである」。かくして判決は、「以上の諸事情を考慮……して判断すると、本件参拝は、憲法上の問題があり得ることを承知しつつされたものであって、憲法二〇条三項によって禁止されている宗教的活動に当たり、同条項に反し違憲となる」と述べた。しかし、小泉首相の靖国参拝に「違憲」判断を下しながらも、判決は、「参拝は、原告らに対して信教を理由として不利益な取り扱いをしたりするものではないから、原告らの信教の自由を侵害したものとはいえない」として、原告らの損害賠償請求を棄却したのである。

しかし、井上薫が「蛇足判決」と批判する本件判決の結論部分末尾で、亀川清長裁判長は、「……〔不法行為は成立しないとして原告らの請求をいずれも棄却したにもかかわらず〕本件参拝の違憲性について判断したことに関しては異論もあり得るものと考えられる」云々と判示し始めたのである。その「蛇足」の部分で亀川裁判長が示した、「現行法の下においては、本件参拝のような憲法二〇条三項に反する行為がなされた場合であっても、その違憲性のみを訴訟において確認し、又は行政訴訟によって是正する途もなく、原告らとしても違憲性の確認を求めるための手段としては損害賠償請求訴訟の形を借りるほかなかったものである」という見解は、現代型憲法訴訟に課された「不利な立場の少数者」の人権保障という重要な役割を正確に認識したものである。また、「裁判所が違憲性についての判断を回避すれば、今後も同様の行為が繰り返される可能性が高いというべきであり、当裁判所は、本件参拝の違憲性を判断することを自らの責務と考え、前記のとおり判示するものである」という見解は、裁判の紛争解決機能のみでなく政策形成機能をも的確に視野に入れた卓見である。[22] だからこそ、「敗訴」したにもかかわらず、原告団長の郡島恒昭は、「はっきりと違憲と認めた判決で、完全勝利と思っている。原告側主張を細かいところまで採用しており、これ以上の判決は出ない」と述べて、控訴しなかったのである。[23]

しかし、福岡地裁判決を支持する田中伸尚が「〔判決で〕原告らが参拝によって被害を受けているという訴えがあたかも方便のように捉えられているところは違和感もある」と述べていることからも窺われるように、現代型憲法訴訟のもつ重要性はいまだ憲法問題を主題に秀れたノンフィクションを次々と著わしている作家にさえも十分には理解されていないのである。

本件判決の模範的判決理由は、「本件参拝があったと仮定しても、原告らの損害は認めることはできないので、本件請求はいずれも理由がない。原告らは、本件参拝の違憲性について判断するよう強く求めるけれども、この判断は主文に影響を及ぼさないから、この点について当裁判所は判断する権限を有してないため、判断しない」というものとなると考える井上薫は、亀川裁判長が下した「蛇足判決」の問題点を、大略、次のようにまとめる(25)。すなわち、「憲法判断で敗けた小泉首相は、靖国神社をめぐる政治状況で苦境に立つ。とりわけ、首相の靖国神社参拝に強い不快感を示していた中国や韓国が本件判決をきっかけに小泉批判を強め、更なる外交関係の悪化が招かれることになる。外交の素人である裁判官が、必要もない判断を判決理由欄のなかで示すことにより、日本が外交上困難な立場に陥るような事態をもたらすことは、許しがたい暴挙である。ところが、本件では、憲法判断で敗けた被告らは大きなマイナスを受けているのに上訴権を有さず、他方、憲法判断で勝った原告らは、本件判決に満足して上訴しなかった。最高裁は、憲法問題についての最終判断権者であるが、当事者からの上訴がなく下級審で確定した場合は、憲法裁判で敗けた小泉らに不服があるにもかかわらず、最高裁自身が憲法判断する機会はなくなる。本件判決が蛇足の憲法判断をしなければ、このような矛盾は生じなかった。法律は、裁判所が蛇足を加えることなどありえないことを前提として、主文で敗けた当事者にのみ上訴権を与えている。それゆえ、裁判所の蛇足は、法令のおよそ予測しない事態である」と。

純粋な「法」の観点から「蛇足判決」の検討を行なっているはずの井上が、本件判決により強められた靖国参拝批判によって中国や韓国との外交関係が更に悪化するということは、リーガリズムの観点からすれば「蛇足」であろう。裁判官は、そのような裁判の政策形成機能あるいは判決の発語媒介効果など一切考慮することなく、純粋に「法」的見地から判決を下せばよいというのが井上の立場のはずだからである。ところで、判決直前の福岡地裁や原告側関係者たちには脅迫電話が相次いでいたという。そのため、亀川裁判長は、判決を書く際に、遺書を認めていたといわれる。(26) その判決は「国賊」(27) が犯した「許しがたい暴挙」だから、亀川がそのような「身の危険」を感じても仕方がないということになるのであろうか。井上はもちろん、そのような脅迫を認めないであろう。しかし、少なくとも「蛇足判決」を「国賊」が犯した「許しがたい暴挙」と捉える感性においては、脅迫者の悪意と井上の非難は通底しているように思われる。

ところで、既述のように、J・フランクは「〔裁判官が〕判決を下すまでは、その問題に関する法はまだ存在していない」と論じている。(28) このフランクの見解に従えば、岩手靖国違憲訴訟において、「勝訴」した被告側にとって、仙台高裁判決＝「ねじれ判決」は、「判決という名に値しない判決」＝「法という名に値しない法」であった。同様に、福岡靖国参拝違憲訴訟においても、「勝訴」した被告側にとって、福岡地裁判決＝「蛇足判決」は、「判決という名に値しない判決」＝「法という名に値しない法」であったのである。

このように、「ねじれ」というコミュニケーションの「歪み」に関して、原則として、仙台高裁判決と福岡地裁判決は同一の構造を有していると言えよう。しかし、前者と異なり、後者ではいわゆる「黙示命題」に相当するものが「蛇足」部分で「明示」されてしまっているのである。仙台高裁判決の場合、「黙示命題」の効果は「気づかれてはならない」（ハーバーマス）のであるが、他方、福岡地裁判決の場合、「明示」された「黙示命題」に相当するものが狙う効果は「公然と表出されている」のだ。そのゆえ、仙台高裁判決は典型的な成果志向的言語使用＝戦略的行為と見なすことができるが、福岡地裁判決はまさに「蛇足判決」であるゆえに成果志向的言語使用＝戦略的行為と了解志向的言語使用＝コミュニケーション的行為のアマルガムと理解することが可能であろう。すなわち、後者は、被告側からすれば「憲法判断で敗けた被告らを形式勝訴させることにより上訴権を与えなかった」ことについては戦略的行為であるが、「当裁判所は、本件参拝の違憲性を判断することを自らの責務と考える」と述べたことについてはコミュニケーション的行為であったのである。ハーバーマス理論において、それを「前進」と見るか、「後退」と見るかは、微妙なところである。

宗教的少数者は、国旗・国歌法が制定されたことにより再び困難な問題と直面させられることになる。既述のように、「国旗・国歌が強制されることにはならない」との見解を表明しつつ「嘘」をついて、着々と日本政府が強制を進めることによって、国旗・国歌法という「法」は「法という名に値しない法」＝「管理的指令」へと変質してしまった。国旗・国歌法という「管理的指令」が「法内在道徳」ないし「法随伴道徳」に違反しつつ強制されることにより、とくに教育の現場にいる宗教的少数者の良心の自由や信教の自由が侵されているのである。そこで、宗教的少数者らが新たに「違憲訴訟を提起する」という法的言語行為を遂行し、その「不利な立場の少数者」の異議申し立てに対する「応答可能性としての責任」を果たそうとする裁判官が、「ねじれ判決」や「蛇足判決」を下すことになるかどうかは、今後注目されることになろう。

（1） 高橋哲哉『靖国問題』（筑摩書房、二〇〇五年）一〇九頁。
（2） 井上薫『司法は腐り人権滅ぶ』（講談社、二〇〇七年）六四頁以下。

(3)　宮沢俊義『憲法と天皇』(東京大学出版会、一九六九年)。
(4)　山下健次「制度的保障の法的性格とその問題点」『公法研究』二六号所収、戸波江二「制度的保障の理論について」『筑波法政』七号所収等参照。
(5)　横田耕一「『信教の自由』の問題状況」『Law School』四六号所収等参照。
(6)　横田耕一「地鎮祭と政教分離の原則」樋口陽一編『別冊法学教室・憲法の基本判例』所収等参照。
(7)　佐藤功『憲法問題を考える』(日本評論社、一九八一年)五三頁以下。
(8)　『報告書』の内容については、『ジュリスト』八四八号所収を参照。
(9)　奥平康弘『ヒラヒラ文化批判』(有斐閣、一九八六年)一四〇頁。
(10)　同右書・一四一頁。
(11)　小畑清剛『言語行為としての判決』(昭和堂、一九九一年)第五章。
(12)　戸松秀典『司法審査制』(勁草書房、一九八九年)二五八頁。
(13)　J・N・シュクラー『リーガリズム』田中成明訳(岩波書店、一九八一年)。
(14)　小畑・注(11)第二章。
(15)　J・ハーバーマス『コミュニケーション的行為の理論・中』藤沢賢一郎ほか訳(未来社、一九八六年)七頁以下。
(16)　小畑・注(11)第二章以下参照。ハーバーマス理論の弱点を鋭くつくものとして、西阪仰「普遍語用論の周縁」藤原保信ほか編『ハーバーマスと現代』(新評論、一九八七年)所収一六一頁以下参照。
(17)　澤藤統一郎『岩手靖国違憲訴訟』(新日本出版社、一九九二年)一四頁以下。
(18)　井上五郎「裁判をふりかえって」高橋利明ほか編『ドキュメント・現代訴訟』(日本評論社、一九九六年)二二七頁。なお、奥平康弘『法ってなんだ』(大蔵省印刷局、一九九五年)一一一頁も参照。
(19)　百地章『政教分離とは何か』(成文堂、一九九七年)一二六頁。
(20)　以上の経緯について、岩手靖国違憲訴訟を支援する会編『岩手靖国違憲訴訟・闘いの記録』(新教出版社、一九九二年)参照。
(21)　J・フランク『法と現代精神』棚瀬孝雄ほか訳(弘文堂、一九七四年)。
(22)　裁判の紛争解決機能と政策形成機能の関係については、田中成明『裁判をめぐる法と政治』(有斐閣、一九七九年)参照。

(23) 『読売新聞』二〇〇四年四月七日(夕刊)参照。
(24) 田中伸尚『ドキュメント・靖国訴訟』(岩波書店、二〇〇七年)一二六頁。
(25) 井上・注(2)八二頁。
(26) 斎藤貴男『ルポ改憲潮流』(岩波書店、二〇〇六年)一一八頁。
(27) 井上・注(2)一〇八頁以下は、亀川裁判長を「国家公務員の風上にもおけぬ国賊」とまで呼んでいる。
(28) フランク・注(21)九四頁。

第10章 日本国憲法と「一人前」でない者の人権——ゲワース・ロールズ批判

日本社会における「不利な立場の少数者」はそれぞれに深刻な疎外状況＝人権侵害状況に置かれてきたが、そのことに関する憲法学者の認識は必ずしも十分ではないようである。それは、憲法学者の「人権」についての捉え方と関係があるように思われる。この問題に一つの重要なヒントを与えてくれるのが、奥平康弘の論文「〝ヒューマン・ライツ〟考」である。奥平は、「もし憲法学者にして特定の権利主張を総括的な概念としての『人権』とからめておこなうことに意義を感ずるのであれば（すなわち、『これこれは『基本的人権に属するのだから』』、しかじかの効果を持つべきであるといった主張をするのであれば）、そもそも『人権』たる根拠（justification）をもっと真面目におこなうべきである」と主張する。[1] 奥平によれば、「なかなか魅力的に〝ヒューマン・ライツ〟根拠論に取り組んでいる」哲学者はA・ゲワースである。奥平は、ゲワース理論を、大略、次のように要約している。議論の出発点として大変に重要であるので、少し長くなるが引用しておくことにする。[2]

ゲワースは、次の四つの主要段階を踏んで根拠論を展開する。第一、どんな主体も、自分の行為の目的は、この目的を目指すさい基準となった、その基準(これは、かならずしも道徳的な基準とはかぎらない)に照らしていえば、善(good)である、と考える。第二、いま現に行為する主体もしくは将来行為するであろう主体はすべて、論理的にはしたがって、自由と福祉(freedom and well-being)が自分にとって必要な goods(善いこと、必需品)と考え、あるいはこのことを承認しないわけにゆかない。というのは、これらは自分の目的達成のための自分の行為に必要な条件だからである。つまり、主体は、自分はこれらを持たねばならぬ(*must*)と考えるのである。第三、論理的にはしたがってまた、主体は、自分は自由と福祉への権利(rights)を持つと考え、あるいはこのことを承認しないわけにゆかない。なぜなら、もしかれがこのことを否定しようものなら、他者が自分の自由と福祉を踏みにじったり妨害したりすることができ、自分には自由と福祉は持てない(持つことが許されない)(*may not*)ということを、承認しなければならなくなってしまう。しかしこのことは、先述の、自由と福祉は必要な goods だから持たねばならない(*must*)という、かれの信念と矛盾するのである。第四に、主体がおのおの、これらの権利を主張(claim)しなければならない根拠は、自分は目的に即して行為するであろう主体(a prospective purposive agent)である、という理由だけで十分である。この根拠によれば結局、すべての、目的に即して行為するであろう主体(all prospective purposive agents)は、平等に、かつそれ自体として(無条件に)、自由と福祉への権利を持つという結論を、論理的に承認しなければならない。

奥平も指摘するように、ゲワースの道徳哲学の中核は、カントの定言命法を想起させる、「汝自身の総称的な権利と同様に、汝の相手方の総称的な権利にも合致するように行為せよ」という命題であるが、次のような「弁証法的に必要な方法」と称するゲワースの〝ヒューマン・ライツ〟論の構成を、奥平は「非常に上手な論理構成」として高く評価しているのである。(3)

ゲワースの〝ヒューマン・ライツ〟論の特質は、私の理解するところによれば、第一に行為という、すべての人間のおこなうことがら（それは、生きるということと同義に解していいと思うのだが）に着目したこと、第二に、その行為が当該主体の〝善〟と見做す目的に照らして選択的に（purposively）着手するものであること、第三に、着手するにさいし、あるいは当該行為が成功裡に完了する——すなわち目的を達成する——ためには、なんらかの環境的・手段的な前提条件が不可欠であるという認識を押さえること、第四に、ここでいわゆる前提要件とは、「自由と福祉」をいうのであって、これは作為の総称的な特質をなすものとして提示していること、そして第五に、このように「自由と福祉」はあらゆる行為主体の必要前提条件だから、あらゆる主体がこれを充足する権利を持つということ、——こういった点にある。あえて私流にそれらの意義を考察してみると、あらましこうなる。第一の、人間の行為（生きるために行為をするということ）は、それだけとれば、動物一般と同様、自然である（事実である）。けれども、動物一般はいざ知らず、こと人間にかんしては——いまわれわれは考察の対象を、善かれ悪しかれ人間にかぎっているのであるが——行為に当たって目的を選択し、かつ目的に向かって行為することを〝善し〟と判断して、これをおこなうという要素が入ってくる。この、第二の領域にみられる意欲的（conative）、目的指向的（purposive）な要素は——神からみればこれも所詮〝自然的〟なものであろうが、——われわれ人間においてはこれはたんに〝自然的〟なものたることから区別されて〝主観的〟なものとされている。そして、この〝主観的〟なものは、ある目的のもとである行為が選択され実行されるにさいし、それなりになされる〝善し〟とする判断を内包する。ここで「それなりに」ということばを用いたが、これは、ゲワースの用語法でいう〝prudence〟という語をあえて私流に言い換えたものなのであって、道徳や法などの規範的な評価とは独立に、われわれが日常的に自分の一個の私的利益・私的目的達成に照らして〝善し〟とする、あの種の判断のことだと理解していいと思う。さて、第三の、環境的・手段的な前提条件は行為作用の総称的な特質として必要不可欠だというのであるから、主体は行為作用のためにこれを持つ必要がある。——つまり〝prudential〟な意味合いにおける権利、別言すれば、当該行為主体なりの権利（prudential rights）を持つことになる。けれども、この権利は、行為主体固有の標識に照らして権利であるにすぎなく、けっして道徳上の権利ではない。これが、道徳上の権利、したがって〝ヒューマン・ライツ〟でありうるためには、どんな主体もすべて、この権利を持つということを承認する必要がある。ところが、第四点で明らかなように、この前提条件とは、すべての行為主体にとっての必要条件なのだから、万人がこの充足を主張することができる権利（claim-rights）であり、そしてこれはかかるものとして普遍性を有する道徳上の権利すなわち〝ヒューマン・ライツ〟たるのである、というのである。

そして、奥平は、ゲワース理論を、「行為と、行為にとって客観的なニーズ（自然＝事実）、このニーズに対する資格づけ（公正なニーズ配分への entitlement）および万人の普遍的な権利の成立」という「弁証法的に必要な方法」と称される論理展開によって「事実から規範、そして普遍的権利へと展開するものとしての〝ヒューマン・ライツ〟」を根拠づけるものとして高く評価するのである。(4) いわゆる「弁証法的に必要な方法」を詳しく紹介したのは、ゲワース理論を、奥平のみならず、佐藤幸治も、その日本国憲法の解釈論として中核に据えるという「人格的自律権」の基礎づけの観点から、特に注目しているからである。(5)

しかし、奥平や佐藤も認めるように、このような〝ヒューマン・ライツ〟論には、「〝ヒューマン・ライツ〟論で前提とする主体（agent）が、俗なことばでいえば、一人前の人間とされていることから生じる」困難が待ち受けている。奥平によれば、「一人前、すなわち最小限の程度において理性的な判断能力を具えている者」が前提とされるが、「すべての人間は、この意味では一人前とはいえないのである」。すなわち、「こども、ある種の老人、精神障害者、脳疾患者などは、善かれ悪しかれ、この点では欠けるところがある」と言わなければならない。(6)

愛敬浩二は、奥平はここで「人権の原理論のレベルで、『人権』主体の境界設定を行なっている」と指摘するが、当然ながら、その境界設定にともなう困難を、ゲワース理論も免れているわけではない。(7) 実際、奥平自身、次の

ように論じている。(8)

例えばゲワースの場合、この方面の能力（自発的に目的適合的な行為をなしうる能力）の程度に応じて〝ヒューマン・ライツ〟の範囲が縮減されるという考え方がとられている。能力が小さければ小さいほど、〝ヒューマン・ライツ〟も小さくなると解するのであるが、こうした立場は、弱小者の〝ヒューマン・ライツ〟を無視するものという非難を招来させることになっている。

「一人前」ではない人間の〝ヒューマン・ライツ〟は無視できるのか、あるいは彼（女）らはそもそも〝ヒューマン・ライツ〟を持たないのか——この困難に奥平は、「こどもあるいは老人は、平均的権利としての、あるいは平均的人権でしかないところの『人権』以外の、あるいはそれ以上の権利を必要としているはず」であるという立場から、「能力に応じて〝ヒューマン・ライツ〟の配分が小さくなると解するゲワースのような立場の背後には、総称的・一般的な性質を持つ〝ヒューマン・ライツ〟の配分が少なくなった分だけ、こんどは、それぞれの特殊事情に適合的な権利が相応じて承認される、という関係になるのではなかろうか」と論じている。(9)

奥平と同様ゲワース理論を高く評価する佐藤幸治も、同じような困難に直面するが、その困難から脱出する道を、次のような若松良樹の見解(10)に見出している。

最近では権利の根拠を権利主体の属性にではなく、権利主体をみるわれわれの側の共通理解に求めるコペルニクス的転回が行われている。つまり、われわれは一定の属性をもった道徳的人格として相手を扱わくてはならないのであり、相手が実際にそのような属性をもっているかどうかはまた別問題であるというのである。……「〔ゲワースやJ・ロールズの理論では〕まず第一に、法や政治や道徳といった観念には一定の能力をもった人格観が内在していることを描き出し、次に、われわれが法などを用いる以上、そこで前提としている人格の存在を必要としており、この人格が可能になるための前提条件として自由や人権を正当化する。ここでは相手が実際にそのような能力を有しているかどうかは問題ではなく、そのような能力を付与する、あるいは保護する政府の義務に人格を基礎づけるのである。

「主体」の境界設定の問題に関して、若松はゲワースとロールズについて、そのコペルニクス的転回を指摘するが、ゲワースを評価する奥平も、「従来の『人権』論は、次のような形でなんらかの社会契約論を前提とする」と断定し、J・ロールズの『正義論』に言及している。(11)

現代のもっとも偉大な政治哲学者のひとりであるロールズ……も、みずからの説く『公正としての正義』の不可欠な論理的前提として、社会契約論をもってくる。……社会契約ということによってなにを具体的に意味するかは問題であるが（われわれは、憲法や法律の制定手続をそれに該当するものと想定し得るであろう）、どちらにしても「人権」の「権利化」には――それが誰かの「義務」負担を意味するものであるだけに――ひとびとの合意手続がなければならない。

佐藤は若松の言うコペルニクス的転回をもって、「筆者〔＝佐藤〕が『人格的自律権』として考えようとした方向も、哲学固有の問題を離れてより法学的ないい方をするとすれば、結局はこういうことであったのではないかと大いに納得するところがある」と論じるが、(12)問題はそのように簡単に「納得」できるものではない。

例えば、深田三徳は、ゲワースの理論は、「目標志向的な理性的行動作用」という観念だけから人権の内容すべてが導きだせるかどうか疑問であり、「ごく単純な観念を前提にして、あまりに多くのものを抽出している」と言わねばならないが、他方、ロールズの理論も、「『自由で平等な道徳的人格としての市民の間の公正な協働体系としての社会』という出発点の根本的観念にすでに結論が暗黙的に含まれている」ような「一種の循環論法」であるにすぎず、「原初状態の『無知のヴェール』、合理的で分別ある人格、道徳的人格の二つの道徳的能力、よく秩序づけられた社会などは、最初に想定された結論を導きだすための装置である」と論じている。(13)

コペルニクス的転回が単なる「循環論法」のためのものであるなら、なおさらゲワースやロールズにおける行為（行動）主体ないし契約主体の「境界設定」の問題には決定的に重要な欠陥が潜んでいると言わなければならない。

例えば、杉田敦は、「そもそもの契約当事者の範囲の決め方についての恣意性」を主題化する。すなわち、「万人が同意した、ということに根拠をもつ秩序でありながら、その『万人』とはどの範囲の人々なのかが、あらかじめ決められてしまっていたのではないか。こう考えると、どのような契約論も、あらかじめの『囲い込み』という事実性に立脚している面がある」ということである。そして、その事実性は、しばしば暴力によってもたらされたものである。「実際には征服等によって囲い込まれた人々が、その同意を、事後的に契約論によって擬制されているにすぎない場合が多い」のはそのためである。(14)

このような杉田の問題提起を承けて、関谷昇は、「二〇世紀後半におけるポストモダニズム隆盛の中で、社会契約説は根本的に否定されていると言っても過言ではない」と断じている。(15)

簡単に言えば、個人の尊重と権力の創出を「自然権」や「主権」といった規範的表象によって同一的に括ろうとする社会契約説の言説は、いわば現実の実体としての個々人の差異を尊重するどころか、むしろその表象が事実次元の個人とのズレを生じさせ、現実に生きる人々を隠蔽・抑圧し続ける権力構造を弁証化することにつながっている。……これは主権をはじめとする法的思考それ自体に内在する暴力性の告発に外ならず、この法的思考を採用する社会契約説も、その批判を免れない。

もちろん、杉田や関谷は、Ⅰ系列（民族・人権・国籍系列＝空間系列）における「われわれ＝われらⅠ」―「かれらⅠⓑ」関係に議論の焦点を合わせているが、K・S・シュレーダー＝フレチェットがロールズの言う「原初状態」における「無知のヴェール」を世代間の公平にまで拡張することを試みている事実からも窺えるように、それはⅡ系列（世代系列＝時間系列）における「われわれ＝われらⅡ」―「かれらⅡⓑ」関係にも、多少必要な修正を加えれば、適用できることは明らかであろう。[16]

関谷によれば、「規範的に想定された『主体』とは、事実次元の『個人』を共通の表象によって把えたものに外ならない。社会契約の主体は自然権を有する『法的主体』として想定され、その法的主体たる個々人が合意によって政治社会を創出する理論が『契約』概念によって説明される。問題は、そうした事実としての存在を規範的表象によって『主体化』する恣意性であり、抽象的個人から『主権』主体とその権力行使を導出するという論理性それ自体にあるとされる。その主体化と同一化は、個人主体から主権主体を導く観点に政治権力の正統性を求めるということが、その抽象性において、事実次元とは乖離したところで規範原理を自己完結させてしまうということを内包している」のである。[17] コペルニクス的転回をしてみても、それがゲワース流の行為（行動）主体であれ、ロールズ流の契約主体であれ、「われわれ」を主体化＝同一化する暴力は、何らかの意味で「一人前」でないとしてのその「主体」から排除した「かれら」を外部に固定化しつつ、仲正昌樹の言う「ループ」を自己完結的に閉ざしてしまうのである。

この点について、ロールズと「規範理論を展開するに際して社会契約論と合理的選択理論とを密接に結合させていること」および「社会契約論が道徳理論としての完全性を備えるために満たさなければならない要件として挙げられているものが原則として一致していること」という共通点を有するとされる、D・ゴーティエの『合意による道徳』から興味深い一文(18)を引用することにしよう。

動物、胎児、生まれつきの身体障害者や知的障害者は、相互性と結びつけられた道徳の射程内には属していない。道徳的拘束がなければ人間の道徳的諸関係は「愚か者」の嘲りの犠牲になってしまうが、道徳的諸拘束を遵守しようとする気質は、期待利益の範囲内においてのみ合理的に擁護されうるだろう。

この文章に注目しつつ、飯島昇藏は、「問題なのは、道徳的諸関係に入っていくことのできる行為主体から――動物や胎児をひとまずおけば――障害者たち……が最初から排除されていることである。かれらは『相互利益としての協働事業』に最初から参加することができないのである。かれらがこのゲームに参加できないのは、その性別や、自己が所属するカルチャーや、エスニシティーや、宗教や、その他の要因のためではなく、まさにかれらには『私的な利益を極大化しようとする人びとの潜在的なパートナー』となるための要件が欠けているからである。この問題に、社会契約論は、そして合理的選択理論は、どのように解答することができるのであろうか」

と問いかけている。[19] 奥平の表現を用いて言えば、認知症の老人が「自発的に目的適合的な行為をなしうる者」として「一人前」の行為主体ではないように、知的障害者は「私的な利益を極大化しようとする人びとの潜在的パートナー」として「一人前」の契約主体ではないことになる。この難点は、ゴーティエ理論のみではなく、ロールズの「原初状態」やJ・ハーバーマスの「理想的発話状況」に関しても確認されることになる。

内藤淳によれば、「原初状態」や「理想的発話状況」において何らかの規範原理が「合意」されるとする想定には、「人間とはこういうものに対して合意するものだ」という人間理解が含まれている。すなわち、「原初状態」では、「想定されているルールが自分にとって最も利益的だと思うときに人間はそれに合意するという『利己的人間』像が想定され」ており、「理想的発話状況」では、「論じられている対象が論理一貫して筋が通っていると思うときに人間はそれに合意するという『合理的人間』像が想定されている」のである。[20] その想定は、まさに深田の言う「一種の循環論法」をもたらすものであるが、そのことを逆から言えば、利己的人間像や合理的人間像に合致しないものは、「一人前」の人間とは見なされず、自己完結する「ループ」から排除されるということである。ゲワースの言う「理性的で目的志向的な行為主体」でないものが、「ループ」から排除される「一人前」でないものであることは言うまでもない。

ここから、奥平は逆に、例えば認知症の老人は「平均的人権でしかないところの『人権』以上の権利」を必要としていると結論づけたが、ゴーティエと類似した社会契約論を展開するロールズは、「〔知的ないし身体障害者をどのように扱うべきかという〕難しい事例は、……その運命が憐憫と不安を呼び起こす、われわれと隔った人々のことを考えざるをえなくすることによって、われわれの道徳的な識別能力を混乱させることにもなりうる」と論じて、多様な人間存在の一つである障害者を「無視」ないし「後回し」にしようとしている。[21] ここではまさに、一方で「社会契約の主体として『一人前』の人々」＝「われわれ」が暴力的に同一化されており、他方で「われわれから隔った『一人前』でない人々」＝「かれら」が恣意的に契約主体から排除されてしまっている。障害者をめぐる困難な事例を捨象したロールズのコペルニクス的転回が、主体の恣意的な境界設定を自明なものと錯視する悪しき「循環論法」に堕落することは必然的である。それゆえ、A・センも、次のように批判する。[22]

〔障害者問題がわれわれの道徳的な識別能力を混乱させることにもなりうるということは〕ロールズの言う通りかも知れない。だが、難しい事例は現実に存在しているのだから、身体上の廃疾、特別な治療のニーズや心身の欠陥といった事柄が、道徳的に重要な意義を有していないなどと見なしたり、間違いを恐れるあまりにそれを考慮の外に置くことは、必ず逆の意味での過ちを生じさせるに違いなかろう。

このセンによるロールズ批判は正鵠を射ている。もちろん、それと、ロールズの重視する「基本財の平等」よりもセンの提唱する「基本的潜在能力の平等」がヨリ正しいか否かは別に論じるべきイシューであるが、ゴーティエやロールズがセンの言う「逆の意味での過ち」を犯していることは明らかである。『正義論』の構築をポジティヴに志向するロールズの政治哲学は、その精緻な「体系」から、「細部」に居てつぶやきかける先天性身体障害者や知的障害者の「リアリティ」が「ずるずるっと抜け出していく」ことに確信犯的に眼を閉ざしてしまうのである。しかし、環境思想と優生思想が結びつきつつある今日、すなわちⒾ系列〔民族・人種・国籍系列＝空間系列〕の「われわれ＝われらⒾ」―「かれらⒾⓑ」関係における「土地」管理や「国籍」管理の問題よりも、むしろⒾⒾ

系列（世代系列＝時間系列）の「われわれ＝われら⑪」＝「かれら⑪ⓑ」関係における「生殖」管理の問題がヨリ深刻になりつつある今日、環境汚染のバロメーターとして「生まれて来てはならない存在」と見なされる障害者たちの「リアリティ」に敢えて眼を閉ざすロールズが犯した「過ち」は「致命的な過ち」となりかねないのである。

凄惨な相互殺戮を繰り返した宗教対立に注目しつつリベラリズムの正当化を試みるロールズの理論(23)では、道徳的な識別能力を混乱させる「厄介者」としての知的障害者や身体障害者が訴える平等への要求は「無視」ないし「後回し」にされる。他方、優生思想と知的障害者や身体障害者の関わりに注目しつつバイオエシックスの展開を試みるハーバーマスの理論(24)では、コミュニケーション的な「歪み」をもつ戦略的行為を行なう「厄介者」としての宗教的少数者の遂行する「違憲訴訟を提起する」という実践は「寄生的」なものとして斥けられることになろう。

「人間は多様であり、しかも様々なかたちで多様である」（A・セン）、あるいは「われわれは、人間であるという点ではすべて同一であるけれども、誰一人として、過去に生きた他者、現在を生きている他者、将来に生きるだろう他者と決して同一でない」（H・アレント）という人間の「多様性」ないし「複数性」の現実は、『正義論』の精緻な「体系」構築を目指すロールズの政治哲学において、および『コミュニケーション的行為の理論』の壮大な「体系」構築を目指すハーバーマスの社会哲学において目をつむられてしまう。築き上げようとする『正義論』や『コミュニケーション的行為の理論』の方が、それらの学問が拠って立つ（身体障害者や宗教的少数者などの人間存在が生きる）現実よりも大切だと考えるロールズやハーバーマスは、各々の理論「体系」に収まりきれない「厄介者」＝「非同一的なるもの」（Th・アドルノ）に関する現実を、グランド・セオリーを構築しようとする偉大な学者の有する野心や権威によって切り捨ててしまうのである。これらはまさに、事実としての人間存在の一現象形態である「（利己的人間像ないし合理的人間像から隔った）厄介者」を捨象して、自己の理論「体系」の構築にとって好都合なものを仮想的に先取しつつ規範的表象によって「主体化」する際に、不可避となる恣意的な境界設定行為である。

ところで、かつて『トラクタトゥス』を発表した前期の立場から『哲学探求』を著した後期の立場へと「転向」したL・ヴィトゲンシュタインは、その後期の立場を象徴する表現として、「私たちは氷の上へ入り込んでしまった。ここには、摩擦がなく、或る意味では条件は理想的なのであるが、それだけに進むことが出来ない。私たちは進みたいと思う。そこには摩擦が必要なのだ。ザラザラした大地へ戻ろう！」という言葉を書き記した(25)。様々に現象する人間存在の多様性や複数性の現実に背を向けて抽象的な滑らかな契約行為空間ないし言語行為空間を仮想したロールズの「原初状態」やハーバーマスの「理想的発話状況」では、「体系」構築にとっての「条件は理想的である」。しかし、そこには「摩擦がない」から、進むことはできない。ロールズが進むためには利己的に行為できない知的障害者や身体障害者という「厄介者」＝「摩擦」が不可欠であり、ハーバーマスが進むためには戦略的に行為する宗教的少数者という「厄介者」＝「摩擦」が必要である。しかし、ロールズとハーバーマスにとって、利己的人間像および合理的人間像に背馳する「『一人前』でない者」＝「厄介者」＝「摩擦」は、理論「体系」構築のための規範的境界設定において、自己完結的に閉ざされた「ループ」の滑らかな内部の「われわれ」ではなく、その「ループ」の外部に恣意的に放逐された「かれら」なのである。

だからこそ、障害者や宗教的少数者という「不利な立場の少数者」の置かれた深刻な疎外状況＝人権侵害状況に接近するためには、「一人前」の利己的人間や合理的人間を先取り的に仮想してポジティヴな立場から「摩擦のない滑らかな理想空間」について雄大な理論「体系」の構築を目指すロールズやハーバーマスの学知ではなく、「摩擦のあるザラザラした大地」から離れることなくネガティヴな視角から複雑で多様な現実について鋭い分析を試みたL・L・フラーとJ・L・オースティンの考察が必要であったのである。「不利な立場の少数者」が巻き込まれている錯綜した現実をハサミで切開するためには、現実とハサミの間にザラザラした接点が存在しなければならないが、それには摩擦がゼロになるまで研ぎ澄まされすぎたロールズやハーバーマスのハサミではなく、粗削りで素朴なフラーやオースティンのハサミこそが適しているのである。しかし、現在、ロールズやハーバーマスの理論と比較して、フラーやオースティンの理論は高い評価を得ていない。例えば、フラーの「法内在道徳」に関するネガティヴな接近には、長谷部恭男や井上達夫によって次のような厳しい批判が投げかけられている。

長谷部は、「大工が堅固な家を建てようとするならば必ず従わなければならない条件があるように、人の行動をルールによって規制しようとするならば、法の支配の合意する諸原則に必ず従う必要がある。これらの原則は、それを完全に達成することは不可能であるが、なおその実現を目指して努力すべき『目標の道徳 morality of aspiration』であり、また、個々の法が何を要求するかにかかわらない点で、法の手続的あるいは内的な道徳（internal morality of law）である」というフラーの見解を紹介したうえで、次のような批判的見解を開陳する。(26)

フラー自身の挙げる大工の比喩自体が示しているように、法の支配の諸原則が道徳と法との必然的なつながりを意味しているとは考えにくい。大工が建てる堅固な家は、悪党の巣にもなれば、病院として利用することもできる。同様に、法が法として機能するための条件を備えていることは、それ自体としては、法が道徳的であることを意味しないはずである。切れ味のよいことがナイフの道徳性を意味しないことと同様であろう。

「法の支配の正義志向性と民主的正統性を両立させる試み」として形式化プロジェクト・実体化プロジェクト・プロセス化プロジェクト・理念化プロジェクトを列挙する井上達夫は、理念化プロジェクトを支持する立場から、フラーの形式化プロジェクトのもつ限界を強調する。(27)

〔形式的ないし手続的自然法論は〕人民意志に実質的価値選択を委ねつつも、人民意志の法的定式化や執行手続がもつべき「法の形式」の内に、権力行使の恣意性に最小限の歯止めをかける規範的制約を読み込もうとする。「人間行為を準則の支配に服せしめる企て」としての法観念から既述の法内在道徳を導出するフラーの理論は、このような試みとして位置づけられる。そこでは権力行使に対する最小限の規範的制約は権力行使の予見可能性ないし行動の事前調整可能性の保障として統括しうるほどに希薄化されている。シュクラーはそれをナチ的二重国家とも両立すると批判したが、この批判は公正ではない。法内在道徳はたしかに希薄化されているが、そこに含まれる公権力と法令との合致の要請を他の法内在道徳とともに貫徹するなら、かかる二重国家は排除されるだろう。人民意志に対する独立の規範的制約としての法の支配の機能を保持しつつ、その制約をあえて予見可能性・事前調整可能性の保障にまで希薄化することで、法の支配を民主政と両立させる試みとしてフラー理論を再解釈することができる。

このようにフラー理論をある程度評価しつつも、井上は、「形式化のプロジェクトの致命的欠陥は、法の支配が民主社会で期待されている最も重要な役割、すなわち人民意志の支配が多数の専制に転化する民主政の内在的危険性に対する抑止機能を果たせないことである。議会立法に規範的制約を課さない形式的法治国家がかかる抑止機能をもたないことは明らかだが、フラー流の法内在道徳もかかる機能を果たすには希薄すぎる。多数者の少数者に対する差別や抑圧は予見可能・事前調整可能な形で『構造化』されうる」と論じている。このような考察から井上は、「不法な法も法でありうるが、正義要求（正義による正当化可能性へのクレイム）を欠く法は『強盗の脅迫』（威嚇によって支持された命令）と区別されえず、もはや法ではない。法はフラーの言う『人間行動を準則の支配に服せしめる企て』に解消されず、むしろ『人間行動を正しい準則の支配に服せしめる企て』、すなわち正義への企てである」という結論を導出する。そして、フラーの「法の支配の〈弱い構造的解釈〉（＝予見可能性・事前調整可能性の保障）」＝「形式化プロジェクト」に代えて、井上自身の「法の支配の〈強い構造的解釈〉（＝正当性を争う権利と法の普遍主義的正当化可能性の保障）」＝「理念化プロジェクト」を提示するのである。(28)

たしかに、長谷部による批判は、フラー理論の弱点を的確に射抜いているかもしれない。また「正義への企て」を強調する井上が唱える理念化プロジェクトが魅力的なものであることも否定できないであろう。しかし、見逃してならないのは、法の支配の「強い構造的解釈」ではなく、フラーの希薄化された「弱い構造的解釈」によってすらも、日本社会における「不利な立場の少数者」をめぐる様々なコミュニケーションの「歪み」を明らかにできたという事実である。「不利な立場の少数者」がそれぞれに巻き込まれている現実は、希薄化された「弱い構造的解釈」によっても十分に剔抉できるほど、「法の支配」とは懸け離れたものであったのである。このことを逆に言えば、長谷部や井上はフラー理論の批判や克服に急なあまり、その「弱さ」が批判（克服）されるべきフラーの「法内在道徳」理論によってすら明確に照らし出される、「管理的指令の支配」が帰結する「不正義」

な現実を直視していないのである。長谷部や井上に見られる「不正義感覚」の欠如や不足は、エレガントな憲法理論や法哲学理論の「体系」を構築しようとする彼らの強固な意志がもたらすものかもしれない。ともあれ、「ザラザラした大地に戻る」ためには、フラーの「弱い」ネガティヴ・アプローチですらも十分に役立つという事実の重みが、ここで再確認されなければならない。

ところで、優生思想は環境思想のみならず、平和思想とも結びつく可能性がある。永井潜は、一九二〇年に発表した論文「最近の大戦と人種衛生」において、第一次世界大戦によってドイツでは約一六〇万人、フランスでは約一四〇万人の若者の生命が奪われた事実を、優生思想・民族衛生学の見地から重視する。永井によれば、近代国家において兵士となるのは、「幼児における自然淘汰に打ち耐えて」青年期に達し、「徴兵検査なる人為淘汰を受け、之に及第した」優秀な「一人前」の若者であるが、その優れた資質をもつ青年の多くが未婚のまま「貴重なる種性を後代に遺伝する機会」を得る前に、戦争において「肉弾となって消滅する」ことは、自然淘汰および人為淘汰で篩い落とされるべき劣悪な「一人前」でない者が生き延びて子孫を残すことを考えあわせると、これは「人種衛生上尤も恐るべき逆淘汰である」と言わなければならない(29)。永井は、「戦争は尤も恐ろしい逆淘汰である」という命題を戦争に反対する根拠とはしなかったが、スイスの著名な精神医学者A・フォーレルは、その命題を平和を擁護するために援用した。すなわち、優生思想を支持するフォーレルは、一九八二年に精神障害者に対する初の断種手術を行なう一方、反戦・平和の立場から、「戦争を行なう国民のうち健康な男性が死ぬように定められ、多数の死者という途方もない血の犠牲が払われた一方で、戦闘の役にも立たず、したがって生殖にも不適当な人間は、性的な競争もなしに〔安全な〕故郷にとどまった」と論じている。そして、「戦争というものは、兵役検査によって選りすぐられた健康な男性を大量に死に追いやる一方で、戦闘の役に立たない低価値者の人口比率を逆に高めるだけのもの、すなわち淘汰ではなく逆淘汰をもたらすものである」と主張して、「戦争は尤も恐ろしい逆淘汰である」という命題を平和を擁護するための論拠としたのである。だからこそ、フォーレルにおける優生思想と平和思想の結びつきを重視する市野川容孝は、戦後、日本国憲法の下で、「一人前」でない者の典型である精神障害者や知的障害者に対して『お腹の病気』と偽って、本人の同意もなしに不妊手術が行なわれていた」という現実を紹介しつつ、「優生政策は憲法第九条と何ら矛盾しないばかりか、むしろそれと密接に連動しながら本格化していったとさえ言えるであろう」と結論づけたのであった[30]。

たしかに、市野川の指摘のように優生思想と平和思想は「矛盾しない」かもしれないが、両思想が「連動する」というのは言いすぎであろう。しかし、平和国家における環境の悪化と医療水準の向上の結合という逆接的な状況下で、環境汚染が生み出した知的障害者のような「一人前」でない者が高度医療により生き延びてしまうことを憂慮する渡部昇一や木村資生によって優生政策を強く支持する言説が声高く唱えられているという事実を見逃してはならない。かつて「一人前」ではないというスティグマは、Ⅰ系列の「われわれ＝われらⅠ」―「かれらⅠⓑ」関係においてアイヌ民族や在日韓国・朝鮮人が負わされていた。その負の刻印が井上達夫らの提唱する共生理論によって少しずつ消し去られつつある現在、新たな「一人前」でないというスティグマが、Ⅱ系列の「われわれ＝われらⅡ」―「かれらⅡⓑ」関係において知的障害者や先天性身体障害者に改めて負わされようとしている。優生思想は、そのようなスティグマという負の刻印づけを「正しいこと」と主張しているのである。

それゆえ、知的障害者・精神障害者・先天性身体障害者のような「一人前」でないものの〝ヒューマン・ライツ〟＝「人権」が厳格に保障されない限り、平和思想は優生思想によって、その根底に位置する「(『一人前』でない存在をも含むあらゆる人間の) 人間の尊厳」という根本理念すら掘り崩されかねない。したがって、市野川の表明する「憲法第九条と優生政策が連動する」という不安を杞憂とするためにも、奥平康弘や佐藤幸治のようにゲワース流の合理的人間やロールズ流の利己的人間を前提に〝ヒューマン・ライツ〟＝「人権」の根拠づけ理論を展開することには、あくまで慎重でなければならないのである。実際、その不安は、「一人前」の「人格」をもつ存在であることの意義を強調する最近の倫理学上の主張によって増幅されている。

例えば「人間中心主義の観点からする人間の生命だけが神聖不可侵であるという信念は、正当化されない種差別（スピーシズム）の一形態」であると指摘するP・シンガーは、「人格」を「自己意識をもった存在」であるゴリラやチンパンジーやイルカ等にまで拡大させる一方、重度の脳障害をもつ「一人前」でない人間の延命には反対する論陣を張っている。[31] また、M・トゥーリーも、「人間」概念と「人格」概念を峻別した上で、「人間」が単に「ホモ・サピエンスという種に属する成員」であることを意味するのに対して、「自己意識をもった存在」である「人格」は「生存する重大な権利」をもつと強調する。そして、「人間」ではあっても、「自己意識をもたないもの」は「人格」でないから「生存する権利」が与えられないゆえに、重度の知的障害をもつ嬰児を殺害することは「社会の幸福を増大させる」という観点から肯定されると主張している。[32] 森岡正博は、これらの「人格」重視の倫理学を、自分が為すべきことを自己決定できる者には「人格」を認めるが、それをできない者には「人格」を認めず、前者には文句なしに「生存する権利」が保障されるが、後者はその「生存する権利」に「疑問符が付く」と主張する思想とまとめた上で、「人格」と「自律」ないし「自己決定」の結びつきが「脳を基準にした存在の位階秩序」の肯定へ導くことに懸念を表明している。[33] このような人間存在の差別秩序を肯定する倫理学的「人格」論が有力に唱えられつつある現在、佐藤のように「人格的自律権」を日本国憲法の解釈論の中核に据えることには、それが佐藤の意向に反してシンガーやトゥーリーの自律や自己決定と関連づけられた「人格」重視論と結びつく危険性を完全に否定できない以上、どうしても躊躇せざるをえない。「一人前」であることを重視するという点に限って言えば、ゲワースやロールズの「(行為または契約)主体」論は、シンガーやトゥーリーの「(差別肯定的)人格」論のごく近くに位置することを見逃してはならない。人間の本質を「脳」のみに見る立場を拒絶するためにも、知的障害の青年や認知症の老人のような、「主体」または「人格」として自律できない「一人前」でない者にも、日本国憲法は〝ヒューマン・ライツ〟=「人権」を保障していると考えるべきである。佐藤がもっぱら重視する「一人前」の人間の「人格的自律権」のみでなく、「一人前」でない人間の「生存する権利」もまた、〝ヒューマン・ライツ〟=「人権」として保障されている。したがって、先天性身体障害者や知的障害者を排除することの正当化へと「ズレ」てしまう可能性を否定できない環境権を根拠づけるとされる憲法第二五条の条文も、そのような「一人前」でない人間=「かれらⅡⓑⓑ」の「生存する権利」を保障する規定として新たな光が照射されるべきなのである。

これまで論じてきたマイノリティの問題に関する限り、利己的人間や合理的人間を前提とするロールズやハーバーマスのグランド・セオリーは不毛であり[34]、むしろ人間は誰でもその「愚かさ」ゆえに様々な失敗を犯しかねないと考えるオースティンやフラーのネガティヴ・アプローチこそが生産的であった。それゆえ、ゲワースのように「人権」についてポジティヴに哲学的正当化を試みることにも、「一人前」でないとされる人間の「人格」に関して重大な陥穽が待ち受けていたのである。

（1）奥平康弘「〝ヒューマン・ライツ〟考」和田英夫教授古稀記念論集『戦後憲法学の展開』（日本評論社、一九八八年）所収一二二頁。
（2）同右論文・一三一頁。A. Gewirth, *Human Rights: Essays on Justification and Application*, Univ. of Chicago Press, 1982.
（3）奥平・注（1）一三三頁以下。
（4）同右論文・一三四頁。
（5）佐藤幸治『現代国家と人権』（有斐閣、二〇〇八年）八二頁以下。
（6）奥平・注（1）一三七頁以下。
（7）愛敬浩二「社会契約は立憲主義にとってなお生ける理念か」長谷部恭男ほか編『岩波講座・憲法1』（岩波書店、二〇〇七年）所収四一頁。
（8）奥平・注（1）一三八頁以下。なお、佐藤・注（5）九六頁以下も参照。
（9）奥平・注（1）一三九頁。
（10）若松良樹「人権の哲学的基礎」『ジュリスト』一二四四号所収六頁以下。
（11）奥平康弘『憲法Ⅲ』（有斐閣、一九九三年）二五頁。
（12）佐藤・注（5）九七頁。
（13）深田三徳『現代人権論』（弘文堂、一九九九年）一六六頁以下。
（14）杉田敦「憲法とナショナリズム」長谷部恭男ほか編『岩波講座・憲法3』（岩波書店、二〇〇七年）所収六二頁以下。なお、杉田敦『境界線の政治学』（岩波書店、二〇〇五年）も参照。
（15）関谷昇「社会契約説と憲法」長谷部恭男ほか編・注（14）所収三八頁以下。
（16）K・S・シュレーダー＝フレチェット「テクノロジー・環境・世代間の公平」京都生命倫理研究会訳『環境の倫理・上』所収（晃洋書房、一九九三年）一一九頁以下。
（17）関谷・注（15）三八－三九頁。
（18）D・ゴーティエ『合意による道徳』小林公訳（木鐸社、一九九九年）三一七頁。
（19）飯島昇藏『社会契約』（東京大学出版会、二〇〇一年）一二四頁。
（20）内藤淳『自然主義の人権論』（勁草書房、二〇〇七年）七一頁注（64）参照。

(21) J・ロールズ『正義論』矢島鈞次監訳（紀伊国屋書店、一九七九年）、同「秩序ある社会」岩波書店編集部編『現代社会の危機と未来への展望』（岩波書店、一九八四年）所収一一二頁。

(22) A・セン『合理的な愚か者』大庭健ほか訳（勁草書房、一九八九年）二四七頁以下。

(23) J. Rawls, *Political Liberalism*, Columbia Univ. Press, 1993. では、宗教戦争の現実からリベラリズムを正当化する試みが強調される反面、『正義論』に見られた「合理的選択理論」としての性格は失われている。

(24) J・ハーバーマス『人間の将来とバイオエシックス』三島憲一訳（法政大学出版局、二〇〇四年）。

(25) ただし、このL・ヴィトレゲンシュタインの魅力的な言葉が、清水幾太郎によって日本社会に適用された際、治安維持法が正当化されるという大きな問題を惹き起こした点について、小畑清剛『レトリックの相剋』（昭和堂、一九九四年）参照。

(26) 長谷部恭男『比較不能な価値の迷路』（東京大学出版会、二〇〇〇年）一六〇頁。

(27) 井上達夫『法という企て』（東京大学出版会、二〇〇三年）四五頁以下。

(28) 同右書・五四頁以下。

(29) 永井潜については、小畑清剛『近代日本とマイノリティの〈生―政治学〉』（ナカニシヤ出版、二〇〇七年）二一〇頁以下。

(30) 市野川容孝「汚名に塗れた人々」『みすず』四四九号所収一四頁以下。

(31) P・シンガー『実践の倫理』山内友三郎ほか訳（昭和堂、一九九一年）。

(32) M・トゥーリー「嬰児は人格を持つか」H・T・エンゲルハートほか『バイオエシックスの基礎』加藤尚武ほか編訳（東海大学出版会、一九八八年）所収一〇二頁参照。

(33) 森岡正博『生命学への招待』（勁草書房、一九八八年）二〇九頁以下、同『生命学をひらく』（トランスビュー、二〇〇五年）一〇八頁以下。

(34) マイノリティの問題とは関係なく、ロールズ理論は、「アメリカ的イデオロギーに過ぎない」、あるいは「普遍的真理に関する学問というより、個人主義的現代に相対的な、且つ多かれ少なかれ彼自身に相対的なイデオロギー」に過ぎない、として批判されている。長尾龍一『法哲学批判』（信山社、一九九九年）三九一頁、平尾透『倫理学の統一理論』（ミネルヴァ書房、二〇〇〇年）三二三頁。いわゆる「政治的リベラリズム」に転向後のロールズの姿勢に哲学的死亡宣告を行なった井上達夫の見解も、長尾のそれに大きく接近しつつある。障害者にとって、ロールズ理論は、不毛な健常者イデオロギーの表明に他ならないのである。また、ハーバーマスの「憲法パトリオティズム」については、樋口陽一や毛利透により強い支持が表明されている。樋口陽一『転換期の憲法?』（敬文堂、一九九六年）二九頁以下、毛利透『民主政の規範理論』（勁草書房、二〇〇二年）四〇頁以下。樋口は、B・シュリンクが、「『民主的法治国』が動揺しつつあるときに、『対話の徳』に依拠する『憲法パトリオティズム』を説くのは時期おくれではないか」という議論を展開していることを紹介している。樋口は、シュリンクの批判に反論しているが、マイノリティが常に「危機」にさらされてきたことを考えると、あまりに「対話の徳」を強調しすぎることは、「歪み」なきコミュニケーションの可能性すら断たれているマイノリティから、「対話の徳」なき戦略的行為によって自らの人権を勝ち取る機会を完全に奪うことになってしまうと考えられる。ハーバーマスの「憲法パトリオティズム」が、かえって憲法による人権保障を否定しかねない日本の司法が置かれている逆説的現状を思うと、「憲法パトリオティズム」を維持しつつ、コミュニケーション的行為という「善」と戦略的行為という「悪」を峻別することに拘泥する「対話の徳」フェティシズムを払拭することが、例えば宗教的少数者の信教の自由を保護するために必要であると言えよう。なお、長谷部恭男は、「憲法パトリオティズム」概念に関して毛利の分析を参照するよう求めつつ、「憲法の想定する『愛国』とは、憲法によって構成された政治体としての国家に他ならない」のであるから、「憲法パトリオティズム」という概念は「畳語というべきであろう」と論じている。長谷部恭男『憲法とは何か』（岩波書店、二〇〇六年）二四頁。しかし、問題は、とくに宗教的少数者のようなマイノリティにとって「憲法によって構成された政治体としての国家」が現実に存在しているか否か、ではないのだろうか。その実現に疑問を抱いているからこそ、樋口は、「憲法パトリオティズム」は日本では「批判理論としての性格を強くもたざるをえない」と指摘しているのである。ただ、樋口の見解に同意するとしても、否、同意するからこそ「憲法によって構成された政治体としての国家」を実現するための「批判理論としての性格」を維持し続けるためにも、ハーバーマス流の「対話の徳」フェティシズムに拘泥することは逆効果となるのである。

第11章　日本国憲法下における「根源的受動性」——合意と共生の相剋

一　根源的受動性の共約(不)可能性

芹沢俊介によれば、「イノセンス」とは、「基本的には人間の生誕にまつわる根源的受動性のことを指す」概念である。すなわち、「子どもは自分の意志によって、その生命を得たのでもなければ、その性もその身体もその親も得たのではない」という意味で、「子どもはあらかじめ世界に、現実を書き込まれて生まれてくる」ことになる。つまり、芹沢は、「そのようなあらかじめ書き込まれた現実を『そのままでは』引き受けられないという事態」を「根源的受動性」＝「イノセンス」と呼ぼうと提案している。(1)「生誕」を「親による一種の強制的な贈与」と見る「イノセンス」概念は、興味深いことに、最近、様々な論者によって実に多様な思想的文脈・社会的背景の下で注目されるに至っている。

例えば、鵜飼哲は、『償いのアルケオロジー』において、「負債の経験の根本にあるのは、……要するに〝生まれる〟ということです。フランス語でいうと donner naissance—誰々に誕生を与える、誰々に日の光を与えるという言い方をするわけですが、……〔これは〕贈与の場面としては非常に不思議です。贈与される人自身が贈与より前にはいないわけですから。しかし、英語でも〝産む〟ということをgive birth toとも表現しますから、ヨーロッパでは誕生を贈与の用語で表す傾向があるわけです。……人を産むということは同時にその人に死を与えることでもある。死すべき存在としてこの世に産み落とすことである。それは文字通り〝産み落す〟のであって、いわば打ち捨てるということです。この世に生まれたということを、厳密に受動態で産み出されてしまったという意味で〝産まれた〟と考えると、親が子に向かって産んでやったことを感謝しろと言うのは奇妙なことであって、おそらくいちばん感謝されないことであるからこそ感謝しろというふうに、人間的な文化はしてきたのではないかとさえ思えてきます」と言う。(2)同様に、細見和之は、『アイデンティティ／他者性』において、「―I was born さ。受身形だよ。正しく言うと人間は生まれさせられるんだ。自分の意思ではないんだね―」という吉野弘の散文詩の一節を引用し、「この少年の『発見』には、ぼくらも思いあたる節があるだろう。この発見の延長で、『産んでくれと頼んだ覚えはない』と理不尽に言いつのって親を困らせたことが、誰にも一度くらいはあるのではなかろうか」と語る。(3)また、鷲田清一は、『じぶん・この不思議な存在』において、「だれがぼくを望みもしないのにこんな世界に連れ込んだのか」＝「ぼくをいつもこうでしかありえないようにしてしまったのはいったいだれか」という問いかけに注目し、「《母親》というものへの、恨んでも恨んでも恨みきれない根源的な憎しみも、たぶんここからくると思う」と指摘する。(4)

この「《母親》というものへの憎しみ」は、日常生活で用いられる「常識（共通感覚）」＝「背景的知識」の中で先天性身体障害児を産んだ母親が「もっとも差別される立場から逃れられない位置にいる」(5)ことと正確に対応しているから、障害者や病者そして民族的少数者等の「根源的受動性」に関する不条理感覚――「なぜ、先天性身体障害者としての生を私は強制的に贈与されたのか?」「なぜ、アイヌ民族の一員として私は産み出されてしまったのか?」「なぜ、〈在日〉朝鮮人として私は生まれさせられたのか?」等々——は、いっそう研ぎ澄まされることになる。

例えば、ダウン症の娘(星子)の父親である最首悟は、『星子が居る』において、「不条理」とは「一般には気がついたら自分が〝居る〟ということ」であると述べ、この「自分が〝居る〟」ことの「堪えがたさ」、つまり「(自分が〝居る〟ことに)私が関わっていないけれども、自分でそれを引き受けなきゃいけないという予感がある」ことに「不条理の原点」を求める。(6) また、松木信は、『生まれたのは何のために』の「序」において、「一九三五年、一七歳の時、大学病院でらいの宣告を受けた私は、この吊橋から身を投げて死のうとした。当時らいの宣告を受けた者は、終生隔離されるか死ぬ以外に道はなかった。私は死を選んだ。そして吊橋から荒川に身を投げようとした時、『おれは何のために生まれたのだ』という疑問が起こった」と回想する。(7) 更に、竹田青嗣は、『〈在日〉という根拠』において、「〈在日〉を生きるとはどういうことなのか。……〈北に帰属すべきか南に帰属すべきかという大問題を〉迂回すれば、一体自分が何もので、なぜこの生を生きねばならないのかという問いが決して答えられないままになることを、私たちは(〈在日〉は)誰でも直感的に知っていたのである」と論じている。(8)

他方、この「根源的受動性」=「イノセンス」概念は、全く異なる方向へ展開していくことも論理的には可能である。例えば、一九九五年三月一六日、いわゆる「不戦決議」に関連する太平洋戦争の認識について問われた際、戦後派の政治家である高市早苗は、衆議院外務委員会で、「[この不戦決議は]日本国民全体の反省があると決めつけているが、少なくとも私自身は、(戦争の)当事者とは言えない世代だから、反省なんかしていないし、反省を求められるいわれもないと思う」という趣旨の見解を公表した。(9)「〔父親の世代の人間という〕他人のしたこと」、つまり「自分がしたわけでもない戦争」という「受動性」に関して、「反省はできない」し、「反省を強いられるいわれはない」という高市発言には批判的であるが、加藤典洋も、『戦後を戦後以後、考える』において、次のように論じている。「僕は戦後以後に生まれた人間に戦争の責任はあるのか、ないのか、という問いに対し、それは、『ない』ということから考えていっていい、『ない、しかし、引き受ける』というみちすじのありうることを明らかにすることがここでは大事だ、という考え」である、と。(10)

それでは、最首や松木そして竹田の「根源的受動性」＝「イノセンス」＝「不条理」という議論と高市や加藤の「根源的受動性」＝「イノセンス」＝「責任のなさ?」という議論は、どこかで接点をもちうるのであろうか。その接点は、「法という名に値しない法」である「管理的指令」に対する「応答可能性としての責任」に求められる。

高橋哲哉は、『戦後責任論』で次のように言う。すなわち、「〔応答可能性としての〕責任は、呼びかけや訴えがあるところいたるところに生じるのです。テレビさえつければ、また新聞を見れば、戦争とか、飢餓とか、貧困とか、難民問題とか、そのほか世界中で苦しんでいる人々の叫びや呻きや呟きが次々に飛びこんできます。国内にも助けを求めている人々はいるわけです。私たちはそのことを知っています。……呼びかけを聞いてしまっているわけです……もちろん、〔人間の本質的有限性のために〕すべての呼びかけに応えることはできないのです。……それにもかかわらず、私たちが呼びかけられていること、そして多くの呼びかけを聞いてしまっていることは否定できません。つまり、応答可能性としての責任の内に置かれていることは否定できないのです」と。(11)

先に列挙した「根源的受動性」＝「イノセンス」に論及した諸著作の題名は、日本政府や「有利な立場の多数者」が、「不利な立場の少数者」が「管理的指令」によって強制的に書き込まれた、その現実の「引き受けられなさ」の感覚をヨリ鋭くさせられていることへの異議申し立てに対して、「応答可能性としての責任」を負っていることを示している。すなわち、この事態を、前記の諸著作の題名が示すキーワード群を用いて言えば、《「不利な立場の少数者」＝「(多数者にとっての)他者」である「じぶん」の「アイデンティティ」＝「居ることの根拠」は、「何のために」という問いに答えられない「不思議」なものであるから、その「不思議さ」＝「不条理さ」をヨリ根源的なものとする原因となった「管理的指令」を改廃せよという異議申し立てに「応答」することなく「戦後」も存続させてきた日本政府や「有利な立場の多数者」は、今こそ「責任」をもって「償い」をすべきである》……となる。

もちろん、「根源的受動性」＝「イノセンス」は、「不利な立場の少数者」のみが有しているものではなく、高市の発言から窺えるように、「有利な立場の多数者」も巻き込まれている事態ではある。しかし、前者の生誕にまとわりつく「書き込まれている現実」は、その現実の引き受けられなさの重要な部分を「管理的指令」に負っているのだ。「法」が「相互性の絆」で結ばれた水平的な人間関係を前提とするのに対し、「管理的指令」は「管理する者」—「管理される者」という垂直的な人間関係に定位しているのであった。この違いを確認した上で、次のそれぞれの「根源的受動性」＝「イノセンス」に関わる問いかけのペアを比較していただきたい。

①—ⓐ「なぜ、アイヌ民族の一員として私は産み出されてしまったのか?」⇔①—ⓑ「なぜ、それがなければ『アイヌ・モシリ(静かな人間の大地)』の『土地』を収奪されることはなかったであろう北海道旧土人保護法等の諸法令の下、アイヌ民族の一員として私は産み出されてしまったのか?」……②—ⓐ「なぜ、(在日)朝鮮人

として私は生まれさせられたのか？」⇕②―ⓑ「なぜ、それがなければ『国籍』に基づく差別的な処遇を受けることがなかったであろう民事局長通達や『国籍条項』を有する様々な法令の下、（在日）朝鮮人として私は生まれさせられたのか？」……③―ⓐ「なぜ、先天性身体障害者としての生を私は強制的に贈与されたのか？」⇕③―ⓑ「なぜ、それがなければ強引な『優生手術』がなされなかったであろう優生保護法の下、先天性身体障害者としての生を私は強制的に贈与されたのか？」……④―ⓐ「なぜ、ハンセン病患者として私はこの世に産み落とされたのか？」⇕④―ⓑ「なぜ、それがなければ『愛国心』をもつ医師から撲滅すべき『民族の恥』と見られることがなかったであろう癩予防法の下、ハンセン病患者として私はこの世に産み落とされたのか？」

①②③④のすべてに関して、ⓑ群はⓐ群より「引き受けられない」という不条理の感覚がヨリ高められているが、その理由は、それぞれの「私」の生誕の際に与えられた現実の「書き込み」に関わる「管理的指令」が、アイヌ民族や在日韓国・朝鮮人そして先天性身体障害者やハンセン病患者を各々、「弱小民族として滅び去る運命にあるゆえに、その『土地』を収奪して日本文化への同化を強制すべき未開な人々」「日本社会への寄与を拒絶するゆえに、その『国籍』を剥奪して直ちに日本国外へ退去させるべき危険な人々」「遺伝性疾患により社会的・経済的に有害であるゆえに、その出生が『優生』上の見地から防止されるべき不良な人々」「文明国に存在することが民族にとっての恥であるから、その存在が『愛国心』の観点から撲滅されるべき不浄な人々」と一方的に意味づける差別的な言説であったからである。それは、「土地」「国籍」「優生」「愛国心」を「管理する者」が、「一人前」でない「管理される者」に権力を垂直的に投射する規範的根拠であった。しかし、「管理的指令」のもつ差別的・抑圧的な権力性は、それぞれ「民主主義の促進」「侵略主義の否定」「人間の進歩」「公共の福祉」等々の美しい理念を示す言葉により隠蔽されていたのである。ここに、「管理的指令」をめぐって「ズレ」とい

うコミュニケーションの「歪み」が発生する原因が潜んでいるのである。それゆえ、ⓐ群はたしかに「不利な立場の少数者」たちの「不運」を示している（かもしれない）が、彼（女）らの人権侵害状況をもたらす「管理的指令」が関与するⓑ群はJ・N・シュクラーの重視する「不正義」を意味していると言えよう。

すなわち、「不利な立場の少数者」が書き込まれている世界ないし現実を引き受けられないという感覚をヨリ高めたのが、日本政府や（高市早苗や加藤典洋を含む）「有利な立場の多数者」の直接的ないし間接的な能動的作為の所産である「管理的指令」である以上、高市や加藤を含む「有利な立場の多数者」は、ⓐ群の「人間の生誕」という「根源的受動性」に関しては「イノセンス」＝「責任なし」と答えることもできるかもしれないが、ⓑ群の「管理的指令の下での人間の生誕」という「不利な立場の少数者」に特有の「根源的受動性」に関しては、その「管理的指令」を改廃すべきであるという異議申し立てに対して応答すべき責任があるゆえに、高市や加藤も「イノセンス」＝「責任なし」ではありえないのである。加藤典洋は、日本国憲法をめぐる「ねじれ」——いわば規範の「上半身」のみに関わる観念の「歪み」——に眼を向けたが、むしろ彼は、「不利な立場の少数者」についての日本国憲法と「管理的指令」の関係をめぐる「ズレ」——規範の「上半身」と「下半身」（経済・社会的条件）の間に生じる身体の「歪み」——にこそ、関心を払うべきだったのである。

また、ロールズの「原初状態」も、たしかに「根源的受動性」＝「イノセンス」から出発する議論ではあるが、彼は障害者の問題を見て見ぬふりをして、政治・経済的水準で議論を強引に停止している。しかし、障害者の「根源的受動性」＝「イノセンス」をめぐっては、M・フーコーの言う「生—権力」によって彼（女）らへの生命の贈与が管理されているという実存的水準にまで議論をヨリ深く掘り下げなければならないのである。

この「生—権力」の管理に対する「応答可能性としての責任」の実現について考える場合、重要な論点として浮上してくるのは、「不利な立場の少数者」＝「非同一的なもの」（Th・アドルノ）の「根源的受動性」＝「イノセンス」と「有利な立場の多数者」のそれとの共約可能性の問題である。

異なる「根源的受動性」＝「イノセンス」の共約可能性という問題に接近するためには、最近、日本の思想界で注目を集めている「共生」と「合意」という二種類のコミュニケーションの相違に眼を向ける必要がある。ここでは、さしあたり、「共生（コンヴィヴィアリティ）」を「複数の人間の相互啓発を実現してパースペクティヴの複生・多様化を求めるコミュニケーション」、「合意（コンセンサス）」を「複数の人間の相互了解を達成してパースペクティヴの収斂・固定化を目指すコミュニケーション」とそれぞれ特徴づけておくことにする。したがって、共生は、様々な形で多様な複数の人間存在のそれぞれの「根源的受動性」＝「イノセンス」があくまで「非同一的」であり共約不可能であるにもかかわらず「応答可能性としての責任」を果たそうとするものであると考えることができるのに対し、合意は、健全な実践理性を具えた人間存在のそれぞれの「根源的受動性」＝「イノセンス」が「同一性と非同一性との同一性」という形で共約可能であることを前提に「応答可能性としての責任」を果たそうとするものと捉えることができよう。以下では、共生に定位して構築されている井上達夫の法哲学を共生理論[12]、合意に定位して構築されている田中成明の法理学を合意理論[13]の各々の典型と見なして、日本社会において様々な形で多様な「不利な立場の少数者」＝「非同一的なもの」が発する異議申し立てに対して「応答可能性としての責任」が果たされてきたかを考察することにしたい。ちなみに、田中の合意理論は、これまで知的障害者や身体障害者の平等への要求を「無視」ないし「後回し」にしてしまっているとして批判してきたJ・ロールズの「原初状態」や、宗教的少数者の「違憲訴訟を提起する」という言語行為を「寄生的」な戦略的行為として斥けてしまっているとして批判してきたJ・ハーバーマスの「理想的発話状況」のアイデアをまったく逆に肯定的な視座から再構成し、独自の法理論を構想したR・アレクシーの思想(14)を基本的に受容し、法的議論を「一般的な実践的議論の特殊事例」として理解するものである。

二　共通感覚と他者感覚

井上達夫の共生理論と田中成明の合意理論で、日本社会においてそれぞれに不利な立場に置かれている多様なマイノリティの「異議申し立てを行なう」という言語行為がどのように位置づけられているかを考察するために、ここでは、合意理論の陣営に属するTh・フィーヴェクが着目するG・ヴィーコの「(方法としての)トピカの(方法としての)クリティカへの先行性」命題を見ておくことにしたい。ヴィーコは、明証的な真理のみに関わる数学を学問の範とするゆえに、「レトリック＝説得術(による合意形成)」の重要性を否定するデカルト哲学(方法としてのクリティカ)を批判して、次のような「(方法としての)トピカ」擁護の論陣を張った。

レトリックすなわち「論拠(トポス)の在り場所の発見」に関わる「(方法としての)トピカ」は、デカルト哲学すなわち「真偽の判断」に関わる「(方法としての)クリティカ」とは異なり、①「所与の問題に対して包括的に全ての側面から考察できる」という「包括性」、②「弁論で使用できる論拠を常に準備しておくことにより差し迫った問題に直ちに対処できる」という「即時性」、③「問題に相応しい論拠を選択することによって具体的状況で説得力ある議論を展開できる」という「(状況的)説得性」――以上三点のメリットをもつ。ゆえに、デカルト哲学の支配は、青年教育や法実践等の人間的領域において有害であり、いわゆる「近代的思惟」によりその意義を否定された「蓋然的なもの」＝「真実らしいもの」の回復こそが、そして特定の共同体に内属する成員の多数が非反省的に受け入れている「社会通念」である「共通感覚」――それは実践理性とレトリック双方の基準である――の受容・養成・訓練こそが、重要な意味をもつのであるから、「(方法としての)トピカ」は「(方法としての)クリティカ」にあくまで先行しなければならない、と考えられる。(15)

ところで、このヴィーコの「先行性」命題は、佐々木力によって「まず共同体の共通感覚(常識)を身につけ、自らが所有している認識関心の妥当性を共同体の必要性に照らし合わせて検討することが先決なのであり、その上でその認識関心に沿ってクリティカを機能させなければならない(16)」と説明されているが、それでは「たとえ特定の法秩序に内属する多数者が有する『社会通念』や『共通感覚』(によって受容されている『真実らしいもの』)であっても、それが当該法秩序における『不利な立場の少数者』の人格・権利・自由等を侵害したり差別・抑圧を助長したりする虞れがある場合は、徹底的かつ根本的に疑うべきである」という一つの論拠――「トポスとしてのクリティカ」と呼ぶ――は必然的に「トポイ・カタログ」から排除されることになる。かくして、佐々木により理解されたヴィーコの「先行性」命題によれば、「民族的少数者や先天性身体障害者そしてハンセン病患者を差別することは不当である」あるいは「宗教的少数者を抑圧することは不当である」等々と訴えようとする「不利な立場の少数者」は、「少数者への差別や抑圧を黙認・許容する既存秩序の正統性を根底から疑問化しようとする自らが所有する認識関心の妥当性を、当該秩序の正しさを非反省的に受容している多数者から成る共同体の必要性――例えば『同質社会の神話』を信仰することにより『有利な立場の多数者』にとって居心地が良く安全な(?)秩序が安定的に維持され続けること――に照らし合わせて、それが現実に存在する少数者への差別や抑圧に全く関心を払わない多数者が有する『社会通念』や『共通感覚』に合致しないものであることを確認した上で、その『トポスとしてのクリティカ』に支えられた主張を、『社会通念』や『共通感覚』を実践理性の基準として重視すべきであるといういま一つ別の論拠――『トポスとしてのトピカ』と呼ぶ――をあたかも疑問の余地なき真理と錯視している当該秩序における多数者に向けて提起することを、断念するように求められる」ことになろう。(17)

「(方法としての)クリティカ」に対する先行性の根拠として、第一に「包括性」というメリットを挙げる「(方法としての)トピカ」が、その定義上「トポスとしてのクリティカ」を必然的に排除するゆえに真の「包括性」という特徴を有さないことに、津地鎮祭違憲訴訟最高裁判決に見出される「『トポスとしてのクリティカ』に基づいて異議申し立てを行なう『不利な立場の少数者』のレトリック実践が政治的ないし社会的権力により抑圧・排除されることを、レトリック理論(『社会通念』や『共通感覚』を重視せよと説くヴィーコの『(方法としての)トピカ』)が正当化する」という「レトリックのパラドックス」が潜んでいる。(18) もちろん、ヴィーコの「先行性」命題を受け入れる合意理論も、「不利な立場の少数者」の「異議申し立てを行なう」という言語行為の遂行に関心を払ってはいる。

合意理論は次のように主張する。「積極的に何が正しいかについて意見の対立があっても、いずれの価値基準に照らしても共通に悪として非難されるべき事柄についての議論の出発点としての社会的合意は、一般に考えられている以上に多い」から、「何らかの実質的正義の実現に直接寄与するよりも、著しく正義・衡平に反する具体的被害の事後的個別的救済を第一目標とする法的議論の出発点として必要な程度の社会的合意は、大抵の場合、十分存在しているとみてよい」であろう。そして、「世論の高まりを背景にプライバシーの権利や環境権・

日照権などの新しい権利が認められた事例のように、法的議論がその実質的理由づけにおいて『社会通念』や『共通感覚』を重視して理性的な社会的合意の拡大に訴えることは少数者の権利主張を促進し支える作用」をもっているから、「現代立憲民主制のもとでは、裁判での法的議論においては、数・力や効率・能率の論理が優先されがちな政治・行政・経済などの領域とは違って、個人の権利義務に関する原理問題、とりわけ少数者や弱者の権利主張に公正かつ理想的な配慮をすべきことが、社会の基本的合意として現実に既に確立されているとみることができる」のである(19)。

それに対して、共生理論は次のように反論する。日本国憲法は、「民主的立法が個人や少数者の基本的人権を侵害する可能性を承認し、それを制度的に抑制する手段」として「一切の法令や行政行為の違憲性を審査し、違憲の法令や処分の無効を宣告する機能を裁判所に付与する司法審査制」を採用したが、それは、憲法が、「国民の主権を、一切の法を超越する権力とはみなさず、多数決や合意形成等による民意の反映や人民の参加を正統化根拠とする民主的な集合的決定の論理を、人権保障の観点から主題的に限定していること、すなわち、リラベルな立場に立脚していること」を示している。しかし、「日本の裁判所を支配する司法消極主義（違憲判断回避傾向）が示すように、人権保障制度に見られる憲法のリベラルな機能は、現実には、これまで十分発揮されてきたとは言えない」が、それは「国家権力と社会の基底的合意である『社会通念』や『共通感覚』のもつ同調圧力と対抗する緊張感をもった人格的自立の観念や、構造的に差別・排除される民族的または宗教的少数者への人権の配慮が、日本社会でいまだ根を下ろしていない」ことに起因する(20)。

法的言語行為は、その「手続存在条件」についての「適切性」の基準が「慣習的＝コンベンショナル」でなく「約定的＝コンベンショナル」となるゆえに、「自己関係性」と「複線性」という特徴をもつ。既述のように、大阪靖国公式参拝違憲訴訟で、大阪地裁裁判官は、原告の「違憲訴訟を提起する」という「ねじれ」た（と裁判官が判断した）言語行為を「不適切」なものとする手続創出的（ないし手続内容確定的または変更的）という意味で自己関係的な法的言語行為を遂行したが、このような「裁判制度の内部から裁判官が設計する法」によって、司法審査制度は、司法消極主義を強化する方向へ自己組織化しているのである[21]。

ともあれ、このように、少数者の「異議申し立てを行なう」という言語行為の遂行と「社会通念」や「共通感覚」に基づく合意形成の関係について、「トポスとしてのトピカ」に基づくゆえに憲法訴訟の現状に肯定的な合意理論が原理的な両立可能性と現実的な協働性を指摘するのに対し、「トポスとしてのクリティカ」に基づくゆえに憲法訴訟の現状に否定的な共生理論は原理的な対立可能性と現実的な緊張性を強調する（ここで共生理論が問題としているのは、いわゆる「疑法」であるが、合意理論が問題とするのは、環境権のような「新しい権利」の生成であるから、「疑法」とは問題の次元を異にしている[22]）。

合意理論が所与の法秩序に既に存在する健全な「共通感覚」を受容することの必要性を主張するのに対し、共生理論は逆に、「人の顔がみなちがうように、考え方もちがうのが当り前」だから「それぞれの個性のちがいを出発点」とすべきであるというような豊饒な「他者感覚」[23]――それは「民主主義」ではなく「リベラリズム」に関わる――を法秩序において新たに創出することの必要性を強調する。このように、パースペクティヴの複生を実現するであろう「他者感覚」の豊饒さを追求する共生理論とパースペクティヴの収斂を可能にするであろう「共通感覚」の健全さを信頼する合意理論が、各々重視すべきと考える〝感覚〟を巡って根本的に対立するのは、両者が、「同質（化）社会」――「関心・発想・感情・共感のパターンなどにおける人々の同質性が（実在しないのに）実在するかのようにみなされ、この擬制が、異質な人々や行動様式を現実に排除する力をもつことにより、社会統合が維持されているような社会」[24]――における共生可能性と合意可能性の大きさの査定を著しく異にすることに起因するが、それを、Ｒ・ダーレンドルフの理論を参考に確認しておこう。ダーレンドルフは、「ライフ・チャンス」を、「（社会構造が付与する個人の行動の自律性の前提となる）選択可能性」＝「オプション」と「（社会構造が付与する個人の行動の安定性の基盤となる）繋がり」＝「リガーチャー」という二変数をもつ関数と捉えたが[25]、「共生（コンヴィヴィアリティ）チャンス」と「合意（コンセンサス）チャンス」も同様の二変数をもつと考えることができる。

同質社会的統合により支配される日本という法秩序について、共生理論は「共生チャンス」の最大化の観点からオプションは「あまりに小さすぎる」し、リガーチャーは「あまりに大きすぎる」という否定的な診断を下すのに対して、合意理論は「合意チャンス」の最大化の観点からオプションは「充分な大きさである」し、リガーチャーは「適切な大きさである」という肯定的な診断を下すことになる。つまり、共生理論がいまだ存在しないパースペクティヴの多様化を目指し、相互啓発に定位するコミュニケーションによる「関係の豊かさ」をもたらす共生を実現させなければならないという「課題性」を担うゆえに、現状否定＝現状変革的であるのに対して、合意理論は既に存在している多様なパースペクティヴ（ヴィーコの言う「包括性」である）が、相互了解に定位するコミュニケーションによる理性的な合意形成を実現させているという「所与性」を帯びるゆえに、現状肯定＝現状維持的である[26]。両理論が「パースペクティヴの多様性」について著しく異なる評価を下し、法的議論の現状に対して全く対照的なスタンスをとるのは、「他者感覚」と「共通感覚」の緊張という文脈において各々が想定する「不利な立場の少数者」の「根源的受動性」＝「イノセンス」が性格を根本的に異にするからである。

共生理論が主として問題にするのは、同質社会的統合が支配する法秩序から疎外され、構造的に正義に反する状態に置かれている（民族的または宗教的）少数者である。多数者とは「異質な生の諸形式」を主体的に追求する（民族的または宗教的）少数者は、「同質（化）社会」において（多数決や合意形成を重視する）集合的決定方式である「民主主義」ではなく、豊饒な「他者感覚」の尊重という観点から集合的決定の主題や内容を限定づける「リベラリズム」によって、その権利主張が尊重され、その基本的人権が保障されるべき少数者である。他方、合意理論がもっぱら問題とするのは、たまたまプライバシーを侵害されたり、環境汚染を原因とする公害（病）に苦しめられている少数者である。多数者とは「異質な生の諸形式」を主体的に追求しているわけではなく、その内属する法秩序が同質社会的統合により支配されている事実と原則として無関係に、プライバシー侵害や公害（病）に苦しむ少数者は、「異質な生の諸形式」を尊重する「リベラリズム」ではなく、健全な「共通感覚」を受容する訴訟当事者たちの主体的な裁判への参加により理性的な合意形成が目指される広義の「（参加）民主主義」によって、その権利主張が正当化され、その苦痛から解放されるべき少数者である。(27)

井上の共生理論が着目する「不利な立場の少数者」に関しては、民族的少数者への差別や宗教的少数者に対する抑圧から眼を逸らして同質社会的統合の居心地の良さを享受する「（お互い同士だれもが似ているけれども、かかる少数者とは明らかに似ていない）有利な立場の多数者」は、原則的に潜在的少数者性をもたないが、田中の合意理論が重視する「不利な立場の少数者」に関しては、自らもプライバシー侵害や公害による精神的・肉体的苦痛を被る可能性を有する「（お互い同士だれもが似ているのみならず、かかる少数者とも多少は似ている）有利な立場の多数者」は、原則的に潜在的少数者性をもつ。前者については、「相互性の絆」は完全に切断されているから、その「苦痛」を除去すべきであるという社会的合意は少数者と多数者の間で著しく形成困難であり、そのため（その憲法適合性についての審査が行なわれる機会が現実に存在したにもかかわらず）北海道旧土人保護法の違憲判決はついに下されることはなく、また宗教的少数者の信教の自由も司法により十分に保障されずにきたのである。他方、後者については、「相互性の絆」は何とか維持されているから、その「苦痛」を除去すべきであるという社会的合意は少数者と多数者の間で比較的容易に形成可能であり、その合意に基づいてプライバシーの権利や環境権・日照権が裁判という「場」で遂行される法的議論によって承認されてきたと言えるのである。

環境権の生成に着目する合意理論は、たしかに環境汚染が進むことの重大性について認識してはいる。しかし、最首悟・柴谷篤弘・栗原彬・野辺明子の各言説から確認しておいたように、社会的合意により環境権が承認されることと「環境汚染のバロメーター」と見なされた先天性身体障害児が誕生することとは緊張関係にある。環境倫理学者の桑子敏雄が「ひとびとの不安感を刺激する」と語った先天性身体障害者は、優生保護の観点から「（有害遺伝子をもつゆえに）生まれて来てはならない存在」とされたが、環境保護の観点からも「（環境汚染のバロメーターであるゆえに）生まれて来てはならない存在」と見なされるのである。それゆえ、環境権の確立に熱心な市民運動家たちが、先天性身体障害児らを排除しようとする「悪意なき権力者」となる危険性が潜んでいるのであった。合意理論は、この危険性を完全に見逃してしまっている。「不利な立場の少数者」と言っても、合意理論が順機能を果たす公害被害者と、それが逆機能を果たす先天性身体障害者では、同じ「環境」に関わるマイノリティであるとは言え、両者の「根源的受動性」＝「イノセンス」の質は大きく異なっているのである。（もちろん、胎児性水俣病患者のように、公害被害者であり且つ先天性身体障害者であるというケースも例外的には存在する）。

ともあれ、井上の共生理論の場合、北海道旧土人保護法等の「法という名に値しない法」＝「管理的指令」によって少数者の「不利な立場に置かれている」ことに関する不条理感覚がヨリ高められた「根源的受動性」＝「イノセンス」と多数者の「不利な立場に置かれていたかもしれない」という仮定の「根源的受動性」＝「イノセンス」は原理的に共約不可能であるが、田中の合意理論の場合、日本国憲法第一三条の規定する「幸福追求の権利」や第二五条の規定する「生存権」を根拠とするプライバシーの権利や環境権によって少数者（公害被害者であって、先天性身体障害者ではない！）の「不利な立場に置かれている」ことに対する不条理感覚が幾分かは鎮められる「根源的受動性」＝「イノセンス」は多数者の「不利な立場に置かれていたかもしれない（置かれるかもしれない）」という仮定の「根源的受動性」＝「イノセンス」と原則的に共約可能であると言えよう。

したがって、「共通感覚」が過剰であるにもかかわらず「他者感覚」が貧困な日本のような法秩序においてヴィーコの「先行性」命題を受容するならば、共生理論が着目する「それぞれが（多数者がそのような状況に立たされる現実的可能性が存在しない）不利な立場」に構造的に置かれ続けている、共約不可能な「根源的受動性」＝「イノセンス」をもつ少数者の「異議申し立てを行なう」という言語行為を支える論拠（トポス）は、「トポイ・カタログ」から排除されてしまうが、他方、合意理論が重視する「それぞれが（多数者もそのような状況に立たされる現実的可能性が存在する）不利な立場」に偶然的に置かれてしまった、共約可能な「根源的受動性」＝「イノセンス」をもつ少数者の「異議申し立てを行なう」という言語行為を支える論拠（トポス）は、「トポイ・カタログ」から排除されないことになる。つまり、合意理論は、それぞれの「根源的受動性」＝「イノセンス」が共約可能であるゆえに、「有利な立場の多数者」と「不利な立場の少数者」の各々の「立場」の有利性―不利性が変換可能な存在が展開する法的議論を支える論拠（トポス）のみにしか関心を払わないのである。したがって、田中の教科書

『法理学講義』には、アイヌ民族、在日韓国・朝鮮人、ハンセン病患者等の日本という法秩序のまぎれもない構成員は、多数者と共約不可能な「根源的受動性」＝「イノセンス」をもつゆえに、一切登場しない(28)。多数者と共約不可能な「根源的受動性」＝「イノセンス」をもつ障害者や宗教的少数者の観点からこれまで批判してきたロールズの「原初状態」やハーバーマスの「理想的発話状況」のアイディアを、まったく逆に肯定的な視座から再構成したアレクシーの「法的議論は一般的な実践的議論の特殊事例である」というテーゼを田中は強く支持しているが、そのアレクシーの誤ったテーゼを受容することの代償は、アイヌ民族、在日韓国・朝鮮人、ハンセン病患者等の「厄介者」の存在には目をつむり続けなければならなくなるという、法哲学「体系」の構築にとって致命的なものとなるのである。

ここに、とくに「不利な立場の少数者」の基本的人権の保障に関する憲法訴訟で遂行される法的議論について、現状否定的な共生理論が様々な「歪み」を見出し、民族的少数者や宗教的少数者のようなマイノリティがその「根源的受動性」＝「イノセンス」の不条理感覚をヨリ高めている法令の違憲性を訴えることへの「応答可能性としての責任」を果たすための「コミュニケーションの回路のインテグリティ」が深く傷ついていることを指摘するにもかかわらず、現状肯定的な合意理論が「(先天性身体障害者を排除する思想へと『ズレ』る危険性をもつ環境権のような)新しい権利」が生成したこと等を重視して、公害やプライバシー侵害の被害者たちが裁判という「場」において環境権やプライバシーの権利を承認させようとする法的言語行為の遂行によってその「根源的受動性」＝「イノセンス」の不条理感覚を多少なりとも鎮めることへの「応答可能性としての責任」を果たすための「コミュニケーションの回路のインテグリティ」は十分に保全されているという正反対の評価を下してしまう理由がある。

したがって、Ⓘ系列（民族・人種・国籍系列＝空間系列）の「われわれ＝われらⒾ」―「かれらⒾⓑ」関係においては、井上の共生理論のほうが田中の合意理論よりも「かれらⒾⓑ」が深刻な疎外状況＝人権侵害状況に置かれていることに批判的なスタンスを取ることができる。しかし、Ⓘⓘ系列（世代系列＝時間系列）の「われわれ＝われらⅡ」―「かれらⅡⓑ」関係においては、環境権の生成について肯定的な評価を安易に下してしまう合意理論のみならず、共生理論も、環境権の確立を喜ぶであろう「悪意なき権力者」たちによって「環境汚染のバロメーター」と見なされる先天性身体障害者が深刻な疎外状況＝人権侵害状況に置かれてしまうことを必ずしも的確に把握できないのである。したがって、共生理論もⅡ系列の問題群に対処できるように更に強化されなければならないと言えよう。

ところで、H・L・A・ハートはフラーの言う「法内在道徳」が「著しい不正や非道と共存可能」であると指摘したが[29]、その批判に対して、フラーはヒトラー統治下のナチス・ドイツやアパルトヘイト政策を維持していた当時の南アフリカ共和国の例を挙げ、これらの諸国については「確立された権威への服従」と「（管理的指令ではない・実質的な意味での）法への忠誠」を混同してはならないことを強調し、そこでは「法内在道徳」＝「リガリティ」が根底から傷つけられていたことに注意を促した[30]。「グライヒシャルトゥング（強制的同質化）国家」すなわち「非同一的なもの（＝『一人前』でない無価値者というスティグマを負わされ差別される人々）を抑圧・排除・不可視化する国家」の確立を目論んだナチス・ドイツや南アフリカ共和国で実際に抑圧されたのが「有利な立場の多数者」が潜在的少数者性をもたないマイノリティであったことを考えると、それぞれの「根源的受動性」＝「イノセンス」が共約可能でないゆえに具体的な合意形成が容易ではないとしても、否、容易ではないからこそ、北海道旧土人保護法やらい予防法そしてナチス断種法の影響を受けた優生保護法をごく最近まで廃止できなかった「同質（化）社会」である日本において、「有利な立場の多数者」が彼（女）らと共約不可能な「根源的受動性」＝「イノセンス」をもつ民族的（人種的）少数者や宗教的少数者そして先天性身体障害者やハンセン病患者と共生することの意義はきわめて大きいと言えよう。他方、マイノリティが「同一性と非同一性の同一性」という形で「非同一性」がロールズやハーバーマスらの理論「体系」に回収されることを拒絶するものである以上、合意理論がそのマイノリティの存在に「見たくないものには見て見ぬふりをする」という態度をとることは思想として致命的な欠陥であると言わねばならない。したがって、「不利な立場の少数者」の権利を真剣に捉えることに関しては、ロールズやハーバーマスのポジティヴなオプティミズムではなく、アドルノのネガティヴなペシミズムが優位すると言えよう。

「レトリックのパラドックス」と直面することのない合意理論が、民族的（人種的）少数者や宗教的少数者そして先天性身体障害者やハンセン病患者等の「異議申し立てを行なう」という言語行為が「有利な立場の多数者」の有する「社会通念」や「共通感覚」によって不可視化され、コミュニケーションに「ズレ」や「ねじれ」が生じているという現実から眼を逸らし続けるならば、その不作為の行為は、「管理的指令」＝「法という名に値しない法」の管理対象とされてきたマイノリティに対する「応答可能性としての責任」を放棄することにより、「日本国憲法のリラベルな部分の、民主的な部分に対する批判的制約力」(31)を鈍化させて、結果として共約不可能な「根源的受動性」＝「イノセンス」をもつ「他者」をそのような「他者」として尊重する「他者感覚」の著しく貧困な日本を貫徹している同質社会的統合の更なる強化を帰結することになろう。

コミュニケーションの「歪み」を一歩一歩正していくためには、「合意なき共生」が「共生なき合意（合意の強制）」に先行すること、つまり共生理論＝リベラリズムが合意理論＝（参加）民主主義に先行して、「他者感覚」を重視する観点から（多数決や合意形成による）民主的な集合的決定を内容的・主題的に方向づけ、限定する必要がある。ヴィーコの「先行性」命題を受容する合意理論が仮に先行するとすれば、「そこに『在る』ものとして実体化された（レトリックの促進＝活性機能を果たすべき）『社会通念』や『共通感覚』と結びつく『トポスとしてのトピカ』が、同質社会的統合の居心地の良さを享受する『（だれもが似ている）有利な立場の多数者』によりあたかも普遍妥当的で疑問の余地なき形式論理学上の『真理』であるかのごとく錯視され、その物象化的錯視に立脚して形成された社会的合意が、それを可能な限り反省化して批判しようとする民族的少数者や宗教的少数者そして先天性身体障害者やハンセン病患者等の『異議申し立てを行なう』という言語行為（レトリック実践）が依拠する『トポスとしてのクリティカ』を、あたかも形式論理学上の『虚偽』であるかのごとく見なしてその論拠（トポス）としての資格を剥奪し、既存の法秩序の正統性について『疑い』を発する『不利な立場の少数者』の言語行為（レトリック実践）を公的なコミュニケーションの『場』から排除することにより、レトリックの抑圧＝阻止機能を果たすという危険で困難な事態」が出現することを回避できなくなる。この「レトリックのパラドックス」が「法」の領域で惹起することを回避するためには、コミュニケーションによる相互啓発を実現するために様々な言説が多様性において存立すべきことを主張する共生理論の観点から、所与の問題に関して「トポスとしてのクリティカ」に支えられた「不利な立場の少数者」の「異議申し立てを行なう」という言語行為が遂行されているか否かを慎重かつ徹底的に吟味・検討して、それが充分に吟味・検討した限りで全く存在しないことが確認できた場合にのみ、コミュケーションによる相互了解を達成して理性的な合意形成を目指す合意理論の観点へ移行するという二段階的手続がとられるべきである（もちろんこの二段階的手続は、「異議申し立てを行なう」というマイノリティの言語行為が常に「正しい」ことや「適切である」ことを決して含意してはいない）。

もし仮に、Ⅱ系列の「われわれ＝われらⅡ」―「かれらⅡⓑ」関係において先天性身体障害者らが深刻な疎外状況＝人権侵害状況に置かれてしまうことを認識できるまで強化された共生理論の観点から、法内在道徳違反や言語行為適切遂行条件違反というコミュニケーションの「歪み」に関して少しでも「疑い」があれば、「他者感覚」の貧困な日本という同質社会的統合が支配している法秩序において形成された擬制的な社会的合意により不可視化されている「不利な立場の少数者」の主張を、合意理論が重視する既存の「社会通念」や「共通感覚」をいったん完全に解体することにより解放し、「トポスの立体的な闘争的契機」[32]を機能させてその言語行為（レトリック実践）を活性化することにより、これまで「不利な立場の少数者」に一方的に犠牲を負わせることにより隠蔽されていた社会的対立を顕在化させた上で、公正なコミュニケーションの「場」への登場を促さなければならない。「同質（化）社会」が存在する限り、裁判において遂行される相互主体的な法的議論により理性的な合意形成を目指す試みには、「不利な立場の少数者」の異議申し立てに対して憲法裁判が「社会問題を創出する」という役割を果たすことの重要性[33]が認識できない場合、物象化した「共通感覚」が生み出す「擬制的合意」をいわば隠れ蓑にして「政治」権力や「生―政治」権力が企てる「裁判による国民文化＝国民思想＝国民信仰＝国民身体の統一」の肯定へと頽落してしまう可能性が常に伴うことになる。

それゆえ、言挙げを嫌い、〈いま・ここ〉での共約不可能な「根源的受動性」＝「イノセンス」をもつ「他者」との「せめぎあい」を半ば無意識裡に回避しようとする、「他者感覚」の欠如した精神構造が変革されることによってのみ、「レトリックのパラドックス」を帰結する「同質（化）社会」は解体し、「多様な『他者』＝『非同一的なもの』との相互深化と相互活性化」をもたらす共生が実現されるのである。日本という法秩序は、井上によれば、「(オプションが大きくリガーチャーが小さい＝他者感覚が過剰で共通感覚が貧困な)権利の領国」ではなく、「(オプションが小さくリガーチャーが大きい＝他者感覚が貧困で共通感覚が過剰な)共同体の領国」であるから、ヴィーコが提示した「(方法としての)クリティカへの先行性」命題ではなく、「(トポスとしての)クリティカの(方法としての)トピカの(トポスとしての)トピカへの先行性」命題こそが擁護されなければならない。後者の「先行性」命題を承認することによってのみ、「ズレ」や「ねじれ」等のコミュニケーションの「歪み」を、何とかして隠蔽しなければならない「恥ずべきこと」と捉えるのではなく、共約不可能な「根源的受動性」＝「イノセンス」をもつ複数の人間存在の間に「合意なき共生」を実現するための第一歩を着実に踏み出すための生産的で未来志向的なキッカケへと転化させることができるのである。かくして、「他者感覚」の豊饒さによって、多様で複数の人間存在の「根源的受動性」＝「イノセンス」のすべてが共約可能であると錯覚することにより歪められていた「共通感覚」の健全さが再び蘇生することにより「コミュニケーションの回路のインテグリティ」が修復され、形式的には「法」という名を自ら称しているものの・現実には「法という名に値しない法」＝「管理的指令」そのものであった「不利な立場の少数者」に関する法令を、フラーの言う意味での「法という名に値する法」へと転身させるための努力を開始することが可能となる。その努力が実れば、マイノリティにとっての法秩序は、「管理的指令の支配」から「法の支配」へと移行して、彼(女)らが「相互性の絆」に立脚しつつ「それぞれに豊かな関係」つまり「生き生きと生活する在り方」を多数者と構築していくことを保障する安定した枠組みとなるであろう。

たしかに、「法という名に値しない法」＝「管理的指令」の典型であった、らい予防法と優生保護法はともに一九九六年に、そしてその翌年には、北海道旧土人保護法も相次いで廃止された。また、在日韓国・朝鮮人の権利を制約してきた様々な法令の「国籍」条項も、徐々にではあるが削除されつつある。もちろん、これらの「管理的指令」の多くは、憲法上疑義のある典型的な「疑法」であるから、司法はヨリ早期にそれらの憲法適合性を審査して明確な違憲判断を下すべきであったと考えられるが、それらが廃止・削除されたこと自体は一歩前進ではある。しかし、他方、明白な法内在道徳違反ないし法随伴道徳違反をともないながら国旗・国歌法が制定され、教育基本法も改正（＝改悪）されてしまったという現実がある。苅谷剛彦は、改正（＝改悪）された教育基本法が「教育の目標」（第二条）として「数多くの徳目」を並べ立てていることについて、「これは、最低限の教育の目的を定め、あとは『あり得べからざる教育』……を排除するという（ネガティヴな）考え方から、重要な徳目を加算していく『ポジティヴリスト』への発想の転換を意味する。〇〇だけは最低限やることにして、あとは××はやってはならないという（ネガティヴな）規定から、〇〇も、△△も、◎◎も、……と、必要な徳目や資質を目標のリストに加えていく（ポジティヴな）発想への転換でもある」と指摘している。[35] 苅谷も示唆するように、これは、政治権力を縛りつけることにより「あり得べからざる教育」のみを排除する「権力拘束規範」としての性格をもっていた旧教育基本法が、時の政治権力が原則として自由に「愛国心」の涵養のような徳目や資質を「教育の目標」のリストに加えていくことを許容する「管理的指令」としての性格をもつ改正（＝改悪）教育基本法へと変質してしまったことを意味している。

「権力拘束規範」から「管理的指令」への変質の危機は、日本国憲法をも見舞おうとしている。すなわち、いわゆる有事法制が着々と整えられて日本国憲法の空洞化が企てられる[36]一方、Ⅱ系列（世代系列＝時間系列）の「かれら⑪ⓐ」――「われわれ＝われら⑪」関係において「戦争の放棄」「信教の自由・政教分離」「表現の自由」「憲法改正の手続」などがプリコミットメントされていた日本国憲法自体を、「管理する者（政治権力）」――「管理される者（人民）」という垂直関係に定位する「管理的指令」に改正（＝改悪）してしまおうとする動きも活発化しているのだ。らい予防法・優生保護法・北海道旧土人保護法の廃止により、ようやく獲得されつつある「法の支配」を再び「管理的指令の支配」に逆戻りさせないためにも、「われわれ」は常に政治権力（生─政治権力を含む）を批判的に見つめ続けなければならないのである。もし、日本国憲法が完全に「法という名に値しない法」＝「管理的指令」に変質させられたならば、その改正（＝改悪）日本国憲法下で「法の支配」が実現することは不可能となり、日本という「国」は「国という名に値しない国」に堕落することになる。小沢一郎流の「普通の国」であっても、安倍晋三流の「美しい国」であっても、それが「法の支配」ではなく「管理的指令の支配」が貫徹する「国」であるなら、それは「国という名に値しない国」となるのであるから。

（1）芹沢俊介『現代〈子ども〉暴力論（新版）』（春秋社、一九九四年）、同『子どもたちはなぜ暴力に走るのか』（岩波書店、一九九八年）。
（2）鵜飼哲『償いのアルケオロジー』（河出書房新社、一九九七年）三三頁以下。
（3）細見和之『アイデンティティ／他者性』（岩波書店、一九九九年）四頁以下。
（4）鷲田清一『じぶん・この不思議な存在』（講談社、一九九六年）三七頁。
（5）要田洋江『障害者差別の社会学』（岩波書店、一九九九年）。
（6）最首悟『星子が居る』（新曜社、一九九八年）七九頁以下。
（7）松木信『生まれたのは何のために』（教文館、一九九三年）一頁。
（8）竹田青嗣『〈在日〉という根拠（文庫版）』（筑摩書房、一九九五年）二三七頁。

(9)「高市」的問題提起については、加藤周一『戦後世代の戦争責任』（かもがわ出版、一九九四年）四八頁以下、安彦一恵ほか編『戦争責任と「われわれ」』（ナカニシヤ出版、一九九九年）所収の諸論文を参照。
(10) 加藤典洋『戦後を戦後以後、考える』（岩波書店、一九九七年）四五頁以下。
(11) 高橋哲哉『戦後責任論』（講談社、一九九九年）三三頁以下。
(12) 共生理論について、井上達夫『共生の作法』（創文社、一九八六年）、井上達夫ほか『共生への冒険』（毎日新聞社、一九九二年）参照。
(13) 合意理論について、田中成明『法的思想とはどのようなものか』（有斐閣、一九八九年）、同『法の考え方と用い方』（大蔵省印刷局、一九九〇年）参照。
(14) R. Alexy, *Theory der juristischen Argumentation*, Suhrkamp, 1978. アレクシー理論を紹介するものとして、亀本洋『法的思考』（有斐閣、二〇〇六年）参照。
(15) ヴィーコの「トピカ」については、清水幾太郎『倫理学ノート』（岩波書店、一九七二年）、藤原保信『政治理論のパラダイム転換』（岩波書店、一九八五年）、上村忠男『ヴィーコの懐疑』（みすず書房、一九八八年）、Th・フィーヴェク『トピクと法律学』植松秀雄訳（木鐸社、一九八〇年）等参照。
(16) 佐々木力『近代学問理念の誕生』（岩波書店、一九九二年）四〇四頁。
(17) 小畑清剛『魂のゆくえ』（ナカニシヤ出版、一九九七年）一五三頁。
(18) 小畑清剛『レトリックの相剋』（昭和堂、一九九四年）一四七頁。
(19) 田中・注(13)。
(20) 井上・注(12)。
(21) 小畑清剛『言語行為としての判決』（昭和堂、一九九一年）第二章以下。
(22)「疑法」については、井上茂『法秩序の構造』（岩波書店、一九七三年）参照。
(23) 丸山真男『丸山真男集・10』（岩波書店、一九九六年）三五八頁。
(24) 井上ほか・注(12)二四頁。
(25) R・ダーレンドルフ『ライフチャンス』吉田博司ほか訳（創世紀、一九八二年）参照。
(26)「課題性」と「所与性」の社会哲学上の意義については、小畑・注(18)二三三頁以下。

(27) 同右書・二八九頁以下。
(28) 田中成明『法理学講義』(有斐閣、一九九四年)。
(29) H. L. A.Hart, *The Concept of Law*, Clarendon Press, p. 154.
(30) L. L. Fuller, *The Morality of Law*, Revised ed., Yale Univ. Press, 1969, p. 202.
(31) 井上・注(12)一一一頁。
(32) 中井正一が弁証法理論を媒介するものとして「トポスの立体的な闘争的契機」の意義を重視したことについて、小畑・注(18)二二一頁以下参照。
(33) 酒井直樹『死産される日本語・日本人』(新曜社、一九九六年)七八頁以下。
(34) 井上達夫『現代の貧困』(岩波書店、二〇〇一年)一一九頁以下。
(35) 苅谷剛彦『教育再生の迷走』(筑摩書房、二〇〇八年)一五頁以下。
(36) 山内敏弘編『有事法制を検証する』(法律文化社、二〇〇二年)、憲法再生フォーラム編『有事法制批判』(岩波書店、二〇〇三年)参照。

あとがき

私は自分自身では論争好きな人間ではないつもりなのだが、本書はポレミッシュな性格をかなり強く帯びるものとなってしまった。前著『コモンズと環境訴訟の再定位』の「あとがき」にも記したように、一介の素浪人（＝失業者）である私が、何とか法人間学の勉強を続けていられるのも、奥平康弘・樋口陽一両先生が叱咤激励して下さっているおかげである。両先生の存在が、私の精神の奥深くでしっかりと私を支えて下さっている。しかし、本書で、私は、その人権の哲学的正当化理論を奥平先生が高く評価されているA・ゲワースの「弁証法的に必要な方法」を論難し、その憲法パトリオティズム理論を樋口先生が強く支持されているJ・ハーバーマスの説く「対話の徳」重視を批判したのであった。

それは、ゲワースやハーバーマスそしてJ・ロールズなどのグランド・セオリーは、マイノリティの人権を「政治」権力や「生―政治」権力による「管理」から擁護しようとする本書の立場と、まったく対立するように考えられたからである。

止揚学園の創始者である福井達雨氏は、重い知恵遅れの少年の「僕アホやないで、人間やで」という魂の訴えを紹介されている。この魂の訴えに、私たちはどう答えたらよいのであろうか。「そうだ、君は『人間』だ。しかし、『人間』であっても、『一人前』の自律した『人格』ではないから、日本国憲法は君には『人権』を保障しないのだよ」と答えるべきなのだろうか。ゲワーズなら、そう答えるかも知れない。だが、私は、どうしても、そう答えることができない。「『人間』なら、『人権』が保障されて当然だ」と考えてしまうのだ。また、このような障害者をめぐる重要な問題から眼を逸らし、壮大な『正義論』の体系構築を試みたロールズの知的営為にも、あたかも砂上の楼閣であるかのような空虚さを感じてしまう。

他方、J・ハーバーマスは、冷戦終結直後に、京都で講演を行なったことがある。講演終了後、私は、「冷戦が終わった後に、民族紛争や宗教紛争はどのようになると思うか」という質問を、(三島憲一氏に通訳してもらって)投げかけてみた。ハーバーマスの答えは、「民族紛争も宗教紛争も過去のタイプの紛争であるから、重要性は徐々にうすれていく」というものであった。いわゆる「9・11」のはるか以前に行なわれた講演ではあるが、その時、私は、「コミュニケーション＝対話」的理性を過信しているハーバーマスのオプティミズムに「ついていけない」と感じたのであった。

率直に言って、私は、尊敬する奥平先生や樋口先生とは見解を異にし、ゲワースの『人権の正当化理論』、ロールズの『正義論』、ハーバーマスの『コミュニケーション的行為の理論』などは、一時の流行に終わるのではないか、と考えている。現在の日本の学界を風靡している(のかもしれない)ロールズ産業やハーバーマス産業は、まるで新型インフルエンザに集団で感染してしまっている結果のような印象をもつ。

ともあれ、私の心の中で、ゲワース、ロールズ、ハーバーマスらのポジティヴ・アプローチへの不満が増大していくことと反比例して、Th・アドルノ、J・L・オースティン、L・L・フラーらのネガティヴ・アプローチへの期待は高まっていった。その結果、ゲワースやロールズには「一人前」の主体と見なされないであろう障害者である私によって、強引に誕生させられたのが、本書である。だから、本書もまた、「根源的受動性」＝「イノセンス」をもっているのだ。もし本書が語ることができたなら、こう嘆くかもしれない。「私はなぜ、よりによって小畑清剛などという異端の著者によって、この世界に登場させられてしまったのか?」と。

読者の方々が、本書が発するこのようなメッセージに暫しの間、真剣に耳を傾けて下さるなら、本書を誕生させた責任をもつ者として、それほど幸いなことはない。

私が本書の「生みの親」なら、法律文化社の小西英央氏は「育ての親」である。異端の親によってハンディキャップをもって産み落とされた本書のアイデアを、「一人前」(?)の立派な書物という作品にまで育て上げて下さった小西氏に、「生みの親」から深く感謝の意を表する次第である。

二〇一〇年一月　寒さ厳しき岩倉にて

小畑　清剛

●著者略歴

小畑清剛（おばた　せいごう）

1956年　京都府に生まれる
1980年　京都大学法学部卒業
1984年　京都大学大学院法学研究科博士課程中途退学
1995年　京都大学博士（法学）
職　歴　京都大学助手，京都大学大学院講師，姫路獨協大学教授などを歴任
現　在　京都精華大学非常勤講師
著　書　『コモンズと環境訴訟の再定位——法的人間像からの探究』（法律文化社，2009年），『近代日本とマイノリティの〈生－政治学〉——シュミット・フーコー・アガンベンを中心に読む』（ナカニシヤ出版，2007年），『法における人間・人間における倫理』（昭和堂，2007年），『法の道徳性——歪みなきコミュニケーションのために』（勁草書房，2002年），『魂のゆくえ——〈人間〉を取り戻すための法哲学入門』（ナカニシヤ出版，1997年），『レトリックの相剋——合意の強制から不合意の共生へ』（昭和堂，1994年），『言語行為としての判決——法的自己組織性理論』（昭和堂，1991年），『越境する知３』〔共著〕（東京大学出版会，2000年），『法の臨界Ⅱ』〔共著〕（東京大学出版会，1999年），『差別の社会理論』〔共著〕（弘文堂，1996年），他。

Horitsu Bunka Sha

2010年５月20日　初版第１刷発行

「一人前」でない者の人権
—日本国憲法とマイノリティの哲学—

著　者　小 畑 清 剛

発行者　秋 山　　泰

発行所　株式会社　法律文化社

〒603-8053　京都市北区上賀茂岩ヶ垣内町71
電話 075(791)7131　FAX 075(721)8400
URL:http://www.hou-bun.co.jp/

印刷：西濃印刷㈱／製本：㈱藤沢製本
装幀　仁井谷伴子
ISBN 978-4-589-03267-6

小畑清剛著

コモンズと環境訴訟の再定位
—法的人間像からの探究—

Ａ５判・二三六頁・二八三五円

環境訴訟の詳解を通し、コモンズと法的人間像の交錯を理論的・実証的に探究。公害法原理や環境権の生成過程および将来世代への責任について抽出し、コモンズが示唆する疎外なき社会への再生と希望を訴える。

樋口陽一×杉田　敦・西原博史×北田暁大・井上達夫×齋藤純一／愛敬浩二（コーディネーター）

対論　憲法を／憲法から　ラディカルに考える

四六判・二九四頁・二三一〇円

憲法学、政治学、社会学、法哲学など気鋭の学者らが分野をこえて、国家・社会の根源的問題を徹底討論。「基調論考」をふまえた対論は、新たな思考プロセスや知見を含み、〈憲法を／憲法から〉考えるための多くの示唆を提供する。

石埼　学・笹沼弘志・押久保倫夫編

リアル憲法学

Ａ５判・二八〇頁・二六二五円

人びとの言葉にならない声を汲み取り、憲法の世界の言葉に翻訳。抽象的で難解な憲法学を具体的にイメージするために最適な体系的入門書。知識だけではなく、リアルな世界に刺激され生成・展開する人権の理解を促す。

横藤田　誠・中坂恵美子著

人権入門
—憲法／人権／マイノリティ—

Ａ５判・二四二頁・二二〇五円

憲法が保障している人権以外に、その歴史や国際人権なども含め広く人権全般について学べる入門書。学生の目線から問題にアプローチできるよう各章冒頭に具体的な場面を設定するなど、考えながら学べるよう工夫。

横田洋三編

国際人権入門

Ａ５判・二五四頁・二七三〇円

「国際人権」とは何か。世界人権宣言の採択から六〇年をこえた今、女性、子どもを含め、人びとの権利が国際的に保障される段階にある。私たち市民にかかわる国際人権の歴史やしくみ、権利の内容を平易に説く。